Schriftenreihe des Fachbereichs Informatik der Fachhochschule Dortmund

we

focus

on

students

Fachhochschule Dortmund

University of Applied Sciences and Arts

Schriftenreihe des Fachbereichs Informatik der Fachhochschule Dortmund

Band 3

Fachbereich Informatik (Hrsg.)

April 2017

Herausgeber

Fachhochschule Dortmund, Fachbereich Informatik

Britta Böckmann, Robert Preis, Achim Schmidtmann

Emil-Figge-Str. 42, 44227 Dortmund

britta.boeckmann | robert.preis | achim.schmidtmann@fh-dortmund.de

www.fh-dortmund.de

ISBN 978-3-7439-1189-5 (Paperback)

ISBN 978-3-7439-1190-1 (Hardcover)

ISBN 978-3-7439-1191-8 (e-Book)

Bibliografische Information der Deutschen Nationalbibliothek

Die Deutsche Nationalbibliothek verzeichnet diese Publikation in der Deutschen National-bibliographie; detaillierte bibliografische Daten sind im Internet über http://dnb.d-nb.de abrufbar.

Umschlaggestaltung:

Sascha Schilling und Michelle Flunger

Herstellung und Auslieferung:

tredition GmbH, Hamburg

Inhalt

Vorwort der Herausgeber

Informatik zählt heute zum Allgemeinwissen in der modernen Gesellschaft. Auch wenn es an fast allen deutschen Schulen als Fach, Vertiefung oder AG etabliert ist, ist es aber leider in den meisten Bundesländern immer noch kein Pflichtfach an den weiterführenden Schulen. Der Grund dafür liegt in einem irrtümlichen Verständnis der Informatik und des Informatikunterrichts, denn hier wird nicht Spezialwissen, sondern es werden systematische Grundlagen vermittelt. Denn wie Dijkstra schon sagte: „In der Informatik geht es genau so wenig um Computer, wie in der Astronomie um Teleskope." Die Informatik handelt vielmehr von der Welt der Information und ihrer automatisierten Gewinnung, Speicherung, Analyse, Optimierung und Verteilung. Sie stellt Werkzeuge fürs Denken bereit, die gerade zum Verständnis einer Welt der fortschreitenden Digitalisierung immer grundlegender werden. Es sollte nur noch eine Frage der Zeit sein, bis Informatik als Schulfach zur Pflicht wird.

Viele Studenten an unserem Fachbereich haben Informatik als Schulfach genossen und führen dies im Rahmen Ihres Studiums fort. Dabei vertiefen sie sich nicht nur in unterschiedliche Bereiche der Informatik, beispielsweise durch die Wahl eines spezifischen Studiums wie Informatik, Wirtschafts- oder Medizininformatik, sondern tragen durch Ihre Abschlussarbeiten zur Entwicklung der Informatik in vielen Anwendungsfeldern bei. Dies spiegelt sich auch im vorliegenden dritten Band der Schriftenreihe des Fachbereichs Informatik der Fachhochschule Dortmund wider, der wie bereits die Vorgängerbände dem Leser einen Blumenstrauß an aktuellen Forschungsthemen der Informatik an der Fachhochschule Dortmund präsentiert.

Britta Böckmann   Robert Preis   Achim Schmidtmann

Geleitwort des Dekans des Fachbereichs Informatik

Der vorliegende dritte Band der Schriftenreihe führt die Tradition am Fachbereich Informatik der Fachhochschule Dortmund fort, die Ergebnisse exzellenter Lehre und Forschung der Fachwelt zu präsentieren.

Die hier zusammengefassten schriftlichen Beiträge decken dabei in beeindruckender Weise ein weites Themenspektrum ab, das von der Kerninformatik und Technischen Informatik über die Wirtschaftsinformatik bis hin zur Medizinischen Informatik reicht. Alle Beiträge haben dabei ihren Ursprung in meist interdisziplinären Abschlussarbeiten und Forschungsprojekten. Die Symbiose von Lehre und Forschung, die sich insbesondere hierdurch zeigt, ist ein Markenzeichen des Fachbereichs Informatik, auf das wir stolz sind.

Mit dieser Schriftenreihe leisten die AutorInnen einen wichtigen Beitrag in der Darstellung des Transfers anwendungsorientierter Lehre und Forschung in die Praxis und Wissenschaft.

Ich danke allen AutorInnen für ihre hervorragenden Beiträge. Mein Dank gilt zudem den HerausgeberInnen für ihr Engagement bei der Erstellung des dritten Bandes. Weitere Bände werden an diese ausgezeichnete Reihe anknüpfen.

Martin Hirsch

Metamodellbasierte Analyse des Wirkungsgrades und des Off-Designs der Betriebskennlinie eines Turbokompressors[*]

Meta-model based analysis of the efficiency and off design characteristic of a turbo compressor

Nikolaus Rudak, Sonja Kuhnt   Marcel Rostalski, Marius Geller

Fachbereich Informatik   Fachbereich Maschinenbau
Fachhochschule Dortmund   Fachhochschule Dortmund
Emil-Figge-Str. 42   Sonnenstraße 96
44227 Dortmund   44139 Dortmund
sonja.kuhnt@fh-dortmund.de   geller@fh-dortmund.de

Kurzfassung: In diesem Artikel wird die Betriebskennlinie eines radialen Turboverdichterlaufrades in Hinsicht auf den Fahrbereich und den Wirkungsgrad analysiert. Dazu werden Methoden des Designs und der Analyse von Computerexperimenten herangezogen. Auf Basis des vorliegenden Datensatzes, der aus einem raumfüllenden Versuchsplan zusammen mit den zugehörigen Simulationsergebnissen für den Fahrbereich und den Wirkungsgrad besteht, wird ein geeignetes Kriging-Modell ausgewählt. Dieses bildet die Grundlage für die nachfolgende Sensitivitätsanalyse. Hier werden wichtige Einflussgrößen identifiziert, sowie erstmals Einflüsse von Interaktionen zwischen den Einflussgrößen aufgedeckt. Die Ergebnisse werden abschließend aus Ingenieurssicht diskutiert.

Abstract: This article considers the analysis of the efficiency in design and off design working conditions of a turbo compressor. For this purpose, methods of design and analysis of experiments (DACE) are employed. On the basis of a data set, which consists of a space filling design together with corresponding simulation runs for the operating range and efficiency of the impeller, a proper Kriging model is selected. This is the basis for the following sensitivity analysis. Here, important input variables are identified and for the first time interactions between input variables are detected. Finally, the results are discussed with engineers.

1   Einleitung

Der weltweit steigende Energiebedarf und die gleichzeitig rapide abnehmenden Ressourcen haben das Thema Energieeffizienz zu einer der wichtigsten Fragestellungen der Ge-

---

[*]Entstanden im Rahmen des Forschungsprojektes *BOCOA: Benchmark Studie verschiedener Optimierungsansätze am Beispiel der CAE basierten Optimierung einer Axialturbinenstufe*, gefördert durch die hochschulinterne Forschungsförderung

genwart gemacht. Bei der Energieumwandlung spielt in nahezu jedem Fall die Turbo-maschine eine wichtige Rolle in der Prozesskette. In einem aktuellen hochschulintern geförderten Projekt an der FH Dortmund (BOCOA) werden insbesondere Radialmaschinen betrachtet. Radialmaschinen sind eine Schlüsselkomponente in weiten Bereichen industrieller Anwendungen. Die kompakte Bauweise, robuste Auslegung und wesentlich höhere Druckverhältnisse als bei Axialverdichterstufen sind die herausragenden Vorteile dieses Maschinentyps. Die Einsatzgebiete von Radialverdichtern reichen von der Erdgasförderung in Pipelines, über die Bereitstellung von Druckluft in der Industrie bis hin zu Verdichtern in Turboladern bei Kraftfahrzeug- und Schiffsmotoren. Im letztgenannten Fall dienen Turbolader zum einen zur Leistungssteigerung und zum anderen zur Senkung des Energieverbrauches. Das sogenannte Downsizing führt bei gleicher Leistung dazu, dass bei höherer Aufladung die Fahrzeugmotoren kleiner ausgeführt werden können. Aktuelle Ergebnisse des Projekts BOCOA werden in diesem Artikel präsentiert.

In dem vorgestellten Projekt wird die Betriebskennlinie eines hochbelasteten radialen Turboverdichterlaufrades analysiert. Dies geht weit über die übliche Betrachtung eines einzelnen Betriebspunktes hinaus. Die Laufradgeometrie wird über den gesamten Fahrbereich der Maschine im Hinblick auf die Größe des Wirkungsgrades für eine Vielzahl von Betriebspunkten simuliert. Derartige Computersimulationen bilden heutzutage vielfach komplexe technische Vorgänge ab und ersetzen so kostenintensive reale Experimente. Teilziele des Kooperationsprojektes sind die robuste Geometriegenerierung, die Vernetzung, der hochgradig automatisierte Workflow zur Berechnung der Betriebskennlinie sowie die Strukturmechanik. Die Bewertung und Analyse der simulierten Kennlinie anhand skalarer Kenngrößen ist ein wesentliches Ziel.

Methoden des Designs und der Analyse von Computerexperimenten bieten dazu systematische Vorgehensweisen. Basierend auf Simulationsläufen, die gemäß eines raumfüllenden Versuchsplans durchgeführt werden, wird ein sogenanntes Metamodell für die weitere Analyse gebildet. Es werden verschiedene Konkretisierungen des Kriging-Modells als Standardmodell mit unterschiedlichen Kernen verglichen und daraus ein Modell ausgewählt. Dieses bildet die Grundlage für eine Sensitivitätsanalyse zur Beurteilung des Einflusses der einzelnen Einflussgrößen auf die Varianz des Wirkungsgrad und des Fahrbereich des Kompressors. Eine Einführung in die Methoden des Designs und der Analyse von Computerexperimenten ist zu finden in [FLS06, SWN03], speziell für Sensitivitätsanalyse in [SCS00].

Im zweiten Kapitel werden zunächst die nötigen Grundlagen der Kriging-Modellierung und Sensitivitätsanalyse vorgestellt. Im Anschluss daran erfolgt die Anwendung. Hier wird der Radialverdichter sowie dessen Simulation erläutert. Des Weiteren wird der betrachtete Datensatz beschrieben sowie die Ergebnisse präsentiert und diskutiert.

2 Kriging-Metamodelle und Sensitivitätsanalyse

Um den Zusammenhang zwischen Eingabe und Ausgabe bei Computerexperimenten abzubilden, werden in der Regel interpolierende Modelle herangezogen, wie etwa das

Gauss-Kern	$R(h) = \exp\left(-\frac{h^2}{2\theta^2}\right)$
$\frac{5}{2}$-Matérn-Kern	$R(h) = \left(1 + \frac{\sqrt{5}|h|}{\theta} + \frac{5h^2}{3\theta^2}\right)\exp\left(-\frac{\sqrt{5}|h|}{\theta}\right)$
$\frac{3}{2}$-Matérn-Kern	$R(h) = \left(1 + \frac{\sqrt{3}|h|}{\theta}\right)\exp\left(-\frac{\sqrt{3}|h|}{\theta}\right)$
Exponential-Kern	$R(h) = \exp\left(-\frac{|h|}{\theta}\right)$
Power-Exponential-Kern	$R(h) = \exp\left(-\left(\frac{|h|}{\theta}\right)^p\right)$

Tabelle 1: Kernfunktionen

Kriging-Modell. Im Folgenden sei x der Vektor der einstellbaren Größen und $Y(x)$ eine reellwertige von x abhängige Zielgröße. Üblicherweise wird beim Kriging-Modell angenommen, dass sich die Zielgröße

$$Y(x) = \mu(x) + Z(x)$$

zusammensetzt aus einem Trend $\mu(x)$ und einem zentrierten, stationären Gaussprozess $Z(x)$ mit Varianz σ^2 und Kovarianzfunktion $Cov(Z(x_i), Z(x_j)) = \sigma^2 R(x_i - x_j)$ mit einer Kernfunktion $R(\cdot)$, die aufgrund der Annahmen nur von dem Abstand $h = x_i - x_j$ abhängt. In Tabelle 1 sind mögliche Kernfunktionen $R(h)$ aufgeführt, die im weiteren Verlauf der Arbeit verwendet werden. Die Kernfunktionen mit unbekannten Kovarianzparametern θ unterscheiden sich insbesondere in ihrer Glattheit [RGD12]. Im Falle einer konstanten Trendfunktion $\mu(x) = \mu$ für alle x spricht man vom einfachen Kriging-Modell. Ist die Trendfunktion nicht konstant, so spricht man von einem universellen Kriging-Modell. Eine mögliche Wahl für den nicht konstanten Fall ist das lineare Modell $\mu(x) = f(x)^T \beta$ mit einem Design-Vektor $f(x) \in \mathbb{R}^k$ und einem unbekannten Koeffizientenvektor $\beta \in \mathbb{R}^k$, der mittels der gewichteten Kleinste-Quadrate-Methode geschätzt wird. Die Anpassung eines Kriging-Modells erfolgt auf Grundlage von gemäß eines Versuchsplans durchgeführten Simulationsergebnissen.

Kriging-Modelle liefern eine interpolierende Vorhersagefunktion und eine Unsicherheitsschätzung bedingt auf die bereits beobachteten Punkte. Die Unsicherheitsschätzung ist an bereits beobachteten Punkten gleich Null. Kriging-Modelle sind insbesondere beliebte Metamodelle für die weitere Optimierung [JSW98, KHR$^+$16]. Die Anpassung eines Kriging-Modells kann mithilfe des R-Pakets `DiceKriging` erfolgen [RGD12].

Hinsichtlich der Modelldiagnose werden typischerweise Vorhersagen $\hat{y}_i^{-i}$ auf Basis des vorliegenden Datensatzes mit insgesamt n Beobachtungen ohne die Beobachtung i erzeugt. Die sich daraus ergebenden Residuen $e_i^{-i} = \hat{y}_i^{-i} - y_i$ werden für eine Residualanalyse herangezogen. Zudem kann der sogenannte mittlere quadratische Fehler, engl. *Root Mean Square Error* (RMSE),

$$RMSE = \sqrt{\frac{1}{n}\sum_{i=1}^{n}\left(e_i^{-i}\right)^2} \tag{1}$$

als Vergleichswert für die Wahl zwischen verschiedenen Modellen dienen.

Im Folgenden wird der Vektor $X \in \mathbb{R}^k$ der Inputgrößen als stochastische Größe aufgefasst. Verfahren der Sensitivitätsanalyse haben dann zum Ziel die Variation in der Zielgröße anteilsmäßig einzelnen Einflussgrößen bzw. Gruppen von Einflussgrößen zuzuordnen. Dabei ist sowohl der direkte Einfluss jeder einzelnen Inputgröße als auch die Interaktion der Einflussgrößen von Interesse. Anhand der Sensitivitätsanalyse kann der Zusammenhang von Inputgrößen und Zielgrößen besser verstanden werden und damit insbesondere die Sinnhaftigkeit des Modells auf Grundlage von prozessbasiertem Wissen nachvollzogen werden, bevor beispielsweise die Optimierung erfolgt. Viele Ansätze der Sensitivitätsanalyse basieren auf der sogenannten FANOVA-Zerlegung (Functional ANOVA decomposition) [MRCK12]. Die Varianz der Zielgröße $Var(Y(X))$ wird dann durch die FANOVA-Zerlegung aufgeteilt in Komponenten D_I mit Indizes gegeben durch die Menge I.

$$Var(Y(x)) = \sum_{I \subseteq \{1,...,k\}} D_I = D$$

Die Komponenten D_i sind abhängig von X_i, die Komponenten D_{ij} hängen von X_i und X_j ab, usw. Damit können die sogenannten Sobolindizes

$$S_I = \frac{D_I}{D}$$

definiert werden, die den Einfluss der Variablenmenge $\{X_i | i \in I\}$ auf die Varianz der Zielgröße Y quantifizieren. In dieser Arbeit wird der Anteil der Variablen X_i an der Varianz anhand des totalen Sensitivitätsindex, engl. Total Sensitivity Index (TSI) [THS96],

$$S_i^T = \frac{\sum_{I \supseteq \{i\}} D_I}{D}$$

gemessen. Zusätzlich wird in dieser Arbeit der Index der totalen Interaktionen [FRK14]

$$\mathcal{D}_{ij} = \sum_{I \supseteq \{i,j\}} D_I$$

betrachtet. Im Folgenden wird der normierte Index der totalen Interaktionen (TII)

$$\mathcal{S}_{ij} = \frac{\mathcal{D}_{ij}}{D}$$

verwendet. Eine Visualisierung der Indizes kann mit FANOVA-Graphen erfolgen [MRCK12, FMRJ15, Fru15]. Hier wird jede Inputgröße durch einen Knoten dargestellt, wobei die Breite des Knotens durch den totalen Sensitivitätsindex TSI festgelegt wird. Die Indizes der totalen Interaktionen $\mathcal{D}_{ij}$ bestimmen die Dicke der entsprechenden Kanten zwischen den Knoten X_i und X_j. Ein beispielhafter FANOVA-Graph aus der Anwendung der Arbeit für den Wirkungsgrad beim Radialkompressorlaufrad ist in Abbildung 1 dargestellt. Anhand des FANOVA-Graphen lässt sich ein deutlicher Einfluss der Größen $X_1, X_9, X_{14}, X_{15}X_{16}, X_{18}$ und X_{19} ablesen. Des Weiteren haben die Interaktionen zwischen X_1 und X_2, X_1 und X_9 sowie X_2 und X_9 einen sehr deutlichen Einfluss. Im weiteren Verlauf der Arbeit werden die Ergebnisse der Sensitivitätsanalyse für die Analyse eines Radialverdichterlaufrads durch prozessbasiertes Expertenwissen gestützt.

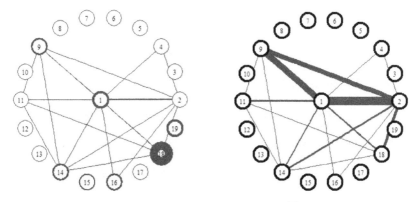

Abbildung 1: FANOVA-Graphen für den Wirkungsgrad: S_i^T (links) und $\mathcal{S}_{ij}$ (rechts)

Abbildung 2: Radialverdichterstufe

3 Anwendung

In diesem Kapitel wird die Anwendung des Kriging-Modells auf Simulationsergebnisse eines Radialverdichters vorgestellt. Dazu wird die Funktionsweise und Simulation eines Radialverdichters skizziert und der vorliegende Datensatz zunächst beschrieben. Im Anschluss erfolgt die Präsentation der Ergebnisse der Modellierung und Sensitivitätsanalyse sowie eine Diskussion der Ergebnisse.

3.1 Radialverdichter

Radialverdichter bzw. Radialverdichterstufen bestehen in der Regel aus einem Radiallaufrad, einem sich anschließenden beschaufelten oder unbeschaufelten Diffusor und einer Spirale, die das radial austretende Fluid sammelt und gebündelt einem Leitungssystem zuführt (siehe Abbildung 2).

5

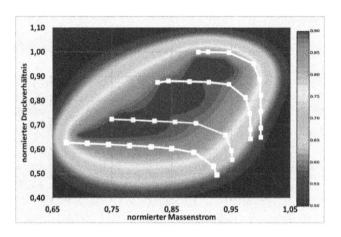

Abbildung 3: Kennfeld eines Radialverdichters

Innerhalb dieser Untersuchung ist die Stufe auf das Radialverdichterlaufrad und einem sich anschließenden unbeschaufelten Plattendiffusor beschränkt. Der Saugmund am Laufradeintritt saugt das jeweilige Fluid axial an. Innerhalb des sich drehenden Radiallaufrades wird das Fluid in den Schaufelkanälen verdichtet und tritt mit erhöhter kinetischer Energie am Laufradaustritt in den Diffusor ein. Der anschließende Plattendiffusor dient der Druckerhöhung des Fluids durch Wandlung der ihm im Laufrad zugeführten kinetischen Energie.

Radiallaufräder sind sowohl strukturmechanisch als auch strömungsmechanisch hochbelastet. Aufgrund der hohen Betriebsdrehzahlen und den daraus resultierenden Fliehkräften arbeiten die betrachteten Laufräder nahe ihrer maximal zulässigen Festigkeitskennwerte, wie z. B. der Zugfestigkeit. Dementsprechend wird die strukturmechanische Belastung mit der Spannung und den Verformungen als Zielgröße definiert.

Die globale Charakteristik eines Radialverdichterrades lässt sich durch wenige signifikante Größen, den sogenannten Hauptabmessungen, abbilden und in einem Kennfelddiagramm darstellen (siehe Abbildung 3). Das Kennfeld bildet auf der einen Seite das Druckverhältnis der Maschine über den Massenstrom und den verschiedenen Betriebsdrehzahlen ab. Auf der anderen Seite ist der Wirkungsgrad der einzelnen Betriebspunkte als „Muscheldiagramm" hinterlegt.

Während eine Änderung der Hauptabmessungen das Kennfeld einer Maschine maßgeblich verändert, sind andere Einflussgrößen lediglich dazu geeignet die lokale Charakteristik einer Radialmaschine zu beeinflussen. Als solche Einflussgrößen sind Größen zu nennen, die die Konturen der Schaufel, oder auch die Konturen an der Rad- bzw. Deckscheibe, strömungsgünstig gestalten. Des Weiteren sind Geometriegrößen zu nennen, die Einfluss auf die Anströmung an der Schaufeleintrittskante haben. Eine Zusammenstellung der zur Geometriegestaltung genutzten Variablen ist in Abbildung 4 dargestellt.

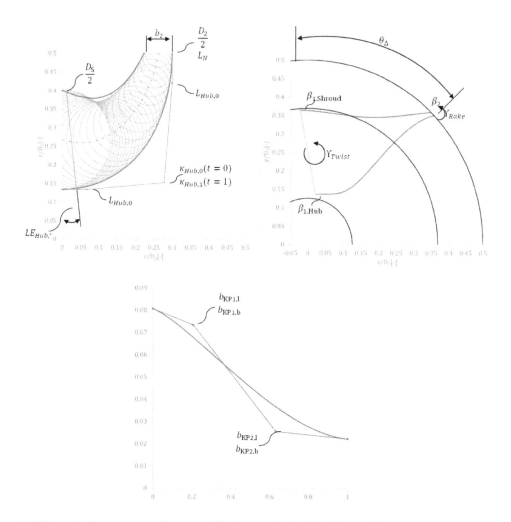

Abbildung 4: Zusammenstellung von Einflussgrößen in Meridianansicht, Frontalansicht und über den Breitenverlauf

3.2 Einflussgrößen und Zielgrößen

Als Zielgrößen ergeben sich von der strömungsmechanischen Seite

1. der Wirkungsgrad und

2. die Vergrößerung des Teillastbereiches.

Dabei beschreibt der Wirkungsgrad die Effizienz, mit welcher der Kompressor die eingebrachte mechanische Leistung in die dem Fluid zugeführte kinetische Energie bzw. das Druckverhältnis umwandelt. Die Erweiterung des Teillastbereichs ist in der Tatsache begründet, dass Radialverdichter meistens in Maschinen mit hochgradig dynamischen Betriebsverhalten eingesetzt werden, welches sich unter anderem in der Schwingungscharakteristik eines Turbokompressors ausschlägt. Dementsprechend reicht es nicht, das Laufrad in seinem Betriebspunkt zu betrachten, vielmehr muss die gesamte Kennlinie (das sogenannte Off-Design) berücksichtigt werden. Die in diesem Artikel betrachteten Einflussgrößen sind in Tabelle 2 zusammengefasst. Eine genaue Kenntnis über die genannten Einflussgrößen und deren Wirkung auf die Charakteristik einer Radialmaschine ist daher unerlässlich und ein Ziel dieser Untersuchung.

Nr.	Erklärung
X_1	Nabenlängenverhältnis
X_2	Saugmunddurchmesserverhältnis
X_3	Austrittsbreitenverhältnis
X_4–X_7	Größen zur Beschreibung der Radscheibe
X_8–X_{11}	Größen zur Beschreibung der Meridiankontur
X_{12}	Schaufeleintrittswinkel an Hub
X_{13}	Schaufeleintrittswinkel an Shroud
X_{14}	Schaufelaustrittswinkel
X_{15}	Umschlingungswinkel
X_{16}, X_{17}	Größen zur Beschreibung der Lage der Eintrittskante
X_{18}	Twist-Winkel (Schaufelverwindung am Eintritt)
X_{19}	Rake-Winkel (Schaufelverwindung am Austritt)

Tabelle 2: Einflussgrößen

3.3 Simulation der Zielgrößen

Die Vorgehensweise bei der metamodellbasierten Analyse der Betriebskennlinie eines Turbokompressors radialer Bauweise ist in Form von Arbeitsschritten in Abbildung 5 dargestellt. Zunächst werden die Einflussgrößen strömungsabgeleiteter Größen festgelegt und anschließend wird ein raumfüllender Versuchsplan mit Hilfe von ANSYS optiSLang er-

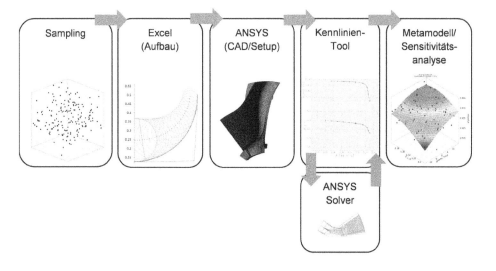

| Sampling | Excel (Aufbau) | ANSYS (CAD/Setup) | Kennlinien-Tool | Metamodell/ Sensitivitäts-analyse |

ANSYS Solver

Abbildung 5: Workflow

stellt. Dieser Anwendung liegt ein raumfüllender Versuchsplan vom Typ *Latin Hypercube* mit 190 Läufen zugrunde.

Im nächsten Schritt erfolgt der 3D-Aufbau der Geometrie für die CFD- und FEM-Analyse unter Zuhilfenahme einer parametrisierten Skizze im ANSYS DesignModeler. Danach schließt sich die Diskretisierung des Radiallaufrades und des Strömungsvolumens mit TurboGrid und dem ANSYS Mesher sowie der Aufbau des Simulationssetups und die Berechnung mit ANSYS CFX und Static Structural an. Eine eigens entwickelte Kennliniensoftware kommt hier zudem zum Einsatz. Basierend auf den aus dem Versuchsplan generierten Geometrievariationen wurde in der ANSYS Workbench mit den importieren Informationen aus dem EXCEL-Preprocessor ein CAD-Modell generiert. Diese Modelle müssen für die folgenden Simulationen in adäquater Weise diskretisiert werden. So verwendet CFX die Finite-Volumen-Methode mit Rechengittern ohne Mittelknoten, also mit linearem Ansatz. Im Gegensatz dazu werden die strukturmechanischen Lösungen anhand von Netzen mit quadratischem Ansatz berechnet. Die erzeugten Rechengitter werden in den entsprechenden Berechnungstools mit Randbedingungen und zu verwendenden Modellen belegt.

Wesentliches Merkmal bei der FEM-Berechnung ist die Wahl der richtigen Materialeigenschaften, Lagerung und äußeren Lasten. Als Material kommt eine Titanlegierung zum Einsatz, welche den hohen Belastungen des Verdichterlaufrades standhalten kann. Bei der Lagerung muss eine so genannte Starrkörperverschiebung verhindert werden und es dürfen nicht alle sechs Freiheitsgrade des Bauteils gesperrt werden. Dazu wird die Laufradspitze an einem einzigen Knoten in der Art festgehalten, dass eine Verschiebung in axialer und tangentialer Richtung ausgeschlossen wird. Den größten Einfluss auf das Laufrad hat dessen Rotation, die eine starke Fliehkraftbelastung verursacht. Dementsprechend wird als äußere Last eine Drehzahl von N=24.500 [1/min] auf das System aufgeprägt. Thermische Dehnungen sowie Strömungskräfte werden aufgrund des im Vergleich zur Fliehkraft geringen Einflusses vernachlässigt.

In der Strömungssimulation wird eine stationäre Lösung für jeden einzelnen Betriebspunkt auf der Kennlinie berechnet. Wie bei der FEM-Berechnung müssen realitätsnahe Eigenschaften definiert werden, um eine erfolgreiche Simulation zu gewährleisten. Neben der Wahl des Materials spielen besonders die Wahl der richtigen Berechnungsmodelle, wie auch das Setzen der physikalischen Randbedingungen eine große Rolle. Es wird von Luft als ideales Gas bei einem Referenzdruck von einer Atmosphäre (=1,01325 [bar]) ausgegangen. Aufgrund der hohen Strömungsgeschwindigkeiten bei einer Machzahl von über 0,3 muss ein komplexes Wärmeübertragungsmodell (Total Energy) verwendet werden, damit der kinetische Anteil der Enthalpie Berücksichtigung findet. Als Turbulenzmodell wird der Shear Stress Transport (SST) mit Automatic Wall Function gewählt, welche für ablösegefährdete Strömungsmaschinen die besten Ergebnisse bei vertretbarem zeitlichen Aufwand verspricht. Die physikalischen Randbedingungen werden am Ein- und Austritt definiert. So wird von einer axialen Anströmung bei einem relativen Totaldruck von 0 [bar] und einer Eintrittstemperatur von 294,15 [K] ausgegangen. Der Austritt wird im ersten Betriebspunkt der Kennlinie mit einem relativen Druck von 0,55 [bar] beaufschlagt. Dieser erhöht sich im Laufe der Simulation sukzessive, um eine komplette Kennlinie zu erhalten.

Nach erfolgreichem Abschluss der Simulationen wurden die in diesem Artikel betrachteten Zielgrößen extrahiert und stehen für die anschließende Metamodellierung und Sensititvitätsanalyse zur Verfügung.

3.4 Ergebnisse

Die Zielgrößen

1. Wirkungsgrad und

2. Vergrößerung des Teillastbereiches, im Folgenden *minimaler Massenstrom*,

werden auf Basis der Ergebnisse der Simulationsläufe für den raumfüllenden Versuchsplan mit Hilfe von Kriging-Modellen abgebildet. Dazu werden Kriging-Modelle mit verschiedenen Kernen (siehe Tabelle 1) sowie mit und ohne Trendfunktion verwendet. Als Trend dient somit entweder

1. das konstante Modell $\mu_1(x) = \mu$ oder

2. das lineare Modell $\mu_2(x) = f(x)^T \beta$, wobei $f(x) \in \mathbb{R}^{20}$ alle Haupteffekte und den Interzept enthält.

Zunächst wird ein Kriging-Modell auf Basis der RMSE-Werte und der Residualanalyse ausgewählt. Das ausgewählte Modell wird anschließend für eine Sensitivitätsanalyse verwendet.

Residualanalyse und Modellselektion

Für die Modellselektion werden die Residuen e_i^{-i} untersucht und die Werte der mittleren quadratischen Abweichung RMSE (siehe Gleichung (1)) betrachtet. Aus Tabelle 3 ist zu entnehmen, dass die kleinsten RMSE-Werte bei beiden Zielgrößen für den Gauss-Kern mit nicht-konstanter Trendfunktion $\mu_2(x)$ zu beobachten sind. Diese Beobachtung wird durch die Residualanalyse bestätigt. Abbildung 6 enthält die entsprechenden Grafiken für den minimalen Massenstrom. Links oben sind die gemessenen y_i gegen die vorhergesagten Werte $\hat{y}_i^{-i}$ dargestellt. Die Punkte streuen entlang der Winkelhalbierenden, was für eine gute Anpassung spricht. Rechts oben sind die Residuen e_i^{-i} für jeden Lauf und links unten die vorhergesagten Werte $\hat{y}_i^{-i}$ gegen die Residuen e_i^{-i} eingezeichnet. Die Residuen streuen scheinbar zufällig um 0 und weisen keine sichtbare Struktur auf. Basierend auf der Grafik rechts unten, in der die theoretischen Quantile der Normalverteilung gegen die empirischen Quantile der Residuen abgebildet sind, spricht nichts gegen die Normalverteilungsannahme der Residuen.

Kern	Trend	Wirkungsgrad	Minimaler Massenstrom
Gauss	$\mu_1(x)$	0.0058	0.2566
Gauss	$\mu_2(x)$	**0.0055**	**0.2103**
$\frac{5}{2}$-Matérn	$\mu_1(x)$	0.0059	0.2577
$\frac{5}{2}$-Matérn	$\mu_2(x)$	0.0057	0.2167
$\frac{3}{2}$-Matérn	$\mu_1(x)$	0.0061	0.2581
$\frac{3}{2}$-Matérn	$\mu_2(x)$	0.0058	0.2204
Exponential	$\mu_1(x)$	0.0080	0.3408
Exponential	$\mu_2(x)$	0.0064	0.2367
Power-Exponential	$\mu_1(x)$	0.0059	0.2537
Power-Exponential	$\mu_2(x)$	0.0057	0.2160

Tabelle 3: RMSE-Werte für den Wirkungsgrad und den minimalen Massenstrom. Der jeweils kleinste Wert ist fett hervorgehoben.

Für die Zielgröße Wirkungsgrad sind die entsprechenden Grafiken der Residualanalyse in Abbildung 7 abgebildet. Es lassen sich ähnliche Schlüsse wie zuvor ziehen und das Modell scheint auch hier gut zu passen. Insgesamt wird für beide Zielgrößen das Kriging-Modell mit nicht-konstanter Trendfunktion $\mu_2(x)$ und Gauss-Kern ausgewählt und für die folgende Sensitivitätsanalyse verwendet.

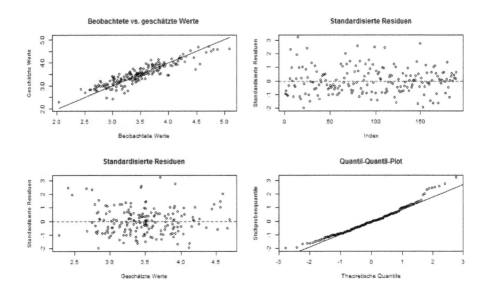

Abbildung 6: Residualanalyse für den minimalen Massenstrom

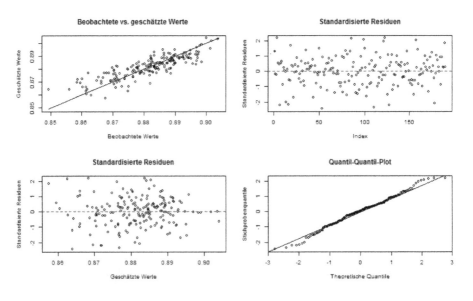

Abbildung 7: Residualanalyse für den Wirkungsgrad

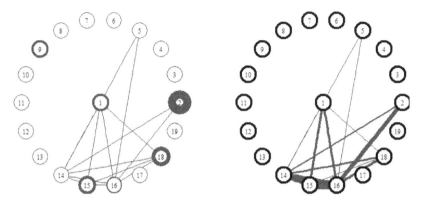

Abbildung 8: Fanova-Graphen für den minimalen Massenstrom: Haupteffekte (links) und Interaktionen (rechts)

Sensitivitätsanalyse

Die Ergebnisse der Sensitivitätsanalyse sind in Abbildung 1 für den Wirkungsgrad und in Abbildung 8 für den minimalen Massenstrom dargestellt. Kanten mit Indizes TTI kleiner als 0.001 wurden hier vernachlässigt. In der linken Grafik der Abbildungen 1 und 8 sind jeweils die Kreise hervorgehoben und in der rechten die Kanten.

Den größten Einfluss auf die Zielgröße Wirkungsgrad haben nach Abbildung 1 die Einflussgrößen X_1, X_9, X_{14}, X_{15}, X_{16}, X_{18} und X_{19}. Die deutlichsten Interaktionen wurden zwischen den Einflussgrößen X_1 und X_9, X_1 und X_{11}, X_1 und X_2, X_2 und X_9, X_2 und X_{14}, X_2 und X_{18} sowie X_1 und X_{18} gemessen. Der Einfluss - sowohl der einzelnen Parameter als auch der Interaktionen- lassen sich durch eine ingenieurswissenschaftliche Betrachtungsweise stützen und belegen. So hat die Schaufelverwindung X_{18} an der Eintrittskante maßgeblichen Einfluss auf die Anströmung und damit auf den kompletten Strömungsverlauf. Je nach Anströmungsverhalten können Druckstöße bzw. Stoßverluste auftreten, die sich negativ auf die Effizienz des Kompressors auswirken. Einen ähnlichen Einfluss, jedoch in abgeminderter Form, hat der Winkel zwischen Laufradeintritt und der Eintrittskante (X_{16}). Dass die Verwindung am Austritt (X_{19}) ebenfalls als wichtige Größe herausgestellt wird, lässt sich durch die Berechnung des Wirkungsgrades erklären. Diese ergibt sich aus den Verhältnissen der totalen Größen von Druck und Temperatur am Laufradeintritt und Diffusoraustritt. Der Rake-Winkel kann für eine Homogenisierung der Strömung zwischen Rad- und Deckscheibe am Diffursoreintritt sorgen, was sich wiederum positiv auf den Wirkungsgrad auswirkt. Es stellt sich heraus, dass ein positiver Winkel eine Steigerung des Wirkungsgrades begünstigt. X_9 stellt eine Größe zur Beschreibung der Meridiankontur dar und beeinflusst damit den Beschleunigungsgradienten von Ein- zu Austritt. Der Gradient sollte für einen hohen Wirkungsgrad möglichst stetig sein, da dieser stark mit der Tendenz verknüpft ist, ob die Strömung ablöst, es zu Sekundärwirbeln kommt oder Druckstöße generiert werden. Das Nabenlängenverhältnis (X_1) steuert die axial-radiale Umlenkung der Strömung nach dem Laufradeintritt. Der

Einfluss auf den Wirkungsgrad lässt sich damit herausstellen, dass eine zu starke Umlenkung Ablösungen an der Deckscheibe und eine zu langsame Umlenkung Dissipation durch Reibungseffekte hervorrufen kann. Die Umlenkung in tangentiale Richtung wird durch den Umschlingungswinkel (X_{15}) geregelt. Dieser beeinflusst den Strömungsverlauf und damit die Gefahr einer Wirbelbildung in der Sekundärströmung, welche sich negativ auf den Wirkungsgrad ausschlägt. Der letzte hervorgehobene Parameter ist der Schaufelaustrittswinkel (X_{14}). Dieser lässt sich direkt in der Eulerschen Turbinengleichung wiederfinden und hat somit wesentlichen Einfluss auf die technische Arbeit der Maschine, sodass hier eine (starke) Verknüpfung zum Wirkungsgrad gegeben ist. Die Interaktion zwischen dem Nabenlängen- und dem Saugmunddurchmesserverhältnis (X_1 und X_2) lässt sich darauf zurückführen, dass die Kombination der axialen und radialen Beschreibung des Strömungskanals maßgeblich auf die meridionale Umlenkung einwirkt. Beide beeinflussen die Sekundärströmungseffekte und damit die Geschwindigkeits- und Druckverteilung im Strömungskanal. So ist die Länge der Stromlinie deckscheibenseitig evtl. deutlich kürzer als radscheibenseitig, sodass es zu einem inhomogenen Strömungseintritt in den Diffusor kommt. Dieses Verhalten wirkt sich negativ auf den Stufenwirkungsgrad aus. Diese Begründung lässt sich in äquivalenter Weise auf die Interaktion zwischen X_1 und X_9 anwenden. Die Variablen X_2 und X_9, also der Durchmesser am Saugmund und ein Parameter zur Beschreibung der meridionalen Breite, wirken sich eminent auf die sogenannte „Throatfläche" aus. Diese Fläche beschreibt den kleinsten durchströmten Querschnitt und ist maßgeblich für das Strömungsverhalten. So sorgt eine zu starke Einschnürung schneller zu Stößen und einer größeren Dissipation, also Energieverlust. Ein zu großer Saugmund und damit eine große Differenz der Deck- und Radscheibenradien bedingt eine schlechte Führung in der axial-radialen Umlenkung auf Deckscheibenseite und sorgt für Ablösungen. Die dadurch auftretende diagonale und damit ungleichmäßige Einströmung in den Diffusor mindert die Effizienz der Kompressorstufe.

Aus den FANOVA-Graphen lässt sich bei der Zielgröße minimaler Massenstrom ein starker Einfluss der Größen X_1, X_2, X_9, X_{15}, X_{16} und X_{18} ablesen. Die größten Interaktionen bestehen zwischen den Einflussgrößen X_1 und X_{15}, X_1 und X_{16}, X_2 und X_{14}, X_2 und X_{16}, X_{14} und X_{15}, X_{14} und X_{16}, X_{14} und X_{18}, X_{15} und X_{16}, X_{15} und X_{18} sowie X_{16} und X_{18}. Die Zielgröße Minimaler Massenstrom definiert die sogenannte Pumpgrenze einer Verdichter-Kennlinie zum Ende des Teillastbereiches hin. Die in diesem Punkt vorhandene kinetische Energie des Fluids, aufgebaut im Laufrad, erreicht noch Werte, die trotz des Gegendrucks am Stufenaustritt nicht zu einer Rückströmung führen. Basierend auf der Tatsache, dass sich der Massenstrom im Wesentlichen aus der Fluidgeschwindigkeit und der jeweils durchströmten Fläche ergibt, wird die Abhängigkeit der Zielgröße von Parametern, die diese beeinflussen, ersichtlich. Das Saugmunddurchmesserverhältnis (X_2) steuert die Größe des Strömungsquerschnitts am Eintritt maßgeblich und reguliert damit den in das Laufrad eintretenden Massenstrom. Die Größe X_{16} wird zur Definition der Eintrittskante genutzt und wirkt dementsprechend ebenfalls auf das Strömungsverhalten am Eintritt ein. Durch den direkten Einfluss beider Parameter auf den Eintrittsbereich ist die Interaktion untereinander unmittelbar gegeben. Zusätzlich zum Eintrittsquerschnitt kann der Winkel an der Eintrittskante durch etwaige Versperrungen die Throatfläche beeinflussen. Diese stellt den beschriebenen kleinsten durchströmten Querschnitt im Laufrad dar und hat damit neben der Eintrittsfläche den geometrisch stärksten Einfluss auf den minimalen Massenstrom. Neben X_{16} sind hier die Inputparameter X_{14}, X_{15} und X_{18} als Faktoren zu nennen, die sich auf die Throatfläche auswirken. Da sich alle Parameter in gewisser Art und Weise auf diese Fläche auswirken, erscheint die Wechselwirkung untereinander plausibel, sodass hiermit der Großteil der Interaktionen abgedeckt und aus ingenieursmäßiger Betrachtungsweise bestätigt werden kann. Der Parameter X_9 zur Beschreibung der Meridiankontur beeinflusst die Schaufelform, durch welche die Gleichmäßigkeit der Strömung bzw. deren Beschleunigungsgradient beeinträchtigt wird. Hierdurch können Verwirbelungen, die sich negativ auf die kinetische Energie des Fluids auswirken, reduziert werden, wodurch die Verknüpfung zum Massenstrom gegeben ist. Neben der Schaufelform wirkt die axial-radiale und tangentiale Umlenkung wesentlich auf den Strömungsverlauf und auf die Sekundärwirbelbildung ein, sodass das Nabenlängenverhältnis (X_1) sowie der Umschlingungswinkel (X_{15}) den Massenstrom beeinträchtigen und auch untereinander interagieren. Zuletzt lässt sich der Interaktionsstrang zwischen X_1 und X_{16} in der Art begründen, dass durch Variation der Eintrittskante der Strömungseintritt und damit die gesamte Strömungsführung im Laufe der Umlenkung beeinflusst wird.

4 Zusammenfassung und Ausblick

Das Ziel dieser Arbeit bestand darin wichtige Eigenschaften der Betriebskennlinie eines radialen Turboverdichterlaufrades mithilfe von Metamodellen abzubilden. Als maßgebende Zielgrößen wurden der Wirkungsgrad und der minimale Massenstrom formuliert. Aus der Klasse der Kriging-Modelle wurde ein geeignetes Modell für beide Zielgrößen ausgewählt. Für den Vergleich wurden verschiedene Kernfunktionen und Modelle mit konstantem und nichtkonstantem Trend betrachtet. Auf Basis der mittleren quadratischen Abweichung (RMSE) stellte sich das Kriging-Modell mit Gauss-Kern und nichtkonstantem Trend für beide Zielgrößen als geeignet heraus.

Anschließend wurde für beide Modelle eine Sensitivitätsanalyse durchgeführt. Erstmals konnten hier der Einfluss einzelner Größen sowie von Interaktionen mehrerer Einflussgrößen identifiziert werden. Die Ergebnisse konnten aus ingenieurwissenschaftlicher Sicht sinnvoll begründet werden. Die ausgewählten Modelle bilden die Zielgrößen somit sowohl im Hinblick auf die Vorhersagegenauigkeit als auch aus ingenieurwissenschaftlicher Sicht sinnvoll ab und können im nächsten Schritt in die Optimierung einfließen. Die Ergebnisse der aktuell noch andauernden multikriteriellen Optimierung des Prozesses werden in einem Folgeartikel behandelt.

5 Danksagung

Die Autoren danken der Fachhochschule Dortmund für die hochschulinterne Förderung des Projekts BOCOA.

Literatur

[FLS06]   K. Fang, R. Li und A. Sudjianto. *Design and modeling for computer experiments.* Chapman & Hall/CRC, Boca Raton and London, 2006.

[FMRJ15]   J. Fruth, T. Muehlenstaedt, O. Roustant und M. Jastrow. *fanovaGraph: Building Kriging Models from FANOVA Graphs*, 2015. R package version 1.4.8.

[FRK14]   J. Fruth, O. Roustant und S. Kuhnt. Total Interaction Index: A Variance-based Sensitivity Index for Second-order Interaction Screening. *Journal of Statistical Planning and Inference*, 147:212–223, 2014.

[Fru15]   J. Fruth. *New methods for the sensitivity analysis of black-box functions with an application to sheet metal forming.* Dissertation, TU Dortmund, 2015.

[JSW98]   D. R. Jones, M. Schonlau und W. J. Welch. Efficient global optimization of expensive black-box functions. *Journal of Global optimization*, 13(4):455–492, 1998.

[KHR⁺16]   S. Kuhnt, M. Halstrup, N. Rudak, M. Jastrow und L. Bloch. Analyse von Computerexperimenten mit FANOVA Graphen und dem Optimierungsalgorithmus ParOF. In *Schriftenreihe des Fachbereichs Informatik der Fachhochschule Dortmund (Band 2)*, Seiten 119–130. MV-Verlag, 2016.

[MRCK12]   T. Mühlenstädt, O. Roustant, L. Carraro und S. Kuhnt. Data-driven Kriging Models Based on FANOVA-decomposition. *Statistics and Computing*, 22(3):723–738, 2012.

[RGD12]   O. Roustant, D. Ginsbourger und Y. Deville. DiceKriging, DiceOptim: Two R Packages for the Analysis of Computer Experiments by Kriging-Based Metamodeling and Optimization. *Journal of Statistical Software*, 51(1):1–55, 2012.

[SCS00]   A. Saltelli, K. Chan und E.M. Scott. *Sensitivity analysis.* Wiley, Chichester, 2000.

[SWN03]   T.J Santner, B.J Williams und W.I Notz. *The Design and analysis of computer experiments.* Springer, New York, 2003.

[THS96]   T. Toshimitsu Homma und A. Saltelli. Importance measures in global sensitivity analysis of nonlinear models. *Reliability Engineering & System Safety*, 52(1):1–17, 1996.

Indoor-Navigation mittels Bluetooth Low Energy unter Android*

Indoor navigation using Bluetooth Low Energy for Android

Christoph Kuhfuß, Jörn Schriewer, Thomas Ax, Julian Lategahn, Christof Röhrig

Fachbereich Informatik
Fachhochschule Dortmund
Emil-Figge-Str. 42
44227 Dortmund
christoph.kuhfuss@fh-dortmund.de

Kurzfassung: Es wird ein Ansatz vorgestellt, welcher Indoor-Navigation für Android-Apps realisiert. Dies geschieht auf Basis von Kartendaten in XML-Form. Die Nutzerlokalisierung erfolgt mittels Auswertung empfangener Bluetooth Low Energy-Signale von Bluetooth-Beacons. Kartendaten werden u.A. mit OpenStreetMap verwaltet, topologische Karten können über eine Editor-App erstellt werden. Weiterhin wird eine App vorgestellt, welche den vorgestellten Ansatz realisiert und weitere Funktionalitäten für Studenten des Fachbereich 4 Informatik der Fachhochschule Dortmund bietet.

Abstract: Following is a method for realization of indoor navigation for Android apps. Map data is stored in XML files. To localize users, signals from Bluetooth low energy beacons are received and evaluated. Map data is managed with OpenStreetMap, topological maps are generated through a map editor app. Another app, which uses the shown method, is introduced. In addition to the indoor navigation, this app includes several features for students of the computer science department of the University of Applied Sciences Dortmund.

1 Einleitung

Indoor-Navigation ist aktives Forschungsgebiet. Im Gegensatz zu Outdoor-Navigation existieren weniger ausgereifte Lösungen, obwohl einige Gebäudetypen, etwa öffentliche Gebäude wie Krankenhäuser, für erstmalige Besucher häufig unübersichtlich sind. Problematisch ist auch, dass häufig zusätzliche Anpassungen an der Gebäudeinfrastruktur vorzunehmen sind, um eine präzise Lokalisierung innerhalb des Gebäudes zu ermöglichen. In diesem Paper soll ein Ansatz vorgestellt werden, der auf einer Lokalisierung mittels sog. Bluetooth-Beacons basiert. Diese Beacons senden in regelmäßigen Intervallen *Bluetooth-Low-Energy* (BLE)-Signale.

---

*Entstanden im Rahmen eines Forschungsprojektes am Fachbereich Informatik an der FH Dortmund

Bei der Navigation sollte zudem eine leichte Übertragbarkeit auf andere Gebäude gewährleistet werden. Zu diesem Zweck wurde ein Verfahren entwickelt, welches auf Kartendaten in Form einer topologischen Karte bzw. eines Graphen basiert. Für das Routing kann dann einfach eine Graphensuche über die Knoten des Karten-Graphen durchgeführt werden. Die Kartendaten werden im XML-Format mit einer Android-App ausgeliefert, wobei diese wenig Speicherplatz benötigen und leicht für mehrere Gebäude in eine App integriert werden können. Über eine zweite App können Karten erstellt und bearbeitet werden.

Die Navigation ist für den Fachbereich 4 (FB4) Informatik an der Fachhochschule Dortmund implementiert worden. Neben der Indoor-Navigation ist eine Outdoor-Navigation für einen Bereich auf dem Campus Nord der TU und FH Dortmund integriert, wobei letztere auf Routing-Services von externen Dienstleistern basiert. Die hier vorgestellte Navigation ist inzwischen in Kombination mit einer Fachbereichs-App für Studenten im Google Play Store erhältlich. Diese App bietet neben der Navigation weitere Funktionalitäten, die Studenten verwenden können, um ihren Studienalltag zu erleichtern.

Es wurden verschiedene ähnliche Arbeiten auf diesem Themengebiet durchgeführt. Hierzu zählt beispielsweise der in [HSD$^+$13] vorgestellte Ansatz von einem Team der Uni Paderborn. Hier wird zur Lokalisierung auf empfangene WLAN-Signalstärken zurückgegriffen. Zusätzlich wird die Schritterkennung des vom Nutzer verwendeten Handys eingesetzt. Dies ermöglicht eine Fortführung der Navigation, auch wenn kein WLAN-Zugriff möglich ist. In [AMW16] wird ein Ansatz der FH Wildau beschrieben. Bei diesem werden *iBeacons*[1] von Apple eingesetzt, welche ebenfalls BLE-Signale senden. Für die Karten kommt eine eigene Lösung zum Einsatz, welche auf Basis der Google Maps API entwickelt wurde. Zusätzlich bietet die App, in welcher die Navigation für die FH Wildau integriert ist, verschiedene weitere Funktionen für Studenten wie etwa eine Speiseplananzeige, Stundenpläne oder eine Anzeige der Noten des Nutzers.

2 Mobile-App

Die hier vorgestellte App ist im Google Play Store kostenlos für Android-Geräte ab Android-Version 4.0.3 verfügbar.[2] Primäre Zielgruppe sind Studenten des FB4 an der FH Dortmund. Neben der Indoor-Navigation bietet die App verschiedene Funktionen zur Erleichterung des Alltags von Studenten am Fachbereich. Abb. 1 zeigt links einen Screenshot des Hauptmenüs, von welchem aus die Hauptfunktionalitäten der App abrufbar sind. Zu diesen Funktionen zählt eine Stundenplanverwaltung. Diese empfängt Stundenplaninformationen von einer REST-Schnittstelle eines Servers des Fachbereich 4. Die Daten liegen im XML-Format vor, in welchem sie auch persistent gespeichert werden, wenn Nutzer ihren eigenen Stundenplan abspeichern. Die Stundenplanverwaltung bietet auch eine Freiraum-Suche, die Räume und Labore im FB4 anzeigt, die aktuell nicht belegt sind. Dies geschieht über eine gesonderte Abfrage an der REST-Schnittstelle. Gegenüber eines

---

[1]https://developer.apple.com/ibeacon/, Stand: 21.10.2016 00:27
[2]https://play.google.com/store/apps/details?id=fh.dortmund.imslFB4, Stand: 16.10.2016 22:07

Abbildung 1: Screenshots der FB4-App. Links: Hauptmenü.
Rechts: Stundenplanverwaltung

reinen Abgleichs mit den Stundenplandaten bietet die Schnittstellenabfrage den Vorteil, dass auch Veranstaltungen berücksichtigt werden können, die nicht zu den Lehrveranstaltungen im Stundenplan zählen. Solche Veranstaltungen sind etwa Kolloquiuen oder Klausuren. Die Stundenplanverwaltung hält sich automatisch aktuell, indem die eigenen Stundenplandaten einmal wöchentlich automatisch mit aktuellen Daten aus dem offiziellen Online-Stundenplan abgeglichen werden. Dies ist insbesondere am Anfang von Semestern sinnvoll, da dort häufig nachträgliche Änderungen am Stundenplan vorgenommen werden. Neben den offiziellen Stundenplandaten können eigene Veranstaltungen angelegt werden. Abbildung 1 zeigt rechts einen Screenshot der Stundenplan-Funktion der App.

Zu den Veranstaltungen im Stundenplan können Notizen angelegt werden. Die Notizfunktion der App ist eine gesonderte Funktion. Neben der eigentlichen Notiz verfügen Notiz-Objekte über einen zugehörigen Kurs, eine Priorität und eine optionale Deadline. Eine weitere Funktion ist der Abruf von Fachbereichs-News, welche vom offiziellen RSS-Feed für News vom FB4 bezogen werden. Weiterhin bietet die App einen Bereich, in dem nützliche Links für FB4-Studenten vorzufinden sind. Hierzu zählen etwa Prüfungs- oder Semesterzeitpläne oder häufig verwendete Online-Services des Fachbereichs Informatik. An dieser Stelle bietet die App einen sog. *WebView* zur Anzeige von Webseiten und einen PDF-Viewer für Pläne, die im PDF-Format zur Verfügung stehen. Die Funktionen der App sind über das Hauptmenü abrufbar, welches beim App-Start automatisch angezeigt wird. Weiterhin existiert ein ständig verfügbares Seitenmenü, über welches die Hauptfunktionen ebenfalls aufgerufen werden können.

Hauptsächliche Funktion der App ist die Indoor-Navigation. Über diese können Studenten von ihrem aktuellen Standpunkt aus zu einem beliebigen Raum im FB4 navigieren. Hierzu wird eine Kartenansicht dargestellt, die eigens erstellte Karten-Bilddaten anzeigt. Diese Bilddaten enthalten Beschriftungen für Raumnamen, Toiletten, Gebäudeeingänge oder Treppenhäuser. Details zu den Karten-Bilddaten finden sich in Abschnitt 4.1. Falls der Nutzer sich noch nicht im Gebäude des FB4 befindet, wird eine Outdoor-Navigation gestartet, die erst zum Gebäude navigiert. Außerhalb von Gebäuden findet eine Positionsbestimmung mittels GPS statt, innerhalb des FB4 wird mit BLE-Beacons lokalisiert. Die Lokalisierung mittels Bluetooth-Beacons wird in Kapitel 3 näher beschrieben. Details zur Realisierung der Navigation finden sich in Kapitel 4.

3 Lokalisierung

Für eine Navigationsanwendung ist die Erfassung der Nutzerposition ein wichtiger Bestandteil. Die hier verwendete Lokalisierung verwendet GPS für Outdoor-Lokalisierung und *Bluetooth Low Energy* (BLE) für die Positionserfassung innerhalb von Gebäuden. Die Outdoor-Lokalisierung ist durch die *Google Location Services API* gegeben, die einen Bestandteil der Google Play Services darstellt und leicht in Android-Applikationen integriert werden kann. Die Lokalisierung innerhalb von Gebäuden wurde von Julian Lategahn und Thomas Ax entwickelt. Die zum Einsatz kommende Lokalisierung verwendet einen sog. *Kalmann-Filter* zur Bestimmung der Nutzerposition [LAR16b]. Beim Einsatz dieser Methode wird der Nutzer nicht frei im Raum lokalisiert. Eine Positionsbestimmung findet lediglich auf Verbindungen zwischen Beacons auf einem topologischen Graphen statt [LAR16a]. Zur Berechnung der Nutzerposition werden die empfangenen Signalstärken (RSSI) der BLE-Beacons verarbeitet [LAR15].

Der Wechsel zwischen Indoor- und Outdoor-Lokalisierung wird durch eine höhere Priorisierung der Indoor-Lokalisierung implementiert. Bei einer neuen Nutzerposition wird daher überprüft, von welchem *Location Provider* diese stammt und je nach Priorität entschieden. Es existiert ein Location Provider für die GPS- und einer für die Lokalisierung mittels BLE. Ist keine Position im Gebäude verfügbar, wird GPS als Location Provider gewählt, sonst werden BLE-Signale zur Positionsbestimmung verwendet.

4 Realisierung

Die Indoor-Navigation wurde als Teil der FB4-App veröffentlicht. Hier stellt sie eine eigenständige Funktion der Android-App dar. Der Fokus der Realisierung lag dabei auf einer leichten Erweiterbarkeit und Wartung. Zu diesem Zweck wurden Tools für die Erstellung der topologischen Karten entwickelt und benötigte Bilddaten auf einem zentralen Server abgelegt. Dieser ermöglicht es so, die Navigation um neue Gebäude zu erweitern, ohne die App zu aktualisieren. Zusätzlich wird der benötigte Speicherplatz der App reduziert.

Key	Value	Description
Indoor=*	Room, area, wall, corridor	Typ des Raums
Level=*	Integer	Etage des Elements
Height=*	Float	Höhe des Raums
Name=*	String	Name des Raums
Ref=*	String	Referenz-Nr (z.B. Raum-Nr)

Tabelle 1: Verschiedene Attribute des Simple Indoor Tagging Standards

4.1 OpenStreetMap

Für die Outdoor-Daten werden bereits existierende Geodaten unverändert der OSMDaten-bank entnommen, da hier keine Anpassungen nötig sind. Die Indoor-Navigation benötigt jedoch zusätzliche Informationen, wie z.b. Rauminformationen oder -etage und weitere Indoor-spezifische Attribute. Die wichtigsten Attribute des *Simple Indoor Tagging* sind in Tabelle 1 zu sehen.

Das Eintragen der Daten wird mit einem OSM-Editor vorgenommen, hier wurde der kostenlose Editor *JOSM*[3] verwendet. Für eine möglichst genaue Abbildung des Gebäudes sollte ein Gebäudeplan als Hintergrund eingeblendet werden, dazu kann das Plugin *Pic-Layer*[4] für JOSM verwendet werden. Anschließend kann das gesamte Gebäude modelliert werden, dazu werden Türen, Räume, Korridore, Treppen und weitere Objekte mittels OSM-Attributen definiert.

Nachdem die entsprechenden Daten in OpenStreetMap eingetragen wurden, können daraus sog. *Kacheln* (engl. *Tiles*) generiert werden. Tiles sind hier quadratische Bilddateien. Diese ergeben, nahtlos aneinander gefügt, die gesamte Karte. Die Tiles können mit verschiedenen Programmen generiert werden, hier wurde sich für *Maperitive*[5] entschieden. Maperitive rendert die zur Verfügung stehenden OSM-Daten anhand eines frei konfigurierbaren Regelsatzes. Für die Erweiterung um Indoor-Elemente wird dieser Regelsatz um entsprechende Regeln für OSM-Elemente mit den in Tabelle 1 beschriebenen Indoor-Attributen erweitert.

Nach Erstellung eines Regelsatzes für Indoor-Elemente können die Tiles generiert werden. Bei der Tile-Generierung sollte beachtet werden, dass Tiles für jede Etage einzeln generiert werden müssen, was durch die Angabe des Level-Attributs im Regelsatz erreicht wird. Die Tiles einer Etage, auch gebäudeübergreifend, bilden zusammen eine Tile-Quelle und werden auf einem Server in je einem eigenen Ordner abgelegt. Um Redundanz zu vermeiden, werden Kacheln der gesamten Region nur auf einer Quelle gespeichert, während jede Quelle Gebäude-Kacheln für das jeweilige Stockwerk enthält. Die restlichen Tiles wurden hier auf dem Server mit Hilfe eines Shell-Scripts über Softlinks "aufgefüllt", sodass jede Tile-Source Kacheln zu jedem unterstützten Bereich liefert, ohne dass Tiles redundant gespeichert werden müssen. Dies ist sinnvoll, da Outdoor-Tiles sich in den verschiedenen

---

[3]https://josm.openstreetmap.de/, Stand: 19.10.2016 22:10
[4]http://wiki.openstreetmap.org/wiki/JOSM/Plugins/PicLayer, Stand:19.10.2016 22:13
[5]http://maperitive.net/, Stand: 19.10.2016 22:15

Quellen ohnehin nicht unterscheiden würden.

Auf dem Server wird eine Ordnerstruktur für Kacheln verwendet, die dem *Slippy Map Tile Names*-Format entspricht. Dieses setzt sich folgendermaßen zusammen [Fou16]:

```
Quellenname/zoom/x/y.png
```

Der Quellenname identifiziert hier verschiedene Stockwerke. Die Zoomstufe ist ein Integer-Wert >0. Da hier nur Indoor-Navigation relevant ist, werden Zoomstufen von 17 bis 22 unterstützt. Die hierfür benötigten, höher auflösenden Tiles wurden enstprechend mit Maperitive generiert. Die x- und y-Koordinaten entsprechen den UTM-Koordinaten des im Bild dargestellten Bereichs.

4.2 Beacon-Infrastruktur

Beacons müssen vor Nutzung zu Lokalisierungs- oder Navigationszwecken entsprechend konfiguriert werden. Dies geschieht über eine vom Hersteller angebotene Konfigurations-App, in welcher sich Sendeintervall, Major-/Minor-IDs und ein Passwort für die Konfiguration einstellen lassen. Major-IDs in Beacons dienen zur Differenzierung verschiedener Gebäude, während Minor-IDs pro Beacon vergeben werden. Nachdem diese IDs vergeben wurden, können die Beacons in regelmäßigen Abständen in Fluren im auszustattenden Gebäude angebracht werden. Im Falle der Emil-Figge-Straße 42 des FB4 in Dortmund wurden die Beacons mittels Kabelbinder unter den Schirmen von Deckenlampen befestigt.

Sobald die Positionen der Beacons im Gebäude feststehen, lässt sich eine topologische Karte in Form eines Graphen erstellen. Knoten in diesem Graphen sind Beacons bzw. Knoten zu Navigationszwecken. Verbindungen sind passierbare Strecken zwischen zwei Beacons, etwa Flurstücke. Diese Karten können mit einem eigens erstellten, zweiten Android-Applikation kreiert und bearbeitet werden. Details zum Karten-Editor finden sich in Abschnitt 4.3.

Frühere Versuche haben gezeigt, dass die Kapazität der Knopfzellen-Batterien, über welche die Beacons betrieben werden, nicht ausreicht. Um eine höhere Lebenszeit zu erzielen, wurden die Beacons so modifiziert, dass die Energieversorgnung mit zwei AA-Batterien erfolgen kann. Hierzu wurden die Gehäuse der Beacons entfernt und Halterungen für die AA-Batterien angelötet.

4.3 Karten-Editor

Zum Editieren von Kartendaten für die topologischen Karten wurde eine zweite Android-Applikation erstellt. Dieser Editor ist, anders als die FB4-App, nicht im Google Play Store erhältlich. Die App bietet dem Nutzer die Möglichkeit, Beacons bzw. Knoten der topologischen Karte direkt auf einer Kartenansicht zu platzieren, verschieben, verbinden und zu bearbeiten. Neben Attributen für die Beacons bzw. Knoten, wie etwa Ziel (Raumnamen

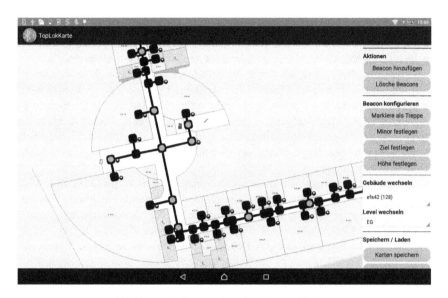

Abbildung 2: Screenshot des Karten-Editors

bzw. -bezeichnungen), Major-/Minor-ID oder Anbringungshöhe lassen sich verschiedene Stockwerke im Gebäude separat verwalten und über Treppenhäuser verbinden. Abbildung 2 zeigt einen Screenshot der Editor-App.

Rechts im Bild findet sich das Menü des Editors. Im Hauptteil der App ist die Indoor-Karte mit Beacons abgebildet. Beacons mit einem grünen Kreis im Symbol stellen reelle Beacons dar, andere sind lediglich Knoten im Graph und dienen zu Navigationszwecken. Kleine Icons neben den Beacons signalisieren das Vorhandensein eines Ziels an diesem Beacon/Knoten oder Treppenhäuser. Im Karten-Editor gibt es die Möglichkeit, die Kartendaten im XML-Format zu speichern. Eine derartig generierte XML enthält als primäres Element ein TopLok-Objekt, welches das Gebäude der Karte repräsentiert. Als Unterelemente verfügt ein Karten-Objekt über seinen Namen, die Major-ID des Gebäudes, den Rotationswinkel des Gebäudes in Relation zur x-Achse bei UTM-Koordinaten sowie ein oder mehrere Stockwerke. Der Rotationswinkel wird gespeichert, damit sichergestellt werden kann, dass Verbindungen zwischen Beacons nur in Winkeln platziert werden können, die Vielfache von 90° in Relation zu diesem Gebäudewinkel bilden.[6] Elemente für Stockwerke sind als Level benannt und verfügen ihrerseits über verschiedene Unterelemente. Ein Level-Element enthält seine ID, den Namen (z.B. EG) und verschiedene Beacons und Verbindungen zwischen diesen. Die IDs für Stockwerke sind aufsteigend und repräsentieren die Stockwerksnummern im Gebäude, so ist ID 0 für das Erdgeschoss, ID 1 wäre das erste Obergeschoss usw. Beacon-Elemente enthalten eine ID, Major-/Minor-ID, ein Ziel, eine Anbringungshöhe sowie die Geo-Koordinaten des Punkts

---

[6]Dies ist hier ausreichend, da das Gebäude des Fachbereich 4 nur über Flure verfügt, die rechtwinklig zueinander stehen. Für komplexere Gebäudestrukturen kann im Quellcode eine Anpassung auf feinere Winkelabstände, etwa 45° oder 15°, vorgenommen werden.

im Latitude/Longitude-Format. Reine Knoten der topologischen Karte werden im Editor als gewöhnliche Beacons angelegt, erhalten jedoch als Minor-ID `-1`. Verbindungen zwischen Beacons werden hier als `Edge`-Elemente realisiert, wobei diese eine ID, die IDs der beiden verbundenen Beacons sowie die Information enthalten, ob es sich bei dieser Verbindung um ein Treppenhaus handelt. Treppenhäuser sind der einzige Fall, in welchem Beacons auf verschiedenen Stockwerken direkt verbunden sind. Da `Edge`-Elemente dem `Level`-Element untergeordnet sind, werden für mehrere Treppenhäuser mehrere `Edge`-Elemente auf verschiedenen Stockwerken mit der gleichen ID verwendet. Diese gehören dann zu einem einzigen Treppenhaus. So wird implizit gespeichert, welche Stockwerke das Treppenhaus verbindet.

Zur Verwendung des Karten-Editors wurde ein spezieller Branch des OSMDroid-Projekts verwendet, da der `master`-Branch Geokoordinaten im Latitude/Longitude-Format zum Zeitpunkt der Realisierung des Editors nur auf sechs Nachkommastellen präzise speichert. Da dies zu Ungenauigkeiten bei der Platzierung von Beacons führte, wurde der `doubles`-Branch eingesetzt, der das OSMDroid-Framework an vielen Stellen auf die Nutzung von Double-Gleitkomma-Attributen umstellt. Im `master`-Branch wurden Geokoordinaten dagegen lediglich mit 100.000 multipliziert und daraufhin als Integer-Attribut gespeichert.[7]

4.4 Navigation

Die Navigation ist einer der Hauptbestandteile der App und soll den Nutzern Orientierung innerhalb des Campus der FH-Dortmund bieten. Zur Implementierung einer Navigationslösung wurden verschiedene Frameworks für OpenStreetMap evaluiert, wobei sich schlussendlich für das OSMDroid[8] entschieden wurde.

OSMDroid ist ein Open-Source-Framework für Android, das Werkzeuge für die Interaktion und Darrstellung von OSM-Daten bereitstellt. Das Framework ersetzt Androids `MapView`-Klasse und bietet neben der Darstellung von Karten ein Overlay-System und diverse weitere Funktionen. Des Weiteren kann das *OSMBonusPack*[9] verwendet werden, welches das Framework unter anderem um Routing und Navigationsanweisungen erweitert.

Das Routing besteht aus separatem Outdoor- und Indoor-Routing, dementsprechend werden bei der Routenberechnung separate Teilrouten für Indoor und Outdoor-Gebiete erstellt. Diese werden anschließend zu einer Gesamtroute zusammengefügt. Routen bestehen hier aus einer Distanz- und Zeitangabe, einer Liste von Knotenpunkten, sowie einer Liste von Geokoordinaten für eine hochauflösende Darstellung der Route. Die einzelnen Knotenpunkte definieren dabei die Streckenabschnitte und besitzen neben Geokoordinaten eine Navigationsanweisung für den Nutzer, sowie die Distanz und geschätzte Zeit bis zum nächsten Zwischenziel.

Die Darstellung der Route erfolgt durch ein in OSMDroid enthaltenes `Polyline`-

---

[7]Dieser Sachverhalt wurde als sog. *Issue* im offiziellen OSMDroid-Github diskutiert. `https://github.com/osmdroid/osmdroid/issues/356`, Stand: 17.10.2016 22:45

[8]`https://github.com/osmdroid/osmdroid`, Stand: 21.10.2016 01:39

[9]`https://github.com/MKergall/osmbonuspack`, Stand: 21.10.2016 01:39

Overlay, das die Route durch eine umspannende Bitmap in die Karte einzeichnet. Für größere Routen führt dies jedoch zu Fehlern und einer zu großen Bitmap, daher wurden nicht sichtbare Teilabschnitte der Route durch einen Line-Clipping-Algorithmus entfernt. Für das Outdoor-Routing wird das OSMBonusPack sowie der Routing-Service *Graphhopper*[10] verwendet. Eine Graphhopper-Implementierung ist bereits im OSMBonusPack enthalten. Routinganfragen an Graphhopper werden über URL-Parameter angegeben, wobei zusätzliche Routeneigenschaften, wie z.B. das Fortbewegungsmittel, festgelegt werden können.

Für das Indoor-Routing bzw. die Wegesuche kommt eine *Gleiche-Kosten-Suche* (engl. *Uniform Cost Search*, UCS) zum Einsatz. Hier werden, beim Startknoten beginnend, Knoten aus einer Agenda expandiert. Expandieren bedeutet, dass ihre Nachfolger aus den direkten Nachbarn zusammen mit bisherigen Pfadinformationen auf die Agenda gesetzt werden. Diese Agenda ist aufsteigend nach kumulativen Wegkosten der Knoten sortiert und liefert optimale Pfade, sofern diese existieren. [RNI95, S. 75f.]

Eine Alternative zur UCS wäre der A*-Algorithmus gewesen. Dieser Algorithmus funktioniert ähnlich wie die UCS, mit dem Unterschied, dass zur Bestimmung der Expansionsreihenfolge die Summe aus den kumulativen Wegkosten und einer Heuristik ist, welche die restliche Entfernung zum Ziel schätzt [RNI95, S. 96f.]. Die Heuristik erweist sich hier jedoch als Nachteil. Zum einen, weil hier nicht immer vor der Wegesuche bekannt ist, welches Ziel das richtige ist. Dies ist darin begründet, dass mehrere Knoten bzw. Beacons das gleiche Ziel haben können, etwa wenn ein Raum mehrere Eingänge hat oder die nächste Toilette gesucht ist. Zum anderen ist eine Heuristik hier schwierig zu bestimmen, da die Wegkosten teilweise über Stockwerke hinweg geschätzt werden müssen. Dadurch lässt sich nicht mehr einfach die Luftlinie zum Ziel einsetzen.

Sobald eine Route berechnet wurde, kann der Pfad auf der Karte dargestellt werden. Hierzu werden im Pfad enthaltene Knotenpunkte, sofern sie auf dem aktuell aktiven Stockwerk liegen, durch eine Linie verbunden. Eine Kombination mit einer Outdoor-Route ist möglich, indem die Outdoor-Route bis zum Gebäudeeingang gezeichnet wird und die Indoor-Route von dort aus dargestellt wird.

5 Fazit/Ausblick

Auch wenn die bisherige Implementierung der Indoor-Navigation Verbesserungsmöglichkeiten bietet, wurde ein modularer Ansatz für die Navigation innerhalb von Gebäuden erstellt. Dieser ermöglicht eine Integration von Navigationslösungen für verschiedene Gebäude in wenigen Schritten. Hierzu müssen Beacons angebracht und konfiguriert sowie Kartendaten im Editor erstellt werden. Die Beacons lassen sich dabei auf verschiedene Arten im Gebäude anbringen und trotzdem leicht für den Nutzer unsichtbar platzieren. Im weiteren Verlauf des Projekts sollen die Karten-XML-Dateien, ähnlich wie die Karten-Bilddaten, auf einen Online-Server ausgelagert werden, sodass Änderungen an den Karten zentralisiert durchgeführt werden können. Die Lokalisierung arbeitet teilweise zeitverzögert und unpräzise, auch hier besteht Raum für Verbesse-

---

[10]`https://graphhopper.com/`, Stand: 21.10.2016 01:40

rungen. Weitere Interaktionsmöglichkeiten mit der Karte sind angedacht, sodass etwa Rauminformationen durch tippen auf einen Raum angezeigt werden können. In diesem Zuge soll die Lokalisierung dahingehend erweitert werden, dass sie erkennt, in welchem Raum sich ein Nutzer aufhält. Zur Realisierung von Barrierefreiheit sollen die Navigation und die Lokalisierung um die Berücksichtigung von Aufzügen erweitert werden.

Literatur

[AMW16]   Alfredo Azmitia, Janett Mohnke und Henning Wiechers. Campus App Unidos Wildau–ein ständiger Begleiter für den Alltag an der Technischen Hochschule Wildau. In *Mobile Anwendungen in Unternehmen*, Seiten 227–242. Springer, 2016.

[Fou16]   OpenStreetMap Foundation. Slippy Map Tile Names - OpenStreetMap Wiki, 2016. Stand: 19.10.2016.

[HSD+13]   Manh Kha Hoang, Sarah Schmitz, Christian Drueke, Dang Hai Tran Vu, Joerg Schmalenstroeer und Reinhold Haeb-Umbach. Server based indoor navigation using RSSI and inertial sensor information. In *Positioning Navigation and Communication (WPNC), 2013 10th Workshop on*, Seiten 1–6. IEEE, 2013.

[LAR15]   Julian Lategahn, Thomas Ax und Christof Röhrig. Evaluation von BLE-Beacon im Kontext von Indoor-Navigationsanwendungen. In *Tagungsband 12 GI/ITG KuVS Fachgespräch Ortsbezogene Anwendungen und Dienste*, Siegen, Deutschland, 2015.

[LAR16a]   Julian Lategahn, Thomas Ax und Christof Röhrig. Indoor-Personenlokalisierung auf topologischen Gebäudeplänen mit Hilfe eines Multi-Hypothesen Kalman-Filters. In *Schriftenreihe des Fachbereichs Informatik der Fachhochschule Dortmund*, Jgg. 2, Seiten 9–20. Monsenstein und Vannerdat, 2016.

[LAR16b]   Julian Lategahn, Thomas Ax und Christof Röhrig. Multi hypothesis Kalman Filter for indoor pedestrian navigation based on topological maps. In *2016 IEEE/ION Position, Location and Navigation Symposium (PLANS)*, Seiten 607–612. IEEE, 2016.

[RNI95]   Stuart Russell, Peter Norvig und Artificial Intelligence. A modern approach. *Artificial Intelligence. Prentice-Hall, Egnlewood Cliffs*, 25, 1995.

Erweiterung und Optimierung eines ImageJ/Fiji-Plugins für die Zählung von überlappenden Nanopartikeln aus Transmissionselektronischen Mikroskopiebildern*

Expansion and optimization of an ImageJ/Fiji-Plugin to count overlapping nanoparticles in transmission electron microscopy images

Louise Bloch

Fachbereich Informatik
Fachhochschule Dortmund
Emil-Figge-Str. 42
44227 Dortmund
louise.bloch001@stud.fh-dortmund.de

Kurzfassung: Bei der Bildaufnahme von Objekten, besonders zellulärer Strukturen, kommt es immer wieder zu Überlappungen. Durch solche Überlappungen bilden sich sogenannte Klumpen (englisch: clump) im Bild, sodass die Anzahl der einzelnen Objekte nicht mehr klar zu bestimmen ist. Dieses Phänomen tritt in vielen verschiedenen Verwendungszusammenhängen auf. Sie stellen vor allem dann ein Problem dar, wenn die Anzahl der Objekte in einem Bild für die Interpretation von zentraler Bedeutung ist. Zu solchen Überlappungen kommt es neben anderen zellulären Strukturen auch bei Nanopartikeln.
Eine manuelle Abgrenzung der einzelnen Objekte voneinander ist in der Regel trivial, jedoch auch langwierig und ermüdend, gerade, wenn es sich um sehr viele und sehr kleine Objekte handelt. Dieses Problem soll mit Hilfe der digitalen Bildverarbeitung gelöst werden, um das Verfahren zu automatisieren und zu beschleunigen. Dazu soll ein forminvarianter Ansatz auf Basis der Konkavitätsanalyse realisiert werden, welcher zudem auch bei starken Überlappungen eingesetzt werden kann. Die Umsetzung soll mit Hilfe eines ImageJ-/Fiji-Plugins erfolgen.

Abstract: When taking pictures of objects, particularly of cellular structures, there often may occur overlappings. The results of such overlappings are so-called „clumps" in the picture so that the number of single objects in the picture cannot be identified clearly anymore. This phenomenon happens in a lot of different contexts of usage. Such clumps especially become a problem when the number of objects in an image has an essential meaning for the interpretation of it. Overlappings appear for example with cells of diseases, as for example with nanoparticles.
The demarcation of those single objects from each other is generally a simple but lengthy and tedious task for people especially when one deals with many and very small objects. This problem will be solved by dint of digital image processing. This

---

*Verkürzte Version einer Bachelorarbeit unter Betreuung von Prof. Dr.-Ing. Christoph M. Friedrich und M. Sc. Thorsten Wagner

approach is based on the analysis of concavity which means that there is the assumption of demarcation points for the clumps in areas with significantly higher concavity. The implementation shall be carried out via ImageJ-/Fiji-Plugin.

1 Einleitung

Diese Bachelor Thesis beschäftigt sich mit der Trennung überlappender Nanopartikel in Transmissionselektronischen Mikroskopiebildern, um die Anzahl der abgebildeten Objekte in einem Bild zu ermitteln.

Überlappungen von einzelnen Objekten entstehen in Bildern relativ häufig. Besonders dann, wenn sich viele Objekte auf engem Raum befinden, sodass diese sehr nah aneinander liegen, oder sich perspektivisch verdecken. Bei der Bildaufnahme wird der dreidimensionale auf den zweidimensionalen Raum abgebildet, sodass es zu einem Informationsverlust der Tiefeninformationen kommt. Liegen die Objekte in der Realwelt nah aneinander oder teilweise bzw. vollständig - bezogen auf die Kameraposition - hintereinander, so entstehen bei dem Verlust der Tiefeninformationen im Bild überlappende Objekte.

Um die Anzahl der Einzelobjekte mit Hilfe der Bildverarbeitung zu bestimmen, müssen deswegen zunächst die bei der Bildaufnahme entstandenen Klumpen erkannt und schließlich in ihre Einzelteile zerlegt werden.

Um dies zu erreichen soll ein ImageJ/Fiji-Plugin entwickelt und anschließend mit Nanopartikelbildern evaluiert werden.

1.1 Lösungsaalternativen

Um dieses Problem zu lösen gibt es verschiedene algorithmische Vorgehensweisen.

Die gebräuchlichsten Methoden der digitalen Bildverarbeitung sind die binäre Erosion, das wasserscheidenbasierte Verfahren, modellbasierte Verfahren und die Konkavitätsanalyse.

Bei der binären Erosion wird ein Strukturelement so lange über das binarisierte Bild geschoben, bis die Klumpen in ihre Einzelteile zerfallen (vgl. Abbildung 1). Die Idee ist es

Abbildung 1: Ablauf der binären Erosion

dabei, dass Bereiche in denen zwei Objekte überlappen schmaler sind, als der Rest des Klumpen, das bedeutet, dass es im Bereich der Überlappung zu Engstellen kommt. Die binäre Erosion stellt dabei in der Bildverarbeitung eine morphologische Operation dar, deren Intention es ist, die abgebildeten Objekte zu verkleinern [BK04]. Diese Erosion wird realisiert, indem ein Strukturelement über das Bild geschoben wird. Dadurch können zwei

Zustände auftreten:

1. Alle vom Strukturelement überdeckten Pixel entsprechen Objektpixeln

2. Mindestens ein vom Strukturelement überdecktes Pixel entspricht einem Hintergrundpixel

Tritt der erste Zustand ein, so wird das Zielpixel im Ergebnisbild als Objektpixel deklariert, anderenfalls als Hintergrundpixel, sodass Pixel im Randbereich abgetragen werden [BK04]. Je nach Strukturelement können verschiedene Formen bevorzugt oder benachteiligt werden.
Standardmäßig herrschen zur Trennung überlappender Objekte bisher algorithmische Umsetzungen der wasserscheidenbasierten Verfahren vor. Die Idee der wasserscheidenbasierten Verfahren ist es, für jedes Einzelobjekt einen repräsentativen Punkt zu ermitteln. Die Ermittlung eines solchen repräsentativen Punktes kann auf verschiedene Weisen erfolgen und hängt im Wesentlichen von der Art der Objekte und ihrem Überlappungsverhalten ab. Die ermittelten repräsentativen Punkte oder Flächen werden nun erweitert, bis sie auf andere erweiterte Flächen oder auf Hintergrundbereiche treffen (vgl. Abbildung 2).
Diese Vorgehensweise ist in der Regel nur für runde Objekte zielführend, da sie andern-

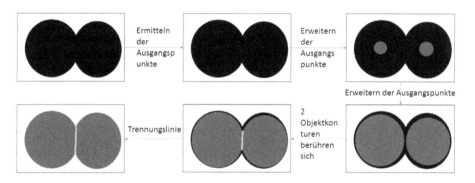

Abbildung 2: Ablauf der wasserscheidenbasierten Verfahren

falls die Klumpen in zu viele Einzelobjekte zerfallen lassen [WZN11].
Die modellbasierten Verfahren können ganz unterschiedlich implementiert werden und erinnern stark an maschinelle Lernverfahren. Ziel ist es, sich wiederholende geometrische Figuren im Bild zu erkennen und auf Basis dieser Rückschlüsse auf die Einzelobjekte zu ziehen. Es werden also verschiedene geometrische Eigenschaften der Klumpen extrahiert, welche für die Trennung von Bedeutung sind. Mit Hilfe dieser Features wird ein maschinelles Lernverfahren trainiert, welches später klassifiziert, ob und an welcher Stelle eine Trennungslinie konstruiert werden sollte [CP00].
Hier soll ein Algorithmus auf Basis der Konkavitätsanalyse umgesetzt werden.
Die Konkavitätsanalyse untersucht einen Klumpen auf seine konkaven Regionen. Die Idee ist es somit, dass die Klumpen in überlappenden Bereichen eine konkave Form haben, wohingegen der Rest des Klumpen als konvex angenommen wird [KOR+05]. Die Konkavitätsanalyse geht in der Regel in den folgenden Schritten vor (vgl. Abbildung 3):

1. Ermitteln der Konkavitätsregionen (vgl. Regionen CR_i und CR_j in Abbildung 6)

2. Ermitteln der Konkavitätspixel (vgl. Punkte C_i und C_j in Abbildung 6)

3. Bestimmen möglicher zusammengehöriger Konkavitätspixelpaare

4. Bestimmen der besten Trennungslinie

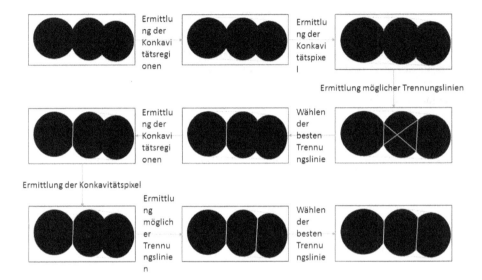

Abbildung 3: Ablauf der Konkavitätsanalyse

Der Vorteil der Konkavitätsanalyse ist es, dass diese Algorithmen in der Regel invariant gegenüber der Form und dem Überlappungsgrad sind. Die einzige Anforderung an die überlappenden Objekte ist es stattdessen, dass die einzelnen Objekte eine konvexe Form besitzen.

1.2 Anwendungsbereiche

Überlappungen von Einzelobjekten treten in verschiedenen Zusammenhängen auf, sodass der zu entwickelnde Algorithmus die unterschiedlichsten Anwendungsbereiche abdecken soll. Im medizinischen Kontext neigen zum Beispiel Krebszellen, Chromosomen [KOR+05] oder auch Hefezellen [FYHN13] dazu, auf Bildern Klumpen zu bilden. Zumeist handelt es sich bei den überlappenden Objekten um zelluläre Strukturen. Das Hauptinteresse daran, die Objekte voneinander zu trennen, rührt daher, die Anzahl der Objekte in einem bestimmten Bildbereich zu ermitteln [KOR+05].

In der Bachelor Thesis soll der implementierte Algorithmus anhand von Nanopartikelbildern evaluiert werden, welche mit dem Transmissionselektronen Mikroskop aufgenommen worden sind. Für diese Bilder müssen einige Besonderheiten berücksichtigt werden. Um dies näher zu erläutern, soll eine Definition von Nanopartikeln voran gestellt werden. Laut Internationaler Standardisierungsorganisation (ISO) sind Nanopartikel Objekte mit einer Größe, die sich in allen Dimensionen im Nanomaßstab bewegt. Als Nanomaßstab ist der Wertebereich von 1 nm bis 100 nm definiert [Int].

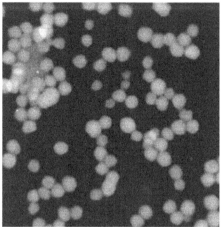

Abbildung 4: monomodales, kolloidales Siliziumdioxid, SiO_2, mittlerer Objektdurchmesser: 20.55 nm, Aufnahmemodalität: TEM, Bildgröße: 405.56x405.56 nm (1024x1024 Pixel) [UK16]

Abbildung 5: Gelbpigment, $C_{36}H_{32}Cl_4N_6O_8$, mittlerer Objektdurchmesser: 181.815 nm, Aufnahmemodalität: TEM, Bildgröße: 5070x5070 nm (1024x1024 Pixel) [UK16]

Nanomaterialien werden also nicht über spezifische chemische oder physikalische Eigenschaften oder ihr Verhalten definiert, so wie es bei anderen Stoffgruppen vorherrscht, sondern alleine über die physikalische Größe der einzelnen Objekte. Der Nanomaßstab wurde dabei relativ willkürlich festgelegt und wird eher als grober Richtwert betrachtet [GG13]. Wenn man von Nanopartikeln spricht, meint man somit nicht eine bestimmte Stoffgruppe mit bestimmten Eigenschaften, sondern eine Menge von Objekten mit einer nanoskaligen Größe.

Des Weiteren bestehen „Nanomaterialien typischerweise aus einer Vielzahl von Partikeln[...], die in unterschiedlichen Größen mit einer bestimmten Verteilung vorkommen" [GG13].

Daraus, dass die Klassifikation der Partikel ausschließlich über die Objektgröße erfolgt, lässt sich schließen, dass die Objekte verschiedene Formen haben. Gelbpigment-Nanopartikel sind beispielsweise in der Regel eher länglich geformt (vgl. Abbildung 5), wohingegen Siliziumdioxid-Nanopartikel eine runde Form besitzen (vgl. Abbildung 4).

Die Anforderung an den Algorithmus zur Trennung der überlappenden Nanopartikeln ist es also, eine form- und größeninvariante Trennung der Objekte durchführen zu können.

Nanopartikel treten in der heutigen Zeit immer häufiger auf und können sowohl durch natürliche Vorgänge (z.B. Waldbrände oder Vulkanausbrüche), als auch durch den Menschen verursachte Vorgänge (z.b. durch Verkehr, Industrie oder Haushalt) entstehen [FF11]. Über ihre Auswirkungen auf die Umwelt ist jedoch gerade bei synthetisch hergestellten Partikeln bisher wenig bekannt. Um die Wirkung von Nanopartikeln auf die Umwelt näher bestimmen zu können, ist es wichtig Anzahl und Art der Partikel zu bestimmen, um die Wirkung erklären zu können.

Die Idee, die Objekte physikalisch unter Berücksichtigung der Masse zu trennen, ist nicht zielführend, da sich Masse und Größe der Partikel nicht proportional zueinander verhalten, dies lässt sich beispielsweise bei porösem Material beobachten.

Eine andere Möglichkeit, die Partikel ohne digitale Bildverarbeitung zu trennen, bieten die Partikelzähler basierend auf dem Prinzip der differenziellen Mobilitätsanalyse (DMA) (englisch: „Scanning Mobility Particle Sizer" (SMPS)). Dieses Prinzip wird kombiniert mit einer optischen Auszählung. Dabei werden die Partikel zunächst anhand ihrer Größe sortiert und daraufhin die Anzahl der Partikel einer bestimmten Größe optisch bestimmt [FF11].

Mit Hilfe dieser Technik lässt sich keine Aussage darüber treffen, um welche Art von Nanopartikeln es sich in einer Probe handelt.

Somit bietet es sich an, die Anzahl der auftretenden Objekte mit Hilfe der digitalen Bildverarbeitung zu ermitteln. Dazu soll beispielsweise das implementierte Plugin verwendet werden können.

Um dies zu gewährleisten, müssen Probenträger mit Nanomaterial angereichert und im Labor mit einem Elektronenmikroskop untersucht werden. Dabei kann sowohl mit einem Transmissionselektronenmikroskop (TEM), als auch mit einem Rasterelektronenmikroskop (REM) gearbeitet werden [FF11].

Bei der Bildaufnahme neigen verschiedene Partikelarten zu unterschiedlichem Klumpverhalten. Die Ergebnisse eines Algorithmus zur Trennung der einzelnen Objekte voneinander hängen maßgeblich von dem jeweiligen Klumpverhalten ab. Um das Klumpverhalten einer Objektgruppe zu beschreiben, sind verschiedene Parameter von Bedeutung:

1. Klumpengröße: Anzahl der zusammenhängenden Objekte in einem Klumpen

2. Überlappungsgrad: Stärke der Überlappung im Bild

3. Klumpenhäufigkeit: Häufigkeit von Klumpen im Bild

4. Innere Konturen: Häufigkeit und Größe der inneren Konturen (Löcher) in einem Klumpen

Für Nanopartikel lässt sich evaluieren, dass alle diese Parameter je nach Partikelart stark variieren und der umgesetzte Algorithmus möglichst alle Parameterausprägungen verarbeiten können sollte (vgl. z.B. Abbildung 4 und Abbildung 5).

Dies stellt einen erhöhten Schwierigkeitsgrad dar. Die Klumpenhäufigkeit nimmt im Gegensatz zu den anderen Parametern eine nebengeordnete Rolle ein.

Zur Evaluation des Plugins sind Bilder verschiedener Nanopartikel vorhanden, sodass der Einfluss der einzelnen Faktoren für die Detektion untersucht werden kann (zur Verfügung gestellt durch [UK16]).

2 Algorithmus

Wie bereits erläutert, soll ein Algorithmus der Klasse der Konkavitätsanalyse umgesetzt werden, um eine form- und größeninvariante Trennung durchführen zu können. Die grundlegende Idee des Algorithmus ist gegeben durch die Publikation [KOR$^+$05], bei der Umsetzung dieses Algorithmus konnten verschiedene Probleme ermittelt werden. Deshalb wurden einige algorithmische Verbesserungen und Erweiterungen durchgeführt, welche sich hauptsächlich an den Publikationen [FYHN13] und [WZN11] orientieren.

2.1 Vorverarbeitung

Um eine gute Detektion der Trennungslinien durchführen zu können, ist eine geeignete Vorverarbeitung wichtig. Was genau im speziellen Fall eine optimale Vorverarbeitung für die jeweiligen Bilder darstellt, lässt sich nicht pauschalisieren. Die Ziele der Vorverarbeitung sind hingegen für alle Bilder gleich. Es muss eine Kantenglättung, eine Verminderung des Rauschanteils sowie eine Binarisierung durchgeführt werden, da ein Großteil des Algorithmus auf dem binarisierten Bild durchgeführt wird.

Bei der Verarbeitung muss zudem darauf geachtet werden, dass die inneren Konturen sich nicht zu stark verkleinern und verrunden.

Die im Plugin umgesetzte Vorverarbeitung lässt sich als Referenz für die oben genannten Ziele sehen:

1. Binarisierung: Festlegen der grundlegenden Proportionen

2. Erosion: Schärfen und vergrößern der innere Konturen

3. Gauß-Glättung: Reduzierung von Bildstörungen und Kantenglättung

4. Binarisierung: Binäre Weiterverarbeitung

5. Dilatation: Ausgleich der Erosion

2.2 Klumpendetektion

Als Basis für den weiteren Ablauf muss nun die Detektion der Klumpen und deren Kontur durchgeführt werden. Dies erfolgt mit Hilfe der in ImageJ vorhandenen Library IJBlob [WL13], welche den Algorithmus nach Chang et al. [CCL04], zur Zusammenhangskomponentenanalyse umsetzt. Dadurch können sowohl die inneren, als auch die äußeren Objektkonturen detektiert werden. Die weitere Verarbeitung der detektierten Klumpen erfolgt unabhängig voneinander.

2.3 Konkavitätsregionendetektion

Für jeden detektierten Klumpen müssen nun die Konkavitätsregionen ermittelt werden. Konkavitätsregionen sind Regionen, welche in einen Klumpen hinein ragen (vgl. Regionen CR_i und CR_j in Abbildung 6). Der Algorithmus nach [KOR$^+$05] schlägt vor, diese Regionen mit Hilfe der konvexen Hülle zu bestimmen. Eine Konkavitätsregion wird vermutet, wenn sich die konvexe Hülle wesentlich von der Kontur des Objektes unterscheidet. Es konnte festgestellt werden, dass diese Detektionsart einige Probleme und Schwächen besitzt.

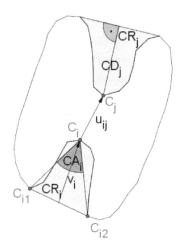

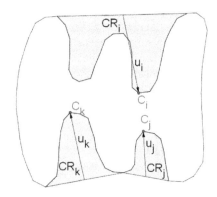

Abbildung 6: Darstellung eines Klumpen, $CR_j, CR_i \widehat{=}$ Konkavitätsregionen j bzw. i, $CD_j \widehat{=}$ Konkavitätstiefe der Konkavitätsregion j, $C_i, C_j \widehat{=}$ Konkavitätspixel der Konkavitätsregion j bzw. i, $u_{ij} \widehat{=}$ Ausrichtung zwischen Konkavitätspixel C_i bzw. C_j, $CA_i \widehat{=}$ Konkavitätswinkel der Konkavitätsregion i, $v_i \widehat{=}$ Ausrichtung der Konkavitätsregion i, $C_{i1}, C_{i2} \widehat{=}$ Start- und Endpixel der Konkavitätsregion i

Abbildung 7: Konkavitätsregionen mit mehreren lokalen Maxima, $CR_i, CR_j, CR_k \widehat{=}$ Konkavitätsregionen i,j bzw. k, $u_i, u_j, u_k \widehat{=}$ Ausrichtung der Konkavitätsregion i,j bzw. k, $C_i, C_j, C_k \widehat{=}$ Konkavitätspixel der Konkavitätsregion i,j bzw. k

Die konvexe Hülle ermöglicht Konkavitätsregionen mit mehreren lokalen Maxima (vgl. Region CR_i in Abbildung 7). Wenn dieser Fall eintritt, so ist die Ausrichtung des Konkavitätspixels (vgl. Vektor u_i in Abbildung 7) verzerrt. Dadurch sind zum einen die in Abschnitt 2.5 beschriebenen Schwellenwerte für den Nutzer schlecht nachvollziehbar und zum anderen werden unter Umständen zu wenige Maxima ermittelt.

Um dies zu verhindern, sollen die einzelnen Konkavitätsregionen lokal detektiert werden. Eine Möglichkeit für die lokale Detektion bietet beispielsweise der in [FYHN13] dargestellte Ansatz, welcher zusätzlich zu dem zuvor vorgestellten Algorithmus im Plugin implementiert worden ist. Der Benutzer hat somit die Möglichkeit zur Laufzeit zu entscheiden, welche Implementierung er bevorzugt.

Bei dem genannten Ansatz wird die Kontur des Klumpen mit Hilfe einer Geraden abgetastet. Diese Gerade verbindet jeweils den Punkt an der Position $i - c$ mit dem Punkt an der Position $i + c$, wobei die Laufvariable i über die Pixel der Kontur iteriert und c eine beliebige Konstante $c > 0$ darstellt.

Nun können zwei verschiedene Fälle auftreten:

1. Die Linie liegt vollständig oder teilweise innerhalb der Kontur des Klumpen $\Rightarrow$ Es wird eine Konkavität im abgetasteten Bereich angenommen

2. Die Linie liegt vollständig außerhalb der Kontur des Klumpen $\Rightarrow$ Es wird eine Konvexität im abgetasteten Bereich angenommen

Eine Konkavitätsregion wird gestartet, wenn ein Wechsel von Zustand 1 zu Zustand 2 und geschlossen, wenn ein Wechsel von Zustand 2 zu Zustand 1 stattfindet.

Mit dieser Detektion wird demnach lokal nach konkaven Regionen gesucht, sodass die oben genannten Probleme verhindert werden können.

Für die inneren Konturen müssen ebenso wie für die äußeren konkave Regionen ermittelt werden, um eine Trennung zu ermöglichen. Der Ansatz nach [KOR$^+$05] geht auf diese Problematik nicht ein. Eine Lösung bietet jedoch der Ansatz nach [FYHN13].

Die Detektion der Konkavitätsregionen für die innere Kontur gleicht dabei der vorgestellten Detektion der äußeren Kontur. Der Unterschied in der Detektion ist einzig, dass eine Region gestartet wird, wenn ein Wechsel von Zustand 2 in Zustand 1 stattfindet, und eine Region geschlossen wird, wenn ein Wechsel von Zustand 1 in Zustand 2 stattfindet.

Da die dabei detektierten Regionen für die innere Kontur deutlich kleiner sind als die der äußeren Kontur, wird anschließend eine Erweiterung der Regionen durch das Zusammenfassen der detektierten Punkte durchgeführt.

2.4 Konkavitätspixeldetektion

Für jede Konkavitätsregion sollen nun Konkavitätspixel ermittelt werden. Konkavitätspixel sind dabei die Pixel einer Konkavitätsregion, welche den größten minimalen Abstand zur Sehne der Konkavitätsregion besitzen (vgl. Punkte C_i und C_j mit Abstand CD_j in Abbildung 6).

Um diese Punkte zu ermitteln, wird zunächst für jeden Konturpunkt innerhalb der Konkavitätsregion der Abstand zur Sehne der Konkavitätsregion bestimmt. In der Publikation [KOR$^+$05] wird nun global das Pixel mit der größten Entfernung als Konkavitätspixel verwendet.

Wie in Abbildung 7 zu erkennen ist, kann eine Konkavitätsregion jedoch auch mehrere Maxima besitzen. Wird jeweils nur ein Maxima ermittelt, so kann es zu falschen bzw. fehlenden Trennungslinien kommen, was es zu verhindern gilt.

Um möglichst alle Maxima zu ermitteln, wurde zusätzlich zu der globalen, eine lokale Detektion der Maxima implementiert, für die sich der Benutzer zur Laufzeit entscheiden kann. Für diese lokale Detektion wurde die Funktion „FindMaxima" der ImageJ-Klasse „MaximumFinder" verwendet.

Konkavitätsregionen, dessen Konkavitätspixel eine geringere Konkavitätstiefe (vgl. Abstand CD_j in Abbildung 6) besitzen als der zugehörige Schwellenwert, werden verworfen, sodass zwischen Konkavitätsregion und Bildstörung unterschieden werden kann.

2.5 Konkavitätspixelpaare

Für jeden Klumpen ergibt sich nun eine gewisse Anzahl von Konkavitätspixeln. Innerhalb dieser Menge sollen nun Konkavitätspixelpaare ermittelt werden, welche für die Trennung der Einzelobjekte in Frage kommen. Dies wird in erster Linie durch den Ausschluss schlechter Konkavitätspixelpaare umgesetzt. Dafür werden verschiedene Eigenschaften für jedes Paar ermittelt und mit dem benutzerdefinierten Schwellenwert verglichen. Dazu werden die folgenden Parameter verwendet:

Die Saliency $(SA_{i,j})$ beschreibt das Verhältnis zwischen der geringeren Konkavitätstiefe (vgl. Abstand CD_j in Abbildung 6) der beiden Konkavitätsregionen und dem Abstand zwischen den beiden Konkavitätspixeln (vgl. Abstand zwischen Punkten C_i und C_j in Abbildung 6) der Konkavitätsregionen.

$$SA_{i,j} = \frac{\min(CD_i, CD_j)}{\min(CD_i, CD_j) + d(C_i, C_j)}$$

Die Konkavitäts-Konkavitäts-Anpassung (CC_{ij}) beschreibt den Winkel zwischen den Ausrichtungen der beiden Konkavitätsregionen (vgl. Vektor v_i in Abbildung 6 bzw. Vektoren v_i, v_j und v_k in Abbildung 7). Einander entgegengesetzte Ausrichtungen sprechen für gute Trennungspaare.

$$CC_{ij} = \pi - \cos^{-1}(v_i \cdot v_j)$$

Die Konkavitäts-Linien-Anpassung (CL_{ij}) beschreibt den maximalen Winkel zwischen der Ausrichtung der beiden Konkavitätsregionen (vgl. Vektor v_i in Abbildung 6 bzw. Vektoren v_i, v_j und v_k in Abbildung 7) und dem Vektor, welcher die beiden Konkavitätspixel (vgl. Vektor u_{ij} in Abbildung 6) miteinander verbindet.

$$CL_{ij} = \max(\cos^{-1}(v_i \cdot u_{ij}), \cos^{-1}(v_j \cdot (-u_{ij})))$$

Werden anhand der oben genannten Kriterien keine validen Trennungspunktpaare ermittelt, so kann eine Trennung zwischen einem Konkavitäts- und einem Konturpixel durchgeführt werden. Ein solcher Anwendungsfall tritt auf, wenn es nur eine Konkavitätsregion im Klumpen gibt, oder mehrere gleichgerichtete Regionen auftreten. In diesem Fall werden die folgenden Eigenschaften zur Bewertung einer Trennung zu Rate gezogen:

Der Konkavitätswinkel (vgl. Winkel CA in Abbildung 6) definiert die „Schärfe" einer Konkavitätsregion. Gemessen wird dabei der innere Winkel zwischen Anfangs- und

Endpunkt der Konkavitätsregion, sowie dem zugehörigen Konkavitätspixel. Je spitzer der Winkel, desto wahrscheinlicher ist eine Trennungslinie auf Basis dieser Konkavitätsregion mit einem Konturpunkt. Das vorgestellte Feature wird mit Hilfe der folgenden Formel bestimmt:

$$CA = \angle C_{i1} C_i C_{i2}$$

Das Konkavitätsverhältnis (CR) definiert das Verhältnis zwischen der Konkavitätstiefe der aktuellen Region (CD_m) und allen anderen Konkavitätstiefen des Klumpen. Das Verhältnis muss mindestens so groß sein, wie der angegebene Schwellenwert. Die Formel zur Berechnung des vorgestellten Parameters lautet:

$$CR = \frac{CD_m}{CD_n}$$

2.6 Beste Trennungslinien

Wenn mindestens ein Konkavitätspixelpaar zwischen zwei Konkavitätspixeln ermittelt werden kann, so muss aus der Menge der validierten Konkavitätspixelpaare das Beste ermittelt werden. Dazu wird der Parameter χ verwendet. Dieser Parameter wird mit Hilfe folgender Formel bestimmt:

$$\chi = \frac{c_1 \cdot CD_i + c_1 \cdot CD_j + c_2}{d(C_i, C_j) + c_1 \cdot CD_i + c_1 \cdot CD_j + c_2}$$

Die Güte eines Konkavitätspixelpaares hängt demnach von der Konkavitätstiefe der Regionen und dem Abstand der Konkavitätspixel ab. Die Konstanten c_1 und c_2 bevorzugen bzw. benachteiligen das jeweilige Verhältnis.
Um die Werte der Konstanten c_1 und c_2 zu optimieren, kann die implementierte Support Vecor Machine (SVM) [Vap95] genutzt werden, welche in Abschnitt 2.8 erläutert wird. In jedem Iterationsschritt wird nun das beste Konkavitätspixelpaar ausgewählt und für diese eine Trennungslinie konstruiert. Danach wird der Algorithmus wiederholt, solange bis keine weiteren validen Konkavitätspixel detektiert werden können.

2.7 Trennungslinienarten

Durch das Trennungspixelpaar sind demzufolge Anfangs- und Endpunkt der zu konstruierenden Trennungslinie definiert. Auf Basis dieser können nun verschiedene Trennungslinien durcheführt werden.

2.7.1 Gerade Trennungslinien

Die einfachste Art der Trennungslinie ist die gerade Trennungslinie. Dabei werden Start- und Zielpunkt durch eine gerade Linie ohne Berücksichtigung der Intensitäten innerhalb eines Klumpen miteinander verbunden. Diese Art der Trennungslinien ist besonders dann sinnvoll, wenn keine sinnvolle Interpretation der Intensitätsinformationen für das Bild vorliegt.

2.7.2 Intensitätstrennungslinien

In der Regel liegen in medizinischen Bildern interpretierbare Intensitätsinformationen vor, sodass es sinnvoll ist, diese auch zu verwenden. Denkbar sind zum Beispiel die Fälle der maximalen (Intensitätswerte sind im Bereich der Trennungslinie höher, als im Rest des Objektes) und minimalen (Intensitätswerte sind im Bereich der Trennungslinie geringer, als im Rest des Objektes) Intensität, sowie der geodätischen Distanz (Intensitätsveränderung ist im Bereich einer Trennungslinie höher, als im Rest des Objektes).
Um die Intensitätswerte zu berücksichtigen, wurden zwei verschiedene Trennungslinien-detektionsalgorithmen umgesetzt.

Trennungslinien nach [WZN11]   Eine Möglichkeit für die Detektion der Trennungslinien ist die Trennungsliniendetektion nach [WZN11]. Die zu Grunde liegende Publikation betrachtet ausschließlich die Anwendung dieses Algorithmus auf die Trennungslinien der geodätischen Distanz. Der Algorithmus lässt sich jedoch leicht auf Trennungslinien der minimalen und maximalen Intensität übertragen.
Der Algorithmus läuft in folgenden Schritten ab:

1. Definieren der Umgebung in der eine Trennungslinie gesucht werden soll (umfasst die ausgewählten Konkavitätspixel und erweitert die Ausbreitung um beliebige Konstante)

2. Verarbeiten des gewählten Ausschnittes dahingehend, dass die gewünschte Trennungslinie den minimalen Pfad im Definitionsbereich beschreibt (Invertieren der Intensitätswerte bei einem Pfad der maximalen Intensität, invertierte partielle Ableitung der Intensitätswerte für einen Pfad der geodätischen Distanz)

3. Transformation des Bildbereiches in einen Graphen (jeder Pixel entspricht einem Knoten, Verbindungen im Sinne der 4-er Nachbarschaft, wobei Wert der eingehenden Kanten dem jeweiligen Pixelgewicht entspricht)

4. Ermitteln des kürzesten Weges im Graphen mit Hilfe des Dijkstra-Algorithmus [Dij59]

Trennungslinien nach [FYHN13]   Eine weitere Möglichkeit für die Nutzung der Intensitätsinformationen sind die Trennungslinien nach [FYHN13]. Die grundlegende Idee ist es, dass die Trennungslinien nach [WZN11] durch die Wahl des Bildausschnittes zu sehr in ihrer Ausbreitung beschränkt sind. Dieses Problem sollen die Trennungslinien nach [FYHN13] beheben.
Dazu soll folgender Ansatz verwendet werden:

1. Wähle Konkavitätspixel als aktuelles Pixel

2. Bestimme mit Hilfe einer Filtermaske das beste benachbarte Pixel (bei Pfad der maximalen Intensität Pixel mit größtem, bei Pfad der minimalen Intensität mit kleinstem Wert) bezogen auf die Ausrichtung

3. Wähle das beste Pixel als aktuelles Pixel

4. Wiederhole Schritt 2 und 3 bis solange bis die Kontur erreicht wird

5. Wenn das letzte Pixel innerhalb einer Konkavitätsregion liegt, erstelle eine Trennungslinie, ansonsten verwerfe die Trennungslinie

2.8 Support Vector Machine

Wie bereits in Abschnitt 2.6 erläutert, werden zur Bestimmung des besten Konkavitätspixelpaares optimale Werte für die Konstanten c_1 und c_2 benötigt. Diese können je nach Objektart variieren und hängen von der Objektgröße, dem Überlappungsgrad und der Anzahl der Objekte in einem Klumpen ab.
Um optimale Werte für ein gegebenes Problem zu ermitteln, kann eine SVM [Vap95] trainiert werden. Dafür werden Datensätze für valide Trennungslinien benötigt. Jeder Datensatz enthält die Summe der Konkavitätstiefen ($CD_i + CD_j$) der beteiligten Konkavitätsregionen, sowie den Abstand der beiden Konkavitätspixel ($d(C_i, C_j)$) und Informationen darüber, ob es sich um eine valide Trennungslinie handelt, oder nicht. Die beiden Klassen („Trennungslinie" (vgl. hellgraue Quadrate in Abbildung 8) und „keine Trennungslinie" (vgl. dunkelgraue Quadrate in Abbildung 8)) lassen sich nun linear voneinander separieren, wenn auf der x-Achse die Summe der Konkavitätstiefen aufgetragen wird und auf der y-Achse der Abstand (vgl. Abbildung 8). Die Separierung der beiden Klassen erfolgt demnach mit Hilfe einer Geraden. Diese Gerade definiert die optimalen Parameter für die Konstanten c_1 und c_2. Dabei ist der optimale Parameter für c_1 die Steigung der Geraden und der optimale Parameter für c_2 der y-Achsenabschnitt.
Die SVM konnte mit Hilfe der Library LibSVM [CL11] umgesetzt werden.

3 Evaluation

Um das implentierte ImageJ/Fiji-Plugin zu evaluieren, konnten Nanopartikelbilder des NanoDefine Projektes[1] verwendet werden (zur Verfügung gestellt durch [UK16]). Bei dem vorliegenden Datensatz handelt es sich um Bilder verschiedener Nanopartikel (Gold-, Siliziumdioxid-, Siliziumtrioxid-, Polystyrene- und Gelbpigmentnanopartikel) mit unterschiedlichem Klumpverhalten.

---

[1]Projektinformationen unter: http://www.nanodefine.eu/ [Letzter Zugriff: 17.10.2016]

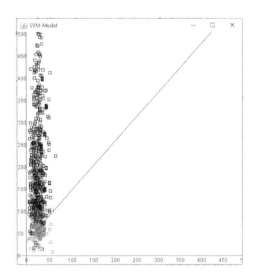

Abbildung 8: SVM für monomodale, kolloidale Siliziumdioxid-Nanopartikelbilder mit $C = 20$ und $\epsilon = 0.000001$, x-Achse $\widehat{=} CD_i + CD_j$, y-Achse $\widehat{=} d(C_i, C_j)$, hellgraues Quadrat $\widehat{=}$ Trennungslinie, dunkelgraues Quadrat $\widehat{=}$ keine Trennungslinie, Linie $\widehat{=}$ Trennungslinie zwischen den Klassen

3.1 Qualitativer Test

Für diese Testdaten wurde zunächst ein qualitativer Test durchgeführt. Dafür wurden mit Hilfe des Plugins zunächst manuell optimale Trennungslinien ermittelt. Da dies bei großen Klumpen und aufwändigen Bildern kompliziert bzw. unmöglich ist, mussten die einzelnen Klumpen zunächst separiert werden. Der manuell erzeugte Datensatz konnte als Referenzdatensatz verwendet werden.

Des Weiteren wird er für das Training der SVM [Vap95] genutzt. Mit Hilfe des Bootstrappings [Efr79] konnte der Datensatz in einen Trainingsdatensatz und einen unabhängigen Testdatensatz geteilt werden. Das Training der SVM erfolgt auf Basis des Trainingsdatensatzes.

Die Qualität der Parameter der SVM kann gemessen werden, indem die richtige oder falsche Klassifizierung der Testdaten beurteilt wird.

Es lässt sich sagen, dass 75% bis 95% der Testdaten, je nach Nanopartikelart, der richtigen Klasse („Trennungslinie" bzw. „keine Trennungslinie") zugeordnet werden konnten.

Anzumerken ist jedoch eine mögliche Verzerrung der Ergebniswerte durch ungleiche Klassenverteilung (mehr Datensätze der Klasse „keine Trennungslinie"). Die Anzahl der Stützvektoren zeigt zunächst keine Auffälligkeiten, die auf eine Überanpassung hindeuten.

Des Weiteren kann im Rahmen dieses Testaufbaus erkannt werden, dass das Finden optimaler Parameter sowohl für die Konstanten c_1 und c_2, sowie für die Schwellenwerte nicht trivial ist und für eine sinnvolle Wahl zum einen ein hohes Maß an Sachverständnis über den Algorithmus notwendig ist und sich zum anderen die Anforderungen in einem Bild an die Parameter nicht selten widersprechen.

40

Es konnte festgestellt werden, dass die Eigenschaft der Konkavitätstiefe nicht skaleninvariant ist. Um eine Skaleninvarianz zu gewährleisten, sollte die Konkavitätstiefe ins Verhältnis zu der Partikelgröße gesetzt werden.

3.2 Quantitativer Test

Zudem wurde ein quantitativer Test bezogen auf die Anzahl der Objekte im Bild durchgeführt. Dafür wurde die Anzahl der detektierten Objekte im Bild mit der Anzahl der manuell gezählten Objekte verglichen. Die manuelle Zählung der Objekte kann für die Zählung überlappender Nanopartikel als Goldstandard gesehen werden. Bei dieser Evaluation wurden die Konkavitätsregionendetektion nach [KOR+05] und [FYHN13] unterschieden. Die Ergebnisse dieses Tests sind in Tabelle 1 dargestellt. Es lassen sich im quan-

Nanopartikel	[FYHN13]	[KOR+05]	manuelle Zählung
Gold-Nanopartikel	211	206	233
Siliziumdioxid-Nanopartikel	99	103	104
Siliziumtrioxid-Nanopartikel	149	143	233
Polystyrol-Nanopartikel (monomodal)	86	90	94
Polystyrol-Nanopartikel (trimodal)	169	167	171
Summe	**714**	**709**	**835**

Tabelle 1: quantitativer Vergleich

titativen Vergleich der beiden Konkavitätsregionendetektionen keine deutlichen Vorteile einer Methode erkennen. Mit 85.5% (Detektion nach [FYHN13]) und 84.9% (Detektion nach [KOR+05]) lassen sich jedoch Ergebnisse im Bereich des Papers [KOR+05] (79.5%) erreichen. Im Rahmen der Bachelor Thesis konnte dieser Algorithmus erweitert und verbessert werden, man kann demnach davon ausgehen, dass in der Publikation einfachere Klumpen getrennt worden sind, da beispielsweise keine inneren Konturen berücksichtigt wurden.

3.3 Vergleich mit ImageJ Watershed

Standardmäßig ist in ImageJ bereits ein Plugin zur Trennung überlappender Objekte vorhanden. Dieses Plugin ist das ImageJ Watershed-Plugin und basiert auf einem wasserscheidenbasierten Ansatz [FR12]. Um die Vor- und Nachteile des entwickelten Plugins zu ermitteln, wurde ein Vergleich der beiden Methoden durchgeführt. In diesem Zusammenhang wurden sowohl selbst erstellte Testbilder, als auch Nanopartikelbilder verwendet.
Die einzelnen Testbilder decken verschiedene Klumpverhalten und -formen ab. In diesem Kontext konnte festgestellt werden, dass das in dieser Thesis entwickelte Plugin durch ei-

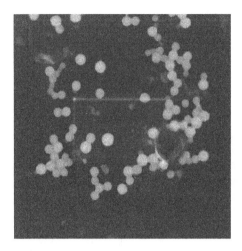

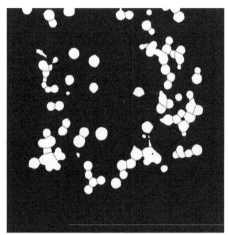

Abbildung 9: monomodales Polystyrol, mittlerer Objektdurchmesser: 37.231 nm, Aufnahmemodalität: TEM, Bildgröße: 1013x1013 nm (1024x1024 Pixel) [UK16]

Abbildung 10: Pluginergebnisse für Abbildung 9 ($CD_t = 3$, $SA_t = 0.12$, $CC_t = 105$, $CL_t = 120$, $CA_t = 155$, $CR_t = 3$, Abtastkonstante der inneren Kontur = 3, Abtastkonstante der äußeren Kontur = 10, $c_1 = 1.730$, c_2=-4.720, $\chi_t = 0.0$) [UK16]

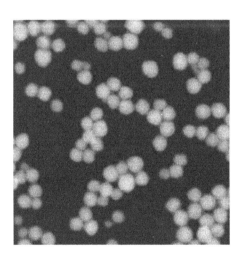

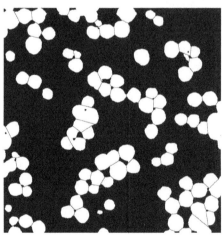

Abbildung 11: monomodales, kolloidales Siliziumdioxid, SiO$_2$, mittlerer Objektdurchmesser: 20.55 nm, Aufnahmemodalität: TEM, Bildgröße: 405.56x405.56 nm (1024x1024 Pixel) [UK16]

Abbildung 12: Pluginergebnisse für Abbildung 11 ($CD_t = 3$, $SA_t = 0.12$, $CC_t = 105$, $CL_t = 70$, $CA_t = 155$, $CR_t = 2$, Abtastkonstante der inneren Kontur = 3, Abtastkonstante der äußeren Kontur = 10, $c_1 = 1.730$, c_2=-4.720, $\chi_t = 0.0$) [UK16]

Abbildung 13: Gelbpigment, $C_{36}H_{32}Cl_4N_6O_8$, mittlerer Objektdurchmesser: 181.815 nm, Aufnahmemodalität: TEM, Bildgröße: 5070x5070 nm (1024x1024 Pixel) [UK16]

Abbildung 14: Pluginergebnisse für Abbildung 11 ($CD_t = 6$, $SA_t = 0.12$, $CC_t = 105$, $CL_t = 70$, $CA_t = 113$, $CR_t = 2$, Abtastkonstante der inneren Kontur = 2, Abtastkonstante der äußeren Kontur = 10, $c_1 = 1.730$, $c_2 = -4.720$, $\chi_t = 0.0$) [UK16]

ne sensible Einstellung des Nutzers auch sehr stark überlappende Objekte trennen kann. Das Watershed-Plugin scheint in diesem Zusammenhang etwas stärkeren Restriktionen zu unterliegen.

Des Weiteren kann erkannt werden, dass das entwickelte Plugin bei länglichen Objekten deutlich erwartungskonformer reagiert (siehe zum Teil Abbildung 14), als das Watershed-Plugin. Bei runden inneren Konturen versagt das implementierte Plugin jedoch (siehe z.B. kleine innere Konturen in Abbildung 12), während das Watershed-Plugin in der Lage ist, eine sinnvolle Trennung durchzuführen.

Darüber hinaus wurde ein quantitativer Vergleich am Beispiel einiger Nanopartikelbilder durchgeführt. Die Ergebnisse sind in Tabelle 2 dargestellt. In Tabelle 2 ist zu erken-

Nanopartikel	Ergebnis Plugin	Ergebnis Watershed	manuelle Zählung
Gold-Nanopartikel	72	76	86
Siliziumdioxid-Nanopartikel	96	105	113
Siliziumtrioxid-Nanopartikel	102	115	144
Polystyrol-Nanopartikel (monomodal)	78	85	97
Gelbpigment-Nanopartikel	50	73	60
Summe	**714**	**709**	**835**

Tabelle 2: quantitativer Vergleich mit dem Watershed-Plugin

nen, dass insgesamt mit dem Watershed-Plugin deutlich bessere Ergebnisse erzielt werden können, als mit dem entwickelten Plugin.

Es lässt sich also schließen, dass die Vorteile, welche in der Modellbetrachtung erkannt werden konnten, bei realen Bildern keinen Vorteil mit sich bringen. Das lässt sich darauf zurückführen, dass die Wahl der Parameter sehr komplex ist und viele Parameter Widersprüchlichkeiten unterliegen. Am Beispiel des Konkavitätstiefen-Schwellenwertes lässt sich dies anschaulich demonstrieren: Der Konkavitätstiefenschwellenwert soll die Tiefe einer Konkavitätsregion abgrenzen zu möglichen Bildstörungen. Sind jedoch einige Bildstörungen größer als Konkavitätsregionen, so kann kein sinnvoller Schwellenwert ermittelt werden.

Diese Problematik lässt sich auf andere Schwellenwerte übertragen.

3.4 Trennungslinien

Wie bereits in Abschnitt 2.7 erläutert, wurden verschiedene Trennungslinienarten umgesetzt. Die Evaluation dieser Trennungslinien erfolgt mit Hilfe selbst erstellter Testbilder. Im Rahmen dieser Evaluation konnte erkannt werden, dass die Verwendung von Intensitätstrennungslinien (vgl. Abschnitt 2.7.2) durchaus zu einem Informationsgewinn für die Trennung der Objekte führt. Sowohl die Detektion der Trennungslinien nach [WZN11], als auch der Ansatz nach [FYHN13] weisen jedoch auch Probleme auf.

Der Ansatz nach [WZN11] unterliegt vor allem den Problemen der Begrenzung und Ausdehnung: Es wird nur ein gewisser Bildbereich des Ursprungsbildes untersucht, wählt man diesen Ausschnitt zu klein, so kann es zu abgeschnittenen Trennungslinien führen. Ist der Bereich zu groß, so kann beispielsweise die Objektkontur irritierend auf die detektierten Trennungslinien wirken.

Dieses Problem versucht der Ansatz nach [FYHN13] zu beheben. Dabei ist jedoch die Korrektheit nicht gewährleistet: Bereits bei einem Klumpen ohne Intensitätsinformationen versagt der Ansatz, da keine lokalen Entscheidungen revidiert werden können.

Es kann evaluiert werden, dass bisher keine optimale Lösung für die Ermittlung von Intensitätstrennungslinien vorliegt, dass dieses Gebiet jedoch einen nicht zu vernachlässigen Mehrwert bietet. In der bisherigen Form verspricht eine Analyse auf realen Bilddaten jedoch keine Verbesserung.

4 Fazit

In der Bachelor Thesis konnte ein Algorithmus zur Trennung überlappender Nanopartikel entwickelt werden. Wie bereits in Abschnitt 3.2 erläutert, bestätigt der entwickelte Algorithmus die quantitativen Ergebnisse, welche in [KOR+05] erzielt werden konnten. Dies ist im Wesentlichen darauf zurückzuführen, dass die wesentlichen Unzulänglichkeiten bezogen auf die Anwendungsfälle des Algorithmus in [KOR+05] erkannt und behoben werden konnten, sodass im Modell deutlich mehr Anwendungsfälle abgedeckt werden können, als durch den in [KOR+05] beschriebenen Ansatz. Der genannte Ansatz konnte demnach sichtbar erweitert und verbessert werden. Wie bereits in Abschnitt 3.3 angedeutet, sind die beobachteten Vorteile im Modell bei realen Bildern ausgeblieben. Die erhofften Vorteile gegenüber dem ImageJ-Watershed-Plugin konnten somit nicht erzielt werden (vgl. Abschnitt 3.3).

Die wesentliche Problematik des Plugins ist die Wahl der Schwellenwerte. Da bei den verschiedenen Implementierungsalternativen bis zu 13 verschiedene Schwellenwerte vom Nutzer gesetzt werden müssen, kommt es nicht nur zu Widersprüchlichkeiten, sondern auch zu einer mangelnden Bedienbarkeit. Stattdessen wird ein hohes Maß an Sachverständnis für die Wahl der einzelnen Schwellenwerte benötigt.

Des Weiteren konnte die Relevanz einer geeigneten Vorverarbeitung erkannt werden. Dabei ist besonders zu beachten, dass es bei den inneren Konturen zu möglichst geringem Informationsverlust kommt. Mit einer geeigneten Vorverarbeitung kann die Detektion mit Hilfe des Algorithmus verbessert werden. Der Verlust von inneren Konkavitätsregionen durch Verrundung sei als Aspekt angeführt, welcher die Ergebnisse jeglicher Ansätze der Konkavitätsanalyse beeinträchtigt.

Im Rahmen der Vorverarbeitung können somit noch einige Verbesserungen durchgeführt werden. Eine Verarbeitung der ermittelten Konturen mit Hilfe der Fourieranalyse könnte beispielsweise zielführend sein [RRM14].

Um die Problematik der widersprüchlichen Schwellenwerte zu vermeiden, könnte beispielsweise anstelle der harten Schwellenwerte die Fuzzy Logik [Zad72] verwendet werden. Für die Verbesserung des implementierten Plugins wäre eine Vereinfachung der GUI interessant. Die Idee ist es dabei, den Nutzer nicht mit aufwändiger Schwellenwertwahl zu überfordern. Eine Alternatividee wäre die Auswahl geeigneter Trennungslinie durch den Nutzer über eine Benutzeroberfläche und die Errechnung zugehöriger Schwellenwerte durch den Computer mit Hilfe von maschinellen Lernverfahren.

Abschließend sei gesagt, dass der Trend in der Forschung für die Trennung überlappender Objekte zu hybriden Ansätzen tendiert. Die Idee ist es die einzelnen Vorteile der in Abschnitt 1.1 genannten Alternativen zu kombinieren und somit die Nachteile zu minimieren.

Literatur

[BK04]   H. Bässmann und J. Kreyss. *Bildverarbeitung - AdOculos*, Jgg. 4. Springer Verlag, Heidelberg, 2004.

[CCL04]   F. Chang, C.-J. Chen und C.-J. Lu. A linear-time component-labeling algorithm using contour tracing technique. *Computer Vision and Image Understanding*, 93:206–220, 2004.

[CL11]   C.-C. Chang und C.-J. Lin. LIBSVM: A library for support vector machines. *ACM Transactions on Intelligent Systems and Technology*, 2:27:1–27:27, 2011.

[CP00]   G. Cong und B. Parvin. Model-based segmentation of nuclei. *Pattern Recognition*, 33(8):1383–1393, 2000.

[Dij59]   E. W. Dijkstra. A note on two problems in conexion with graphs. *Numerische Mathematik*, 1:269–271, 1959.

[Efr79]   B. Efron. Bootstrap Methods: Another Look at the Jackknife. *The Annals of Statistics*, 7(1):1–27, 1979.

[FF11]   U. Fiedeler und R. Fries. Messungen und Charakterisierung von Nanopartikeln in der Luft. *Nano trust dossiers*, 25, 2011.

[FR12]   T. Ferreira und W. Rasband. ImageJ User Guide: Menu Commands/Process/Watershed, 2012. https://imagej.nih.gov/ij/docs/guide/146-29.html#sub: Watershed [Letzter Zugriff: 09.11.2016].

[FYHN13] M. Farhan, O. Yli-Harja und A. Niemistä. A novel method for splitting clumps of convex objects incorporating image intensity and using rectangular window-based concavity point-pair search. *Pattern Recognition*, 46(3):741–751, 2013.

[GG13]   S. Greßler und A. Gazsó. Definition des Begriffs „Nanomaterial". *Nano trust dossiers*, 39, 2013.

[Int]   International Organization for Standardization. ISO/TS 80004-4:2011(en) Nanotechnologies - Vocabulary - Part 4: Nanostructured materials.

[KOR+05] S. Kumar, S.-H. Ong, S. Ranganath, T. C. Ong und F. T. Cheq. A rule based Approach for robust clump splitting. *Pattern Recognition*, 39(6):1088–1098, 2005.

[RRM14]   S. Rajalingappaa, B. Ramamoorthy und R. Muthuganapathy. Unsupervised Shape Classification of Convexly Touching Coated Parts with Different Geometries. *Computer-Aided Design and Applications*, 11(3):312–317, 2014.

[UK16]   T. M. Uusimäki und R. Kägi. Overlapping nanoparticles in transmission electron microscopy images, November 2016. https://doi.org/10.5281/zenodo. 178871 [Letzter Zugriff: 28.11.2016].

[Vap95]   V. Vapnik. *The Nature of Statistical Learning Theory*, Jgg. 2. Springer Verlag, 1995.

[WL13]   T. Wagner und H.-G. Lipinski. IJBlob: An ImageJ Library for Connected Component Analysis and Shape Analysis. *Journal of Open Research Software 1(1):e6*, 2013.

[WZN11]   H. Wang, H. Zhang und R. Nilanjan. Clump splitting via bottleneck detection. *IEEE International Conference Image Processing*, 2:61–64, 2011.

[Zad72]   L.A. Zadeh. A Fuzzy-Set-Theoretic Interpretation of Linguistic Hedges. *Journal of Cybernetics*, 2:4–34, 1972.

Prototypische Implementierung einer Anwendung zur mobilen Pflanzenbestimmung basierend auf Deep-Learning Modellen optimiert für den Einsatz auf Smart-Devices[*]

Prototype implementation of an application for mobile plant identification based on deep-learning models optimized for smart devices

David Rex

Fachbereich Informatik
Fachhochschule Dortmund
Emil-Figge-Str. 42
44227 Dortmund
darex@live.de

Kurzfassung: Im Rahmen dieser Arbeit wurde eine Ende-zu-Ende-Lösung im Rahmen einer Client-Server-Anwendung entwickelt, die es ermöglicht, auf einem Server Deep Neural Networks auf Bilddatensätzen zu trainieren und diese auf einem Android-Endgerät im Online- und Offline-Modus zur Bildklassifikation zu verwenden. Darüber hinaus wurden verschiedene DeepLearning-Modelle auf dem Pflanzenbild-Datensatz PlantCLEF evaluiert und für ein vortrainiertes 'Inception-V3'-Modell State-of-the-Art-Ergebnisse auf dem Datensatz PlantCLEF2016 erzielt.

Abstract: In this project an end-to-end solution based on a prototype client server application is developed to classify images and videos on an android smart device online and offline using server-trained models of deep neural networks. Moreover, multiple Deep-Learning models are evaluated on the PlantCLEF dataset with a pretrained Inception-V3 model producing state-of-the-art results on the PlantCLEF-2016 dataset.

1. Einführung

Das Ziel dieser Arbeit war es, eine Android-Anwendung zu entwickeln, die es ermöglicht, ohne eine Internetverbindung eine möglichst präzise Erkennung von Pflanzen anhand von aufgenommenen Fotos oder kurzen Videosequenzen durchzuführen.

Hierzu wurde zum einen eine prototypische Client-Server-Anwendung entwickelt, die es als eine Ende-zu-Ende-Lösung bereitstellt, um auf einem Server tiefe Neuronale Netze

---

[*] Verkürzte Version einer Masterarbeit unter Betreuung von Prof. Dr. Christoph M. Friedrich und Prof. Dr. Christoph Engels

47

zu trainieren, diese anschließend auf ein Android-Endgerät herunterzuladen und mit diesen eine Bildklassifikation mit oder ohne vorhandene Serververbindung durchzuführen.

Auf Serverseite wurde dazu das Deep-Learning(DL)-Webframework DIGITS von NVIDIA verwendet. Dieses dient bislang als ein Frontend für die DL-Software Caffe [JSD+14] und Torch7 [Coll11].

Im Rahmen des Projektes wurde DIGITS um das DL-Framework MXNet [CLL+15] der ‚Distributed (Deep) Machine Learning Community (DMLC)' erweitert. Über eine Schnittstelle können so im Anschluss an ein erfolgreiches Training die trainierten Modelle auf das Clientgerät für eine Offline-Klassifikation heruntergeladen oder eine Online-Klassifikation von Bildern auf dem Server durchgeführt werden.

Auf Clientseite wurde, aufbauend auf ein im Vorfeld durchgeführtes Forschungsprojekt, eine Android-Anwendung weiterentwickelt, die basierend auf aufgenommenen Fotos oder den Frames eines Videos eine Online- oder Offline-Klassifikation durchführt und die besten Ergebnisse dem Nutzer in Listenform mit direkter Anbindung an Wikipedia präsentiert.

Darüber hinaus wurden aktuelle Convolutional Neural Networks wie Inception-BN, Inception-V3 und ResNets auf Pflanzenbilddatensätzen trainiert und in Bezug auf den mobilen Einsatz evaluiert. Hierbei wurden sehr gute Ergebnisse für ein vortrainiertes Inception-V3-Modell auf dem ImageCLEF-2016 Datensatz erzielt.

2. Struktur

Es wird zunächst auf den Aufbau der Server- und Android-Clientkomponente eingegangen. Daraufhin werden die verwendeten Pflanzenbilddatensätze sowie die trainierten Modelle beschrieben und die erzielten Ergebnisse präsentiert. Der Bericht schließt mit einer kurzen Zusammenfassung.

3. Serverkomponente

In diesem Abschnitt werden die beiden Softwarekomponenten MXNet und DIGITS vorgestellt sowie die Integration von MXNet in DIGITS beschrieben.

3.1. MXNet

MXNet [CLL+15] ist eine Machine-Learning Library, die vom Distributed/Deep Machine Learning Common (DMLC) entwickelt und unter der Apache-Lizenz V2.0 veröffentlicht wird. MXNet ist als eine Multi-Language Library ausgelegt, die über entsprechende APIs unter C++, Python, Java, R, Julia und JavaScript verwendet werden kann.

MXNet ist optimiert auf Speichereffizienz, Geschwindigkeit und Flexibilität. Es unterstützt sowohl Multi-GPU- als auch Multi-Host-Berechnungen mit Unterstützung der DMLC-Software ‚ps-lite' [LAP14] als Parameter-Server zur zentralen Lastverteilung.

Die Software unterstützt nicht nur eine imperative, sondern auch eine deklarative Programmierung. Während durch die imperative Programmierung eine Verwendung von klassischen Numpy-Operationen und ein interaktives Debugging unter Python unterstützt werden, ermöglicht die deklarative Programmierung etwa eine einfache Implementierung von automatischer Differenzierung bei der Berechnung der Gradientenupdates.

Indem die Modelle als Berechnungsgraphen definiert werden, können mithilfe verschiedener Graphoptimierungen eine bessere Speichereffizienz erzielt werden. Auch eine Lastverteilung auf mehrere CPUs/GPUs wird so erleichtert.

3.2. DIGITS

Das „Deep Learning GPU Training System" (DIGITS)[*] ist ein vom Grafikkartenhersteller NVIDIA entwickeltes Open-Source-Projekt zur Verwaltung von Deep Learning-Aufträgen über eine Weboberfläche. Eine Nutzung der Software ist unter der BSD-3-Clause Lizenz möglich. Die verwendete Softwareversion war Version 3.3.

DIGITS ermöglicht dem Anwender das Trainieren, die Analyse und Verwendung von DL-Modellen mithilfe der Frameworks Caffe [JSD+14] und Torch [Col11]. Die Software bietet eine JSON-basierte Web-API zur Bildklassifikation und zum Download der trainierten Modelle an.

3.3. MXNet-Integration in DIGITS

Im Rahmen des Projektes wurden alle wichtigen DIGITS-Funktionen an das MXNet-Framework angepasst, so dass sowohl die Datensatzerstellung auf Basis des von MXNet verwendeten Datensatzformates RecordIO[†] als auch das Training von Modellen über die Weboberfläche von DIGITS möglich ist. Auch die Funktionen zur Modellvisualisierung, dem Download der Modelle und die Klassifikation von einem oder mehreren Bildern wurden entsprechend zugänglich gemacht.

Dazu wurden die durch MXNet zur Verfügung gestellten Python-Skripte[‡] in DIGITS integriert, indem alle Eingabemasken und Konfigurationsmenüs an das neue Framework angepasst wurden und Logging-Ausgaben, die von DIGITS für die Verfolgung des Trainingsverlaufs geparst werden, hinzugefügt wurden.

Abbildung 1 zeigt einen typischen Trainingsverlauf eines Modells in der DIGITS-Weboberfläche mit MXNet. Im oberen Bereich werden Detailinformation über das aktuell trainierende Modell, den dabei verwendeten Bilddatensatz sowie über den Trainings-

---

[*] https://developer.nvidia.com/digits, Zugriff: 06.11.2016
[†] http://mxnet.readthedocs.io/en/latest/system/note_data_loading.html, Zugriff: 06.11.2016
[‡] https://github.com/dmlc/mxnet/tree/master/python/mxnet, Zugriff: 07.11.2016

fortschritt dargestellt. Darunter werden der eigentliche Trainingsverlauf und die Lernrate live aufgetragen, gefolgt von Funktionalitäten zum Modelldownload und dem Klassifizieren von Testbildern.

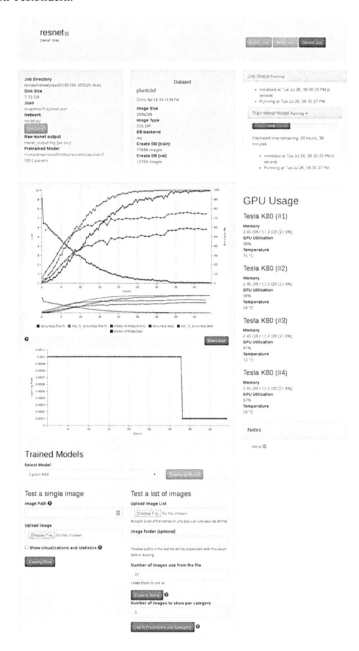

Abbildung 1: Trainingsverlauf in DIGITS mit MXNet

4. Clientkomponente

In diesem Abschnitt wird auf den Aufbau, das Benutzerinterface sowie die Klassenabhängigkeiten der Android-Clientkomponente eingegangen.

4.1. Aufbau

Maßgeblich für den Aufbau der Clientkomponente waren die folgenden Faktoren:

1. Die Oberfläche soll es ermöglichen, die im Backend agierende DL-Library im Hauptmenü über eine Auswahlliste zu selektieren. Die Verwaltung der Backends erfolgt durch die Klasse *BackendManager*. Bereits im Vorfeld des Projektes wurden bereits die beiden Frameworks Caffe und Torch in die Clientkomponente integriert.

2. Die Verwaltung der verfügbaren Modelle wird durch die Klasse *ModelManager* durchgeführt, über die alle benötigten Dateien eines Modells vom Server herunter geladen und für die Offlineverwendung zwischenspeichert werden.

3. Die Verwendung von RxJava als Implementierung des reaktiven Programmierparadigmas in Java ermöglicht eine asynchrone Kommunikation und Abarbeitung von Requests zwischen den einzelnen Komponenten der Anwendung.

4. Detailinformationen wie Bilde oder Übersetzungen der Klassennamen für die einzelnen Klassen werden von Wikipedia abgerufen.

5. Für eine Bildanalyse von Videosequenzen wird dem Video eine Anzahl von Frames mit einer konfigurierbaren Framerate entnommen. Diese werden zunächst einzeln durch das aktuell selektierte Modell klassifiziert. Im Anschluss werden die dabei ermittelten Klassenwahrscheinlichkeiten über die gesamte Zahl von Frames gemittelt und dem Nutzer angezeigt.

4.2. GUI

Abbildung 2 zeigt das Hauptmenü sowie die Ergebnisliste mit der Detailansicht nach Antippen eines Eintrages.

Abbildung 2: (links) Hauptmenü (mitte) Ergebnisliste nach erfolgter Klassifikation eines aufgenommenen Bildes, sortiert nach den Wahrscheinlichkeiten der einzelnen Klassen. (rechts) Detailansicht als Wikipedia-Eintrag

4.3. Gradle Plugins

Bei der Entwicklung der Anwendung wurden die in Tabelle 1 gezeigten Gradle-Plugins verwendet. Diese erleichtern verschiedene Aufgaben wie etwa das Laden von Bildern oder die Verwaltung des Netzwerkverkehrs. Alle Plugins sind unter der Apache License 2.0 lizensiert.

Name	Gradle-ID	Beschreibung
RxJava/ RxAndroid	io.reactivex:rxjava:1.0.14 io.reactivex:rxandroid:1.0.1	reaktive Programmierung unter Android
Retrofit	com.squareup.retrofit:retrofit:1.9.0	Netzwerkverbindungen
Butterknife	com.jakewharton:butterknife:7.0.1	View-Injections
Picasso	com.squareup.picasso:picasso:2.5.2	Image-Loading
Timber	com.jakewharton.timber:timber:3.1.0	Logging
Acacia	com.gmr:acacia:0.1.2	reaktive Android-Services

Tabelle 1: Verwendete Gradle-Plugins

4.4. Klassenabhängigkeiten

In Abbildung 3 wird ein grober Überblick über die wichtigsten Klassenabhängigkeiten gegeben.

Die einzelnen Backends erben von *GenericBackend* und implementieren das Interface *BackendInterface*. In der Klasse *GenericBackend* sind von allen Backends genutzte Methoden definiert. Die Backends selber werden durch die *Application*-Klasse *BackendManager* verwaltet. Die heruntergeladenen Modelkonfigurationen durch den *ModelManager* verwaltet.

Die GUI, hier repräsentiert durch die MainActivity, greift über den statischen *Request-Handler* asynchron auf die Backends zu oder fragt statische Funktionen des *ModelManagers* ab.

Zur Durchführung der Offlineklassifikation wurden Services verwendet, die unabhängig von der GUI die Klassifikation durchführen. Das für jedes Backend definierte *ServiceInterface* erweitert dabei das für alle Backends einheitliche *ServiceInterface* um die Methoden zur Offlineklassifikation. Die Anbindung an die je nach Backend verschiedenen JNI-Libraries sind in den drei Klassen *Predictor* (für MXNet), *CaffeJNI* und *TorchJNI* gegeben. Die JNI-Libraries müssen jeweils speziell für Android crosskompiliert werden.

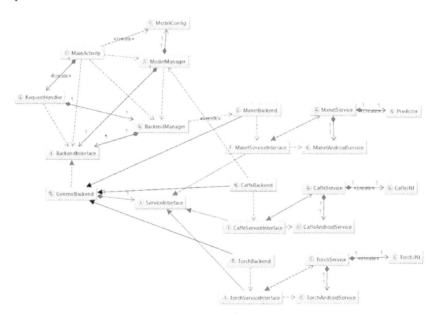

Abbildung 3: Diagramm der wichtigsten Klassen der Android-Komponente

5. Training

In diesem Abschnitt wird auf das Training der Modelle mithilfe von MXNet eingegangen. Dazu werden die verwendeten Datensätze und Trainingsparameter sowie die trainierten Modelle beschrieben.

5.1. Datensätze

Für das Training wurden primär die folgenden Datensätze verwendet: zum einen der PlantCLEF-Datensatz des Jahres 2015 [GBJ15] mit ~91k Bildern in 1k Klassen sowie die Unterkategorie „plant" des ImageNet-21k-Datensatzes [Soch09] mit ~560k Bildern in ~1k Klassen, wobei letzterer aufgrund seiner Größe zum Finetuning verwendet wurde. Zusätzlich wurde im Anschluss das beste Modell auf dem PlantCLEF2016-Datensatz [GBJ16] mit ~113k Bildern in 1k Klassen trainiert.

Als Preprocessing wurde von allen Farbkanälen der Bilder ein einheitlicher Wert von 117 subtrahiert. Als Data-Augmentation wurde ein Random-Cropping eines Ausschnitts von 299 x 299 Pixel Kantenlänge nach Skalierung der kleineren Seite der Ursprungsbilder auf 299 Pixel Kantenlänge sowie ein Random Mirroring mit einer Wahrscheinlichkeit von 0,5 durchgeführt.

5.2. Trainingsparameter

Als Gradientenabstiegsverfahren wurde ADAM [KB14] verwendet. Es wurde eine Anfangslernrate von 0.01 gewählt, die jeweils um 90% reduziert wurde, sofern keine Reduktion des Trainingsfehlers mehr eintrat. Als Fehlerfunktion wurde die Cross-Entropy-Funktion verwendet.

Die Gewichte der Schichten wurden einheitlich nach Xavier Glorot [GB10] initialisiert mit einer Skalierung von $\sigma = 2.34$. Durch Gradient Clipping wurden die Gradienten in einem Intervall zwischen [-5, 5] gehalten. Als Gewichtsabnahme/Weight-Decay im Rahmen der L2-Regularisierung wurde $\lambda = 0.00001$ verwendet. Die Größe der trainierten Batches belief sich auf 128 Bilder pro GPU, wobei zumeist 2 oder 4 GPUs verwendet wurden.

Das Training fand auf einem Trainingsserver bei Verwendung von zwei NVIDIA K80 mit jeweils zwei GPUs mit je 11.5GB Speicher statt. Der Server war mit einem Intel(R) Xeon(R) CPU E5@ 3.10GHz sowie 256 GB RAM ausgestattet. Die Datensätze wiederum waren auf einer 1TB-SSD gespeichert.

5.3. Modelle

Im Rahmen der Evaluation wurden die folgenden Modellarchitekturen auf dem PlantCLEF-2015 Trainingsdatensatz trainiert und evaluiert. Dabei wurden die in Tabelle 2 aufgeführten Modelle und Datensätze verwendet. Es konnten aufgrund von diversen

Abstürzen des Trainingsservers, als deren Auslöser erst nach Projektende ein fehlerhafter RAM-Riegels identifiziert werden konnte, leider nicht sämtliche Kombinationen trainiert werden.

Die selbst definierten Modelle „ResNet-12-24" und „ResNet-24-32" haben statt der Anordnung „3, 4, 24, 3" des Modells „ResNet-101" aus [HZR+16] eine Anordnung von „3, 12, 24, 3" bzw. „3, 24, 32, 3", wobei die Zahlen für die Anzahl von Residual Modulen vor einer Dimensionsreduktion stehen.

Modell	ImageNet → ImageNet-Plant → PlantCLEF	ImageNet → PlantCLEF	PlantCLEF
Inception-V3 [SVI+15]	x	x	
ResNet-101 [HZR+16]		x	x
Inception-BN [IS15]	x	x	
ResNet-12-24			x
ResNet-24-32			x
GoogLeNet [SLJ+15]			x
SqueezeNetV1.1[IMA+16]		x	

Tabelle 2: evaluierte Modelle und die jeweils verwendeten Trainingsdatensätze.
„ImageNet → PlantCLEF" entspricht einem Pretraining auf ImageNet mit anschl. Finetuning auf PlantCLEF

5.4. Trainingsverläufe

In Abbildung 4 sind die Trainingsverläufe der Modelle auf dem PlantCLEF2015-Datensatz einheitlich zusammengefasst.

In Tabelle 3 wird die erreichte Accuracy auf PlantCLEF-2015 sowie Modellgröße und Trainingsdauer, normiert auf eine GPU, verglichen. Darüber hinaus wurde die Abhängigkeit von Trainingsdauer und Accuracy in linearer Form sowie von Trainingsdauer und Modellgröße in linearer, quadratischer und invers quadratischer Form bestimmt.

In Bezug auf die erreichte maximale Accuracy erzielt das Inception-V3-Modell den besten Wert mit 0.733 und das SqueezeNetV1.1-Modell den schlechtesten Wert mit 0.267.

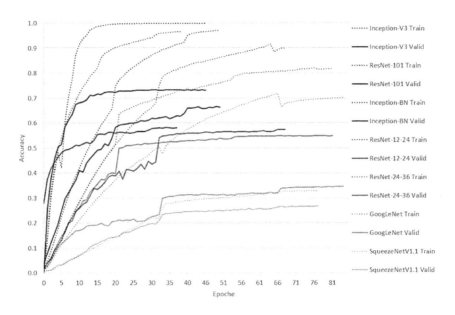

Abbildung 4: Vergleich der Modelle auf dem PlantCLEF2015-Datensatz

Modell	Max Accuracy	Trainingsdauer/ Epoche (pro GPU) [in s]	Trainingsdauer /Accuracy [in 10^2s]	Modell- größe [in MB]	Accuracy/ Modellgröße [in 10^{-3}MB^{-1}]	Accuracy/ Modellgröße^2 [in 10^{-4}MB^{-2}]	Accuracy^2/ Modellgröße [in 10^{-3}MB^{-1}]
GoogLeNet	0.346	1035.3 ± 23.3	29.9	40	8.6	2.1	3.0
Inception-BN	0.583	366.8 ± 01.3	6.3	45	12.9	2.8	7.5
Inception-V3	0.733	1062.4 ± 08.6	14.5	95	7.7	0.8	5.6
Resnet-12-24	0.574	882.9 ± 06.1	15.4	14	41.5	30.0	23.8
Resnet-24-36	0.550	1468.8 ± 97.6	26.7	18	30.2	16.6	16.6
Resnet-101	0.666	2176.3 ± 21.7	32.7	179	3.7	0.2	2.5
SqueezenetV1.1	0.267	105.1 ± 00.7	3.9	9	30.2	34.0	8.1

Tabelle 3: Modellvergleich: Genauigkeit, Modellparametergröße, Trainingsdauer

In Bezug auf die Trainingsdauer in Abhängigkeit von der Accuracy hat das SqueezeNetV1.1 das günstigste und das ResNet-101 das schlechteste Verhältnis. Da ein Training in der Regel nur einmalig bzw. selten wiederholt wird, spielt die Trainingsdauer oft nur eine untergeordnete Rolle.

Um die unterschiedliche Gewichtung zwischen Accuracy und Modellgröße, die im mobilen Kontext eine durchaus relevante Rolle spielt, zu vergleichen, wurde einerseits das Verhältnis von Accuracy zur quadratischen Modellgröße für eine stärkere Gewichtung der Modellgröße, und andererseits das Verhältnis der quadratischen Accuracy zur Modellgröße für eine stärkere Gewichtung der Accuracy berechnet.

Im ersten Fall bietet das SqueezeNetV1.1 das beste Verhältnis aus Accuracy und Modellgröße, während im zweiten Fall das ResNet-12-24 durch seine relativ hohe Accuracy gewinnt.

5.5. Evaluation auf dem Endgerät

Modell	Max Accuracy	Init.-zeit [in s]	Accuracy/ Init.-zeit [in $10^{-1}s^{-1}$]	Accuracy²/ Init.-zeit [in $10^{-1}s^{-1}$]	Inferenzzeit [in s]	Accuracy/ Inferenzzeit [in $10^{-2}s^{-1}$]	Accuracy²/ Inferenzzeit [in $10^{-2}s^{-1}$]	belegter Speicher [in MB]
Inception-V3	0.733	3.1 ± 0.2	2.3	1.7	12.5 ± 0.2	5.9	4.3	91.2 ± 0.1
ResNet-101	0.666	5.3 ± 0.5	1.3	0.8	12.5 ± 0.4	5.3	3.6	170.8 ± 0.1
Inception-BN	0.583	1.5 ± 0.2	3.8	2.2	4.5 ± 0.1	12.8	7.5	43.3 ± 0.1
ResNet-12-24	0.574	0.6 ± 0.0	9.3	5.4	3.7 ± 0.1	15.7	9.0	43.1 ± 1.3
ResNet-24-36	0.550	0.8 ± 0.0	6.6	3.6	5.3 ± 0.1	10.3	5.7	47.7 ± 0.0
GoogLeNet	0.346	2.6 ± 0.9	1.3	0.5	4.1 ± 0.5	8.5	3.0	38.4 ± 0.1
SqueezeNetV1.1	0.267	0.3 ± 0.0	10.5	2.8	1.2 ± 0.0	22.7	6.1	8.5 ± 0.1

Tabelle 4: Inferenzmessung: Initialisierungszeit, Inferenzzeit und Speicherauslastung

In Bezug auf die Initialisierungszeit und die Inferenzzeit der jeweiligen Modelle liegt das SqueezeNetV1.1-Modell gefolgt vom ResNet-12-24-Modell vorne.

Es wurde wiederum die Accuracy ins Verhältnis zu der Initialisierungs- und Inferenzzeit der Modelle gesetzt, sowohl in linearer als auch quadratischer Abhängigkeit für eine stärkere Gewichtung einer größeren Accuracy. Während bei linearer Abhängigkeit das SqueezeNetV1.1- und das ResNet-12-24-Modell die größten Werte erreichen, liegt bei quadratischer Abhängigkeit das ResNet-12-24 klar vorn.

Bei der Speicherbelegung liegt das SqueezeNetV1.1 klar vorn mit lediglich 8.5MB, während das ResNet-101 mit 170.8MB mit Abstand den größten Speicherbereich belegt. Für die Messungen wurde ein LG Nexus 4 (Erscheinungsjahr 2012) verwendet (4x1.5Ghz, 2GB RAM).

5.6. ImageCLEF2016

Für einen Vergleich mit der ImageCLEF2016-Challenge wurde das im Rahmen der Evaluation trainierte Inception-V3-Modell auf dem Trainingsdatensatz PlantCLEF2016 (~113k Bilder) bei einer Aufteilung von 98% Trainings- und 2% Validierungsanteil im Rahmen eines Finetunings trainiert.

Hierbei konnten mittels des offiziellen Tools der Challenge zur Berechnung des „Classi-fication MAP" (MAP=Mean Average Precision) für die Einzelbildklassifikation in der Kategorie „Open World" ein Wert von 0.705 erzielt werden. Bei der Klassifikation von Observationen, bei der Vorhersagen von 1 bis 5 Bildern einer Pflanze zusammengefasst werden, wurde in der Kategorie „Open World", ein Wert von 0.84 ermittelt, was einer signifikanten Steigerung gegenüber 0.742 des „Bluefield"-Gewinnerteams der ImageCLEF2016-Challenge entspricht. In der Kategorie „Closed World" wurde ein MAP von 0.802 bzw. 0.924 erzielt.

6. Zusammenfassung

Im Rahmen dieses Projektes wurde zum einen eine Softwarelösung zur Bestimmung von Pflanzen auf einem Android-Gerät anhand von aufgenommenen Fotos entwickelt, die es dem Nutzer ermöglicht, aufgenommene Fotos oder kurze Videosequenzen ohne eine Internetverbindung mit tiefen Neuronalen Netzen auf dem Gerät klassifizieren zu lassen.

Im Rahmen eines Modelltrainings wurden außerdem verschiedene tiefe DNN's mithilfe von GPU's trainiert und umfangreich auch in Bezug auf den Einsatz auf mobilen Endgeräten evaluiert. Diese Modelle wurden entweder neu oder basierend auf vortrainierten Modellen trainiert, welche selber wiederum auf dem ImageNet oder zusätzlich auf einem selbsterstellten ImageNetPlant-Datensatz trainiert wurden.

Ein trainiertes Modell basierend auf dem Inception-V3-Modell erreichte auf dem Testdatensatz der PlantCLEF-2016-Challenge, einem internationalen Wettbewerb für die Klassifizierung von Pflanzenbildern, eine mittlere gewichtete Genauigkeit (MAP) in der Kategorie „Open World", für die Klassifizierung einer Observation aus 1-5 Bildern, einen Wert von 0.84 mit rund 10 Prozentpunkten Abstand zum Gewinnerteam der PlantCLEF-2016-Challenge.

Während das Modell mit der größten erreichten Genauigkeit auf dem PlantCLEF-Datensatz das Inception-V3-Modell darstellte, wies ein kleineres Residual-Network das beste Verhältnis aus Genauigkeit, Modellgröße und Klassifikationszeiten auf dem Endgerät auf, was auf ein größeres Potential für zukünftige Optimierungen schließen lässt.

7. Literaturverzeichnis

[CLL+15] CHEN, TIANQI; LI, MU; LI, YUTIAN; LIN, MIN; WANG, NAIYAN; WANG, MINJIE; XIAO, TIANJUN; XU, BING; U. A.: MXNet: A Flexible and Efficient Machine Learning Library for Heterogeneous Distributed Systems. In: *Neural Information Processing Systems, Workshop on Machine Learning Systems 2015* (2015), S. 1–6.

[Coll11] COLLOBERT, RONAN: Torch7: A matlab-like environment for machine learning. In: *BigLearn, NIPS Workshop 2011* (2011).

[GB10] GLOROT, XAVIER; BENGIO, YOSHUA: Understanding the difficulty of training deep feedforward neural networks. In: *Proceedings of the 13th International Conference on Artificial Intelligence and Statistics (AISTATS)* Bd. 9 (2010), S. 249–256.

[GBJ15] GOËAU, HERVÉ; BONNET, PIERRE; JOLY, ALEXIS: *LifeCLEF Plant Identification Task 2015*, 2015.

[GBJ16] GOËAU, HERVÉ; BONNET, PIERRE; JOLY, ALEXIS: Plant identification in an open-world (LifeCLEF 2016). In: *Working Notes for CLEF 2016 Conference, CEUR-WS.org* (2016).

[HZR+16] HE, KAIMING; ZHANG, XIANGYU; REN, SHAOQING; SUN, JIAN: Deep Residual Learning for Image Recognition. In: *IEEE Conference on Computer Vision and Pattern Recognition 2016* (2016).

[IMA+16]   IANDOLA, FORREST N.; MOSKEWICZ, MATTHEW W.; ASHRAF, KHALID; HAN, SONG; DALLY, WILLIAM J.; KEUTZER, KURT: SqueezeNet: AlexNet-level accuracy with 50x fewer parameters and less than 0.5MB model size. In: *arXiv preprint:1602.07360* (2016).

[IS15]   IOFFE, SERGEY; SZEGEDY, CHRISTIAN: Batch Normalization: Accelerating Deep Network Training by Reducing Internal Covariate Shift. In: *arXiv:1502.03167* (2015), S. 1–11 — ISBN 9780874216561.

[JSD+14]   JIA, YANGQING; SHELHAMER, EVAN; DONAHUE, JEFF; KARAYEV, SERGEY; LONG, JONATHAN; GIRSHICK, ROSS; GUADARRAMA, SERGIO; DARRELL, TREVOR: Caffe: Convolutional Architecture for Fast Feature Embedding. In: *Proceedings of the ACM International Conference on Multimedia* (2014), S. 675–678 — ISBN 9781450330633.

[KB14]   KINGMA, DIEDERIK; BA, JIMMY: Adam: A Method for Stochastic Optimization. In: *Accepted Paper for International Conference on Learning Representations 2014* (2014).

[LAP14]   LI, MU; ANDERSEN, DG; PARK, JW: Scaling distributed machine learning with the parameter server. In: *11th USENIX Symposium on Operating Systems Design and Implementation* (2014), S. 17 — ISBN 9781931971164.

[SLJ+15]   SZEGEDY, CHRISTIAN; LIU, WEI; JIA, YANGQING; SERMANET, PIERRE; REED, SCOTT; ANGUELOV, DRAGOMIR; ERHAN, DUMITRU; VANHOUCKE, VINCENT; U. A.: Going deeper with convolutions. In: *Proceedings of the IEEE Computer Society Conference on Computer Vision and Pattern Recognition* Bd. 07–12–June (2015), S. 1–9 — ISBN 9781467369640.

[Soch09]   SOCHER, R.: ImageNet: A large-scale hierarchical image database. In: *2009 IEEE Conference on Computer Vision and Pattern Recognition* : IEEE, 2009 — ISBN 978-1-4244-3992-8, S. 248–255.

[SVI+15]   SZEGEDY, CHRISTIAN; VANHOUCKE, VINCENT; IOFFE, SERGEY; SHLENS, JONATHON; WOJNA, ZBIGNIEW: Rethinking the Inception Architecture for Computer Vision. In: *arXiv preprint:1512.00567* (2015).

Approximationsalgorithmen für das Rucksackproblem[*]

Approximation algorithms for the knapsack problem

Philipp Faroß

Fachbereich Informatik
Fachhochschule Dortmund
Emil-Figge-Str. 42
44227 Dortmund
philipp.faross001@stud.fh-dortmund.de

Kurzfassung: Diese Arbeit behandelt Approximationsalgorithmen für das Rucksackproblem. Dieses ist ein NP-vollständiges Entscheidungsproblem aus der kombinatorischen Optimierung. Das Berechnen der optimalen Lösung kann, je nach Probleminstanz, sehr aufwendig werden. Bei Approximationsalgorithmen ist es das Ziel, die Laufzeit zu reduzieren indem nicht weiter garantiert wird, dass die optimale Lösung berechnet wird. Für das Rucksackproblem existieren polynomielle Approximationsschemata (PTAS), aber auch vollständig polynomielle Approximationsschemata (FPTAS). In dieser Arbeit werden die FPTAS von Hans Kellerer und Ulrich Pferschy [KP99], der FPTAS von Oscar H. Ibarra und Chul E. Kim [IK75] und der PTAS von Caprara et. al. [CKP+00] miteinander verglichen, insbesondere an Hand von unterschiedlichen Zufallsdaten.

Abstract: This bachelor thesis takes a look at approximation algorithms for the knapsack problem. The knapsack problem is an NP-complete decision making problem in combinatorial optimization. Computing the exact solution can, depending on the problem instance, become quite difficult. Approximation algorithms do not guarantee an optimal solution but instead try to reduce the runtime necessary to calculate an approximate solution. For the knapsack problem there are polynomial approximation schemes (PTAS), as well as fully polynomial approximation schemes (FPTAS). This paper compares the FPTAS from Hans Kellerer and Ulrich Pferschy [KP99], the FPTAS from Oscar H. Ibarra and Chul E. Kim [IK75] and the PTAS from Caprara et. al. [CKP+00], especially on random data.

1. Motivation

Beim Rucksackproblem handelt es sich um ein NP-vollständiges Optimierungsproblem aus der Kombinatorik. In dem umgangssprachlichen Beispiel eines zu füllenden Rucksacks geht es darum, diesen mit Gegenständen so zu befüllen, dass der Nutzwert jedes

---

[*] Verkürzte Version einer Bachelorarbeit unter Betreuung von Prof. Dr. Robert Preis

einzelnen Gegenstandes maximiert wird, ohne eine vorher definierte Kostenschranke zu überschreiten. Jeder Gegenstand besitzt also einen Nutzwert und einen Kostenwert.

Einen Verweis zur Herleitung bezüglich der NP-vollständigkeit des Rucksackproblems kann in [KPP04] gefunden werden. Das Beispiel des zu füllenden Rucksacks soll im Folgenden kurz beschrieben und veranschaulicht werden.

Hierbei möchte jemand einen Rucksack, zum Beispiel für eine Camping-Tour, befüllen. Er erstellt sich daher eine Liste mit allen möglichen Gegenständen und bewertet jeden Gegenstand mit einem Nutzen und einem Gewicht. Anschließend ist das Ziel die Gegenstände auszuwählen, welche die Größe des Rucksacks nicht überschreiten und den höchsten Nutzen bringen. Im Folgenden wird die erstellte Liste dargestellt. Die Größe des Rucksacks beträgt hierbei 8kg.

Gegenstand	Gewicht	Nutzwert
Zelt	6	600
Schlafsack	3	400
Kamera	1	200
Nahrung	2	200
Wasser	5	600

Tabelle 1: Beispiel Rucksackproblem – Campingausrüstung

Nun gibt es verschiedene Verfahren diesen Rucksack zu befüllen. Naiv könnten die Gegenstände nach ihrer Effizienz absteigend sortiert werden, die Effizienz ist dabei der Nutzen pro Kilogramm Gewicht. Anschließend werden die Gegenstände in absteigender Reihenfolge genommen. Bei der beschriebenen Liste führt dies zu der nachstehenden Lösung:

Gegenstand	Gewicht	Nutzwert	Effizienz
Kamera	1	200	200
Schlafsack	3	400	133
Wasser	5	600	120
Nahrung	2	200	100
Zelt	6	600	100

Tabelle 2: Beispiel Rucksackproblem – Campingausrüstung, sortiert nach Effizienz

Wie in dieser Lösung zu sehen ist, erzeugt bereits dieses einfache Beispiel mit nur fünf Gegenständen bereits eine Lösung, die nicht optimal ist. Das naive Verfahren nimmt die Kamera und den Schlafsack. Für das Wasser ist der Rucksack dann bereits zu voll. Damit führt dieses Vorgehen zu einer Lösung von 600. Die optimale Lösung wären allerdings das Wasser, die Kamera und die Nahrung für einen Lösungswert von 1000. Eine andere optimale Lösung wäre das Wasser und der Schlafsack. Diese muss also nicht eindeutig sein.

Dadurch stellt sich die Frage, wie aufwendig es ist, eine optimale Lösung zu bestimmen. Zur Bestimmung der optimalen Lösung gibt es im Wesentlichen zwei Verfahren über

Branch and Bound und der dynamischen Programmierung. Ersteres Verfahren hat im schlimmsten Fall eine Laufzeit von $O(2^n)$. Letzteres Verfahren eine Laufzeit abhängig (je nach Variation des Verfahrens) von der Kapazität oder dem Wert der optimalen Lösung. Damit wird nur eine pseudopolynomielle Laufzeit mit z.B. $O(n \times c)$ erreicht. c ist hierbei die Kapazität des Rucksackproblems. Dadurch kann, bei entsprechendem c, die Laufzeit dennoch exponentiell im Verhältnis zur Eingabelänge sein.

Diese Arbeit beschäftigt sich mit einer weiteren Möglichkeit das Rucksackproblem zu lösen. Es wird hierbei, ähnlich wie beim naiven Vorgehen, darauf verzichtet, eine optimale Lösung zu finden. Allerdings lässt sich zeigen, dass die in dieser Arbeit beschriebenen Verfahren eine Güte des Lösungswertes garantieren. Damit handelt es sich bei diesen Verfahren um Approximationsalgorithmen, welche in einer polynomiellen Zeit das Rucksackproblem mit ihrer entsprechenden Güte lösen können. Weiterhin gibt es dabei auch Approximationsschemata, die anhand einer Variablen die gewünschte Güte variieren lassen können.

2. Das Rucksackproblem

Das 0/1 Rucksackproblem lässt sich formell in Eingabe und Ausgabe einteilen. Die Eingabe besteht hierbei aus den folgenden Variablen und Eigenschaften.

$$n \in \mathbb{N}^+ \qquad\qquad \text{Anzahl der Gegenstände}$$
$$(2.1)$$

$$c \in \mathbb{N}^+ \qquad\qquad \text{Kapazität des Rucksacks}$$
$$(2.2)$$

$$w = (w_1, \dots, w_n)^T, w_j \in \mathbb{N}^+, j \in \{1, \dots, n\} \qquad \text{Kostenvektor der Gegenstände}$$
$$(2.3)$$

$$p = (p_1, \dots, p_n)^T, p_j \in \mathbb{N}^+, j \in \{1, \dots, n\} \qquad \text{Nutzwertvektor der Gegenstände}$$
$$(2.4)$$

Die Eingabe eines Rucksackproblems kann somit als 4-Tupel gesehen werden: $KP = \{n, (p_1, \dots, p_n), (w_1, \dots, w_n), c\}$. Die Ausgabe dagegen wird hierbei durch den folgenden Vektor:

$$x = (x_1, \dots, x_n)^T, x_j \in \{0,1\}, j \in \{1, \dots, n\} \qquad \text{Entscheidungsvektor für}$$
die Entscheidungen einen Gegenstand j zu
nehmen (1) oder nicht zu nehmen (0)
$$(2.5)$$

definiert.

Die Ausgabe ist dabei eine optimale Lösung, wenn folgende Summe:

$$\sum_{j=1}^{n} x_j p_j \tag{2.6}$$

maximiert wird, während die Einschränkung:

$$\sum_{j=1}^{n} x_j w_j \leq c \tag{2.7}$$

eingehalten wird. Die optimale Lösung wird weiterhin als Lösungsvektor $x^{opt} = \left(x_1^{opt}, \dots, x_n^{opt}\right)^T$ bezeichnet. Der optimale Lösungswert wird als z^{opt} bezeichnet. Zusätzlich wird die Annahme getroffen, dass $n \geq 2$ ist, ansonsten ist das Berechnen der Lösung trivial. Weiterhin wird davon ausgegangen, dass $w_j \leq c$ für $j \in \{1, \dots, n\}$ gilt.

3. Approximationsalgorithmen

Wenn $NP \neq P$ gilt, dann kann es zum Lösen des Rucksackproblems keine Algorithmen geben, welche die folgenden drei Eigenschaften vereinen [WS10].

1. Optimale Lösung
2. Polynomieller Zeitaufwand
3. Beliebige Eingabeinstanz

Wird die Restriktion des polynomiellen Zeitaufwandes außer Acht gelassen, so finden sich Algorithmen innerhalb der dynamischen Programmierung und Branch and Bound, die eine optimale Lösung für jede Eingabeinstanz finden. Da diese allerdings in Ihrem Zeitaufwand exponentiell oder pseudpolynomiell sind, ist es wünschenswert, eine andere Vorgehensweise zu haben.

Diese Vorgehensweise ist dabei der Verzicht auf das Finden einer optimalen Lösung. Besonders wenn diese sehr schnell gefunden werden kann und häufig gut bzw. gut genug ist. Auch dort gibt es verschiedene Kategorien, so finden Heuristiken und Metaheuristiken häufig gute Lösungen, garantieren allerdings nicht, dass ihre Lösungen in jedem Fall eine bestimmte Güte erreichen. Diese Arbeit dagegen behandelt Approximationsalgorithmen. Gegenüber Heuristiken und Metaheuristiken garantieren Approximationsalgorithmen eine bestimmte Güte des Lösungswertes. [WS10]

Bei Optimierungsproblemen lässt sich die folgende Definition für Approximationsalgorithmen aufstellen:

Definition 3.1: Ein α-**Approximationsalgorithmus** für ein Optimierungsproblem ist ein polynomieller Algorithmus, welcher für alle Probleminstanzen einen Lösungswert bestimmt, der innerhalb eines Faktors α der optimalen Lösung fällt.

Dagegen lassen sich noch zwei Approximationsschemata definieren:

Definition 3.2: Ein **polynomielles Approximationsschema** (polynomial-time approximation scheme – **PTAS**), ist eine Klasse von Algorithmen $\{A_\varepsilon\}$, bei denen es einen Algorithmus für jedes $\varepsilon > 0$ gibt, sodass A_ε ein $(1 - \varepsilon)$-Approximationsalgorithmus ist.

Definition 3.3: Ein **vollständig polynomielles Approximationsschema** (fully polynomial-time approximation scheme – **FPTAS**) ist ein Approximationsschema nach Definition 3.2, indem die Laufzeit von A_ε polynomiell in $1/\varepsilon$ und n beschränkt ist.

Für das Rucksackproblem lassen sich Verfahren finden, die in alle drei genannten Kategorien fallen. Einige dieser werden in den folgenden Unterkapiteln vorgestellt.

3.1. Einfache Approximationsverfahren

Bei den einfachen Approximationsverfahren handelt es sich im Wesentlichen um zwei Verfahren, die das naive Lösungsverfahren aus dem Einführungsbeispiel benutzen. Sie garantieren durch kleine Modifikationen allerdings bereits eine Güte des Lösungswertes.

Hierbei werden im naiven Verfahren, genau wie zuvor, Gegenstände zuerst nach ihrer Effizienz sortiert, anschließend werden diese reihenweise genommen, bis der Rucksack voll ist. Dies führt zu keiner garantierten Güte, welches das folgende Beispiel veranschaulichen soll:

Sei folgende Eingabe gegeben: $KP = \{2, (2, M), (1, M), M\}$. Der erste Gegenstand besitzt also eine Effizienz von 2, der zweite eine Effizienz von 1. Sei Weiterhin $M > 2$, es lässt sich leicht sehen, dass der erste Gegenstand dem zweiten den benötigten Platz wegnimmt und die Lösung somit bei steigendem M beliebig schlecht werden kann. Ein Vergleich der Greedy-Lösung mit dem Nutzwert jedes einzelnen Gegenstandes und dem anschließenden Auswählen der besseren Lösung sichert eine Approximationsgüte von $\frac{1}{2}$.

Sei $z^G = \sum_{i=1}^{s-1} p_i$ mit s als dem ersten Gegenstand, welcher nicht mehr in den Rucksack passt. Also die Lösung, welche im vorherigen Absatz beschrieben wurde. Dann muss diese mit dem Gegenstand verglichen werden, welcher den höchsten Nutzwert hat, dieser sei im Folgenden p_{max}. $z^{opt} - z^G \leq p_{max}$. Zuletzt sei $z^{ext} = \max\{z^G, p_{max}\}$, der Approximationswert. Der Beweis zur Approximationsgüte lässt sich in [KPP04] finden.

Die Laufzeit beim vorgestellten Extended Greedy Verfahren beträgt, bedingt durch die Sortierung, $O(n \log n)$. Anschließend wird nur einmal über die Gegenstände iteriert und diese entsprechend ausgewählt, solange sie in den Rucksack passen. Auf die Sortierung kann mit einem erweiterten Verfahren aus [BZ80] verzichtet werden. Hierbei wird der erste Gegenstand, welcher nicht in die Greedy Lösung hineinpasst, in $O(n)$ bestimmt.

Anschließend werden die Gegenstände in Relation zu ihrer Effizienz in einer Iteration ausgewählt.

Aus dieser Idee lassen sich leicht weitere Verfahren ableiten, so führt die Auswahl von möglichen Paaren und der vergleich mit z^G zu einer Approximationsgüte von $\frac{3}{4}$. Die dynamische Erhöhung der Größe der Kombinationen führt zu einem PTAS wie im Folgenden dargestellt werden soll.

3.2. PTAS

Prinzipiell werden beim PTAS Kombinationen aus k-Gegenständen gebildet. Das Grundverfahren ist dabei im Wesentlichen eine Variation des PTAS von Sahni [S75]. Für die restlichen Gegenstände wird nun jeweils das Extended Greedy Verfahren $z^{ext} = \max\{z^G, p_{max}\}$ aus dem vorherigen Kapitel durchgeführt. Zusätzlich können die restlichen Gegenstände eingeschränkt werden, da die gewünschte Approximationsgüte bereits gesichert ist, wenn nur Gegenstände mit Extended Greedy überprüft werden, deren Nutzwert kleiner als der niedrigste Nutzwert, aus der im Moment betrachteten Kombination ist. Der Wert k wird dabei durch den zusätzlichen Eingabewert, der Fehlertoleranz bestimmt. Um zu verhindern, dass Lösungen mit weniger als k Gegenständen übersprungen werden, müssen diese ebenfalls iteriert werden. Diese führen allerdings nur zu einer besseren Lösung, wenn diese die optimale Lösung darstellt.

Die Laufzeit dieses Verfahrens wird durch das Generieren der Kombinationen bestimmt. Bei k-großen Kombinationen werden hierbei $\binom{n}{k}$ Kombinationen gebildet. Diese lassen sich in $O(n^k)$ bestimmen. Für jede dieser Kombinationen wird anschließend Extended Greedy durchgeführt und die Laufzeit beträgt $O(n^k)$. Abhängig von ε beträgt die Laufzeit $O(n^{\frac{1}{\varepsilon}-1})$. Eine Reduzierung dieser Laufzeit lässt sich mit dem hierauf aufbauenden Verfahren CKPP [CKP+00] erreichen. Dieser macht sich allerdings natürlich nur bei niedrigen ε Werten bemerkbar.

Bei CKPP wird eine Verbesserung der Laufzeit erreicht, indem zwei zusätzliche Sortierungen durchgeführt werden. Die Sortierung nach Kosten und nach Nutzwert ermöglicht das geschickte Auswählen der Kombinationen. Hierbei wird der letzte Gegenstand einer Kombination durch einen Gegenstand mit einem niedrigeren Kostenwert ersetzt. Dadurch erhöht sich die Restkapazität und die bisherige Berechnung von Extended Greedy kann an die vorherige angeknüpft werden. Dadurch werden n Extended Greedy Lösungen in $O(n)$ bestimmt. Um die Extended Greedy Voraussetzung komplett zu erfüllen, muss allerdings mit dem Gegenstand, welcher den höchsten Nutzwert bringt verglichen werden. Hierbei werden die Kombinationen nach aufsteigenden Kosten gebildet. Der Gegenstand des höchsten Nutzwertes wird anfangs anhand der Sortierung ausgewählt, sobald dieser nicht mehr in die Lösung passt, wird dieser in der Sortierung durch den nächstbesten Gegenstand ersetzt. Hierbei ist klar, dass diese Lösung die Laufzeit lediglich um einen Faktor n verbessert. Diese also bei einer gewünschten Approximationsgüte von 90%, also einem ε von 0.1 bereits eine Laufzeit von $O(n^8)$ erzeugt. In der nachfolgenden Tabelle können die beiden Verfahren im Vergleich gesehen werden. Die in dieser Bachelorarbeit implementierte Version von CKPP lässt eine Eingabe mit $\varepsilon <$ 0.5 oder niedriger zu.

Verfahren	Güte	Laufzeit	Speicher	Kurzbeschreibung
PTAS H^ε	$1 - \varepsilon$	$O(n^{\frac{1}{\varepsilon}-1})$	$O(n)$	Kombinationen aus Gegenständen bilden und anschließend Extended Greedy für den Rest
PTAS CKPP	$1 - \varepsilon$	$O(n^{\frac{1}{\varepsilon}-2})$	$O(n)$	Sortierungen und benutzen von Monotonie reduziert Laufzeit von H^ε um einen Faktor n

Tabelle 3: PTAS - Zusammenfassung

3.3. FPTAS

Da die PTAS bei entsprechend gewünschter Approximationsgüte bereits eine sehr hohe Laufzeit erzeugen ist es wünschenswert bessere Verfahren zu haben. Beim Rucksackproblem gibt es mit den FPTAS Verfahren, welche ebenfalls bei einer höheren Approximationsgüte die Laufzeit nur polynomiell ansteigen lassen.

Diese basieren im Wesentlichen auf der Idee der dynamischen Programmierung. Bei der dynamischen Programmierung muss die Voraussetzung erfüllt sein, dass sich das vorliegende Problem in kleinere Teilprobleme aufteilen lässt, welche sich zur optimalen Lösung zusammensetzen können. Sei $A_{n,U}$ der niedrigste Kostenwert für ein Rucksackproblem mit n Gegenständen und der optimalen Lösung U, dann sieht diese Rekursionsformel wie folgt aus:

$$DP_{n+1,U} = \begin{cases} DP_{n,U} & , wenn\ U < p_n \\ \min\big(DP_{n,U}, DP_{n,U-p_n} + p_n\big), & wenn\ U \geq p_n \end{cases}$$

U muss, da die optimale Lösung im Allgemeinen nicht vorher bekannt ist, als obere Schranke bestimmt werden. Diese muss die Eigenschaft haben dass $z^{opt} \leq U$ gilt.

Prinzipiell wird bei diesem Verfahren also über alle möglichen Lösungswerte und die Anzahl der betrachteten Gegenstände in zwei geschachtelten Schleifen iteriert. Hierbei wird, je nach Variation des Verfahrens, eine Laufzeit von bestenfalls $O(nU)$ und ein Speicherverbrauch von bestenfalls $O(n + U)$ erreicht.

An einem einfacheren Verfahren soll die grundsätzliche Idee der FPTAS nun kurz erläutert werden. Hierbei werden der Nutzwert jedes einzelnen Gegenstandes und die obere Schranke mit einem Skalierungsfaktor K skaliert. Dadurch reduziert sich die Iterationsdauer und es kann Laufzeit gewonnen werden. Hierdurch wird allerdings keine optimale Lösung mehr garantiert.

Das Verfahren ist in der folgenden Abbildung dargestellt.

Eingabe: Rucksackproblem mit $KP=\{(p_1,...,p_n),(w_1,...,w_n),c,n\}$ und ε

Schritt 1: Berechne z_{ext} als Extended Greedy Lösung für KP, Setze $K = z^{ext} \times \frac{\varepsilon}{n}$

Schritt 2: Erstelle Rucksackproblem $KP_s = \{(\frac{p_1}{K}, ..., \frac{p_n}{K}, (w_1, ..., w_n), c, n\}$

Schritt 3: Berechne z^A als den Lösungswert für die dynamische Programmierung für Nutzwerte mit KP_s und mit $U = \frac{2n}{\varepsilon}$

Ausgabe: Lösungswert ist $K \times z^A$

Abbildung 1: Basic FPTAS – Algorithmus

Um die Laufzeit abzuschätzen, welche durch die Laufzeit der dynamischen Programmierung limitiert ist, muss nur gezeigt werden, inwiefern die obere Schranke U (aus der Laufzeit der dynamischen Programmierung $O(nU)$ vom Lösungsverfahren berechnet wird. Die Laufzeit und der Speicherverbrauch sind mit $U = \frac{2n}{\varepsilon}$ offensichtlich. Damit besitzt dieses Verfahren eine Laufzeit von $O(n^2 \times \frac{1}{\varepsilon})$ und einen Speicherverbrauch von $O(n \times \frac{1}{\varepsilon})$.

Auf den Beweis der Approximationsgüte wird hier verzichtet und dieser kann in [KPP04] nachgelesen werden.

3.3.1. Verfahren von Ibarra und Kim

Der erste FPTAS für das Rucksackproblem wurde 1975 von Oscar H. Ibarra und Chul E. Kim in [IK75] vorgestellt. Die Grundidee bei diesem Lösungsverfahren ist das Aufteilen der Gegenstände in einen Teil mit großen Gegenständen, welche über die dynamische Programmierung explizit gelöst werden und einen Teil mit kleineren Gegenständen, welcher für jede mögliche Lösung des ersten Teils mithilfe des vorher vorgestellten Extended Greedy Algorithmus gelöst wird.

Die Berechnung der Lösung der dynamischen Programmierung erfolgt auf einer Listenstruktur, welche für jeden Listeneintrag aus 3 Teilen besteht: $Table=\{L,,W\}$, wobei L eine Menge der Indizes der enthaltenen Gegenstände ist, P und W dagegen sind die Summe der Nutzwerte bzw. Kosten dieser Gegenstände. L muss nur aktualisiert und gespeichert werden, wenn die Berechnung des Lösungsvektors gewünscht ist. In der jetzigen Implementierung wird darauf verzichtet.

Das Verfahren besteht damit aus 4 Schritten. Schritt 1: Sortieren des Rucksackproblems nach Effizienz. Schritt 2: Bestimmen einer unteren Schranke, welche das Rucksackproblem später in die zwei Mengen aufteilt. Schritt 3: Überprüfung ob der zu untersuchende Gegenstand mittels dynamischer Programmierung gelöst werden muss, oder es sich um einen der kleineren Gegenstände handelt. Bei ersterem Fall wird die dynamische Programmierung um einen Schritt weitergeführt. Schritt 4: Bestimmen der Extended Greedy Lösungen für alle möglichen Lösungen der dynamischen Programmierung. Die Laufzeit und der Speicherverbrauch dieses Verfahrens sind der nachfolgenden Tabelle zu entnehmen, bei der implementierten Version wurde auf eine zusätzliche Betrachtung verzichtet, welche es ermöglicht bereits innerhalb des Verfahrens auf Gegenstände zu stoßen, die nicht in der Lösung enthalten sein können.

Verfahren	Laufzeit	Speicher	Kurzbeschreibung
Ibarra und Kim (implementiert)	$O(n \log n + \frac{1}{\varepsilon^2} n)$	$O(n + \frac{1}{\varepsilon^2})$	Teilfaktor und obere Schranke bestimmen, Gegenstände in zwei Mengen anhand ihres Nutzwertes im Verhältnis zum Faktor und der Schranke aufteilen, eine Menge wird mit einer veränderten dynamischen Programmierung gelöst, die andere Menge wird mit Restkapazitäten aus den Lösungen der ersten Menge mit Extended Greedy gelöst
Ibarra und Kim	$O(n \log n + \frac{1}{\varepsilon^4} \log(\frac{1}{\varepsilon}))$	$O(n + \frac{1}{\varepsilon^3})$	Laufzeit für $n \rightarrow \infty$, Verbesserung durch Verwerfen von Gegenständen, welche nicht benötigt werden können.

Tabelle 4: FPTAS – Ibarra und Kim

3.3.2. Verfahren von Kellerer und Pferschy

Ein anderer Ansatz wurde von Hans Kellerer und Ulrich Pferschy vorgestellt [KP99]

Als erstes wird dabei die vorliegende Gegenstandsmenge reduziert und skaliert. Hierbei werden die Gegenstände, wie auch bei Ibarra und Kim, in einen Teil mit größeren und einen Teil mit kleineren Gegenständen geteilt. Die größeren Gegenstände werden zunächst skaliert und anschließend über die dynamische Programmierung explizit gelöst.

Zum Skalieren wird diese Menge an größeren Gegenständen in mehrere Intervalle gleicher Länge geteilt. Die Gegenstände fallen dabei in das Intervall L_i, wenn ihr Nutzwert in $[iz^l\varepsilon, (i+1)z^l\varepsilon]$ liegt. Jedes dieser Intervalle wird anschließend weiter in Unterintervalle L_i^k aufgeteilt, welche in ihrer Länge allerdings größer werden, je größer der Nutzwert des Ausgangsintervalls ist. In diesen Unterintervallen liegen die Gegenstände in $[iz^l\varepsilon(1 + (k-1)\varepsilon), iz^l\varepsilon(1 + k\varepsilon)]$.

69

Für jedes dieser Unterintervalle wird der Nutzwert der Gegenstände auf den Start des Unterintervalls ($= iz^l\varepsilon(1 + (k-1)\varepsilon)$) reduziert. Die Anzahl der Gegenstände die potenziell in eine Lösung können ist nun limitiert und für jedes Unterintervall werden die Gegenstände mit den höchsten Kosten entfernt und das Problem kann so reduziert werden. Die Idee dahinter ist die Folgende: es gibt eine untere Schranke für die gilt: $z^l \leq z^{opt} \leq 2z^l$. Sei Z_L^{opt} die optimale Lösung für das Rucksackproblem mit den großen Gegenständen. Es gilt nun $\left\lceil \frac{2}{i\varepsilon} \right\rceil iz^l\varepsilon \geq 2z^l \geq z_L^{opt}$. Es können also nicht mehr als $\left\lceil \frac{2}{i\varepsilon} \right\rceil$ Gegenstände eines Intervalls L_i für die Lösung in Frage kommen, da diese ansonsten das Doppelte der unteren Schranke überschreiten würden. Das Auswählen der $\left\lceil \frac{2}{i\varepsilon} \right\rceil$ Gegenstände mit den niedrigsten Kosten aus L_i^k hat damit keine Auswirkungen auf die Berechnung der Lösung, da diese alle denselben Nutzwert haben.

Die Schranke z^l kann natürlich mit dem Extended Greedy Verfahren bestimmt werden.

Zuletzt wird aus diesen Intervallen die Menge an größeren Gegenständen wieder zusammengesetzt und sie kann von der dynamischen Programmierung gelöst werden.

Nach dem Durchführen dieses Verfahrens ist die maximale Anzahl der Gegenstände in L beschränkt durch (vgl. [KPP04] S. 171):

$$\sum_{i=1}^{\frac{1}{\varepsilon}-1} \left\lceil \frac{1}{i\varepsilon} \right\rceil \times \left\lceil \frac{2}{i\varepsilon} \right\rceil \approx \frac{2}{\varepsilon^2} \sum_{i=1}^{\frac{1}{\varepsilon}} \frac{1}{i^2}$$

In [KP04] geben Kellerer und Pferschy ein Kombinationsverfahren an um aus zwei Vektoren A und B einen dritten Vektor C zu berechnen, auf welchem sich die dynamische Programmierung, wie später zu sehen ist, abbilden lassen kann. Der Vektor C wird dabei wie folgt definiert:

$$C[1] = A[1] + B[0],$$

$$C[2] = \min\{A[1] + B[0] + B[1], A[2] + B[0]\},$$

$$\cdots$$

$$C[n] = \min\{A[1] + B[0] + \cdots + B[n-1], \ldots, A[n-1] + B[0] + B[1], A[n] + B[0]\}$$

Bzw. als Summe formuliert:

$$C[k] = \min\left\{ A[l] + \sum_{j=0}^{k-l} B[j] \,\middle|\, l = 1, \ldots, k \right\} k = 1, \ldots, n$$

Die Berechnung von C durch das Ausprobieren jeder einzelnen Summe in $O(n^2)$ ist leicht nachzuvollziehen. Kellerer und Pferschy geben ein Verfahren an, welches C in $O(n \log n)$ bestimmen kann. Dabei wird die Eigenschaft $B[0] \leq B[1] \leq \cdots \leq B[n-1]$

ausgenutzt. Diese Monotonie lässt sich verwenden, um anstelle der Berechnung jeder einzelnen Summe, diese auf Intervalle zu verschieben und innerhalb der Intervalle nach den Endpunkten zu suchen.

Die Intervalle werden dabei in zwei Vektoren a und b mit ihren Endpunkten beschrieben. Ein Intervall $[a[i], b[i]]$ bedeutet hierbei, dass $C[j]$ aus $A[i] + B[0] + \cdots + B[j - i]$ für $a[i] \leq j \leq b[i]$ zusammengesetzt wird. Da es für $C[n]$ n verschiedene Berechnungsmöglichkeiten gibt, läuft i von 1 bis n. Innerhalb dieser Intervalle werden die Werte für j eindeutig von $1 - n$ verteilt. Zusätzlich gilt durch die Monotonie, dass es kein Intervall $i < i'$ mit $b[i'] < a[i]$ geben kann. Es kann ebenfalls leere Intervalle geben die durch $a[i] = b[i] = \infty$ definiert sind. Diese leeren Intervalle werden durch eine Verbindung mittels eines Hilfsvektors $pred$ übersprungen. Zur Veranschaulichung wird in der folgenden Tabelle ein Beispiel der Verbindung gegeben.

a	b	$pred$
1	3	0
∞	∞	-
3	9	1
9	n	3

Tabelle 5: Beispiel der Verbindung der Intervalle mit Hilfsvektor $pred$

Hierbei wären z.B. $C[1\ldots3] = A[1] + B[0] + \cdots + B[(1\ldots3) - 1]$. Der Beweis, dass dies zu der minimalen Lösung von C führt kann in [KP04] S. 7ff nachgelesen werden.

Durch das gleichzeitige Betrachten der Gegenstände desselben Nutzwertes, lässt sich dieses Kombinieren der Vektoren beim Rucksackproblem einsetzen. In L sind die Gegenstände nach Nutzwerten aufgeteilt und jeweils nach ihren Kosten sortiert. Es werden gleichzeitig alle Gegenstände mit demselben Nutzwert betrachtet und die dynamische Programmierung lässt sich wie folgt auf das Kombinieren der Vektoren abbilden. Seien dabei $w_i, i = 1, \ldots, m$ die entsprechenden Kosten für die m Gegenstände mit demselben Nutzwert p_t. Für diese gilt $w_1 \leq w_2 \leq \cdots \leq w_m$, damit ist die Abbildung wie folgt:

$$C[k] = DP_{j-1+m}^{(k-1)p_t}, A[k] = DP_{j-1}^{(k-1)p_t}, k = 1, \ldots, \lfloor 2z^l/p_t \rfloor$$

$$B[k] = \begin{cases} w_k, k = 1, \ldots, m \\ \infty, k = m + 1, \ldots, \lfloor 2z^l/p_t \rfloor \end{cases}$$

Hier kann gesehen werden, dass die Einträge für C sich genau aus den zu überprüfenden Möglichkeiten der dynamischen Programmierung berechnen. So werden diese beispielsweise ausgehend von noch keinen enthaltenen anderen Gegenständen berechnet $A[1] + B$ entsprechend, oder bei z.B. $A[3] + B$ entsprechend sind bereits andere Gegenstände enthalten, welche bereits eine Lösung von $2 \times p_t$ erreichen, für diesen Fall werden zum Beispiel genau die zwei Gegenstände mit den höchsten Kosten entfernt. Die restlichen Gegenstände zum Berechnen von C werden aus den Gegenständen mit den niedrigsten Kosten gewählt. Das von C berechnete Minimum um einen dieser Werte zu erreichen erfüllt damit die Voraussetzung der dynamischen Programmierung. Die Berechnung der Werte ausgehend von anderen Startwerten fehlt allerdings noch, daher wird diese Berechnung für alle Restwerte von $0, \dots, p_t - 1$ durchgeführt. Die obenstehende Definition gilt für den Restwert 0.

Diese zwei Ideen sind die Hauptpunkte des Verfahrens von Kellerer und Pferschy und in der folgenden Tabelle lassen sich die Laufzeit und der Speicherverbrauch nachlesen. Auf den Beweis zur Approximationsgüte wird verzichtet.

Verfahren	Laufzeit	Speicher
K. u. P. implementiert	$O(n \log n$ $+ \frac{1}{\varepsilon^2} \log(\frac{1}{\varepsilon}) \min\{n, \frac{1}{\varepsilon} \log(\frac{1}{\varepsilon})\}$	$O(n + \frac{1}{\varepsilon^2})$
Kellerer und Pferschy	$O(n \min\{\log n, \log \frac{1}{\varepsilon}\}$ $+ \frac{1}{\varepsilon^2} \log(\frac{1}{\varepsilon}) \min\{n, \frac{1}{\varepsilon} \log(\frac{1}{\varepsilon})\}$	$O(n + \frac{1}{\varepsilon^2})$

Tabelle 6: FPTAS – Kellerer und Pferschy

4. Tests

In der implementierten Software sind verschiedene Typen von Probleminstanzen, mit unterschiedlich korrelierenden Daten enthalten. Für die hier dargestellten Tests wurden leicht korrelierende Datensätze gewählt. Hierbei ist p_j in $[\max(w_j - r), 1)], \min[w_j + r, v)]$ und w_j in $[1, v]$ verteilt. Die Werte der verbleibenden Variablen werden entsprechend angegeben.

Das exponentielle Verhalten der PTAS bei der Variation der Approximationsgüte ist in der folgenden Abbildung gut zu sehen:

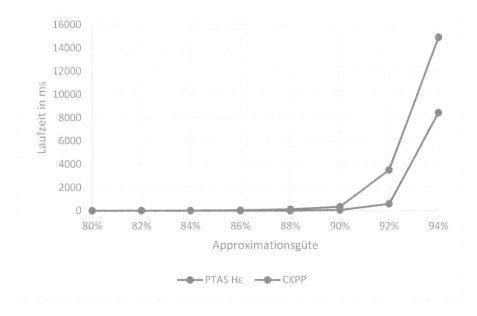

Abbildung 2: Vergleich der PTAS, Testresultate bei leicht korrelierendem Datensatz, Laufzeit in ms, $n = 30, v = 100, c = 100, r = 1, \varepsilon$ in x-Achse von 0.2 auf 0.06 verringert

Wie zu erwarten ist erzielt CKPP dabei bessere Laufzeiten als der PTAS H^ε.

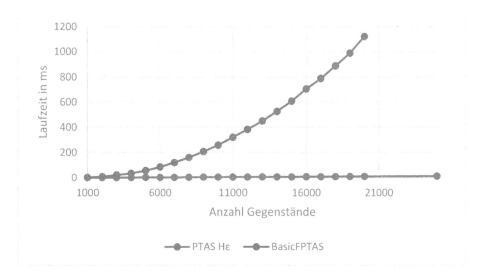

Abbildung 3: Vergleich PTAS H^ε und BasicFPTAS, Testresultate bei leicht korrelierendem Datensatz, Laufzeit in ms, $\varepsilon = 0.5, v = 10.000, c = 10.000, r = 100$

In der Abbildung kann gesehen werden, dass der PTAS eine bessere Laufzeit, bei einem hohen ε Wert von 0.5, erzielt als der einfache FPTAS. Bei einem niedrigeren ε ist klar, dass der FPTAS besser wird, da die Laufzeit der PTAS dort exponentiell ansteigt.

Auf den Vergleichen zwischen PTAS und komplexeren FPTAS wird verzichtet, da diese bei einem hohen ε das Extended Greedy Verfahren anwenden und damit besser abschneiden. Die Laufzeiten des Verfahrens von Ibarra und Kim und des Verfahrens von Kellerer und Pferschy unterscheiden sich allerdings und kann in der nächsten Abbildung gesehen werden.

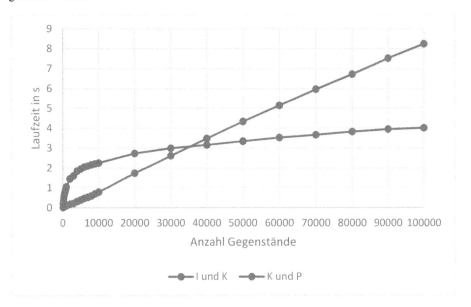

Abbildung 4: Vergleich Ibarra und Kim – Kellerer und Pferschy, Testresultate bei leicht korrelierendem Datensatz, Laufzeit in s, $\varepsilon = 0.01$, $v = 10.000$, $c = 10.000$, $r = 100$

In dieser Abbildung ist der Laufzeitvergleich $O(n \log n + \frac{1}{\varepsilon^2} n)$ im Falle von Ibarra und Kim mit der Laufzeit des Verfahrens von Kellerer und Pferschy mit $O(n \log n + \frac{1}{\varepsilon^2} \log(\frac{1}{\varepsilon}) \min\{n, \frac{1}{\varepsilon} \log(\frac{1}{\varepsilon})\})$ zu sehen. Hierbei ist klar zu sehen, dass durch das Entfernen von Gegenständen, ab einer bestimmten Anzahl ein Laufzeitgewinn stattfindet. Es sich bei $\frac{1}{\varepsilon^2} \log(\frac{1}{\varepsilon})$ mit $\varepsilon = 0.01$ aber bereits um eine hohe Konstante handelt.

5. Fazit

Die verschiedenen Approximationsverfahren unterscheiden sich vor allem je nach Kategorie des Verfahrens. Die klar zu erwartenden Unterschiede zwischen PTAS und FPTAS, aber auch zwischen den einfachen FPTAS und den komplexeren FPTAS wurden mit Resultaten und Experimenten belegt.

74

Die jetzige Implementierung des PTAS CKPP berechnet Probleminstanzen mit einem $\varepsilon > 0.2$ genauso wie Probleminstanzen mit einem $\varepsilon = 0.2$. Dieses Verfahren kann relativ leicht abgeändert werden so, dass für diese Fälle das andere PTAS durchgeführt wird. Damit ist dieses Verfahren ganz klar das beste PTAS. Allerdings ist es nur in Ausnahmefällen relevant, da es für das Rucksackproblem, wie gezeigt wurde, gute FPTAS gibt.

Die einfachen FPTAS sind dabei keine Konkurrenz für die zwei komplexeren FPTAS von Ibarra und Kim bzw. Kellerer und Pferschy. Der Ansatz von Kellerer und Pferschy ist dabei für größere n besser als der Ansatz von Ibarra und Kim. Beide Verfahren können allerdings noch verbessert werden.

6. Literaturverzeichnis

[BZ80]   Balas, E.; Zemel, E.: An Algorithm for Large Zero-One Knapsack Problems, in: Operations Research, 28-5 (1980), S. 1130-1154.

[CKP+00]   Caprara, A.; Kellerer, H.; Pferschy, U.; Pisinger, D.: Approximation algorithms for knapsack problems with cardinality constraints, in: European Journal of Operational Research, 123 (2000), S. 333-345.

[IK75]   Ibarra, O. H.; Kim, C. E.: Fast Approximation Algorithms for the Knapsack and Sum of Subset Problems, in: Journal of the ACM, 22 (1975), S. 463-468.

[KP99]   Kellerer, H.; Pferschy, U.: A New Fully Polynomial Time Approximation Scheme for the Knapsack Problem, in: Journal of Combinatorial Optimization, 3 (1999), S. 59-71.

[KP04]   Kellerer, H.; Pferschy, U.: Improved Dynamic Programming in Connection with an FPTAS for the Knapsack Problem, in: Journal of Combinatorial Optimization, 8-1 (2004), S. 5-11.

[KPP04]   Kellerer, H.; Pferschy, U.; Pisinger, D.: Knapsack Problems, Springer-Verlag Berlin Heidelberg, 2004.

[S75]   Sahni, S.: Approximate Algorithms for the 0/1 Knapsack Problem, in: Journal of the ACM, 22 (1975), S. 115-124.

[WS10]   Williamson, D. P.; Shmoys, D. B.: The Design of Approximation Algorithms, Cambridge University Press, 2010.

Facial nerve paresis: a real-time digital biofeedback mirror as therapeutic exercise tool using phase based video motion processing *

Fazialisparese: ein echtzeitfähiger digitaler Biofeedbackspiegel als therapeutisches Trainingsgerät unter Nutzung des phasenbasierten Bewegungsverstärkungsalgorithmus

Andy Kruder, Tobias Rempel, Nicolai Spicher, Markus Kukuk

Fachbereich Informatik
Fachhochschule Dortmund
Emil-Figge-Str. 42
44227 Dortmund
andy.kruder001@stud.fh-dortmund.de
tobias.rempel001@stud.fh-dortmund.de

Kurzfassung: Der 2013 vorgestellte phasenbasierte Bewegungs-versärkungsalgorithmus eröffnet eine Vielzahl an Anwendungsmöglichkeiten in unterschiedlichsten medizinischen Desziplinen. In dieser Arbeit wurde dessen Leistungsfähigkeit, speziell in Bezug auf Echtzeitfähigkeit, im Kontext eines digitalen Biofeedbackspiegels zur Unterstützung von Patienten mit einer erworbenen unilateralen Fazialisparese evaluiert. Es wurde eine optimierte Implementierung des Algorithmus zur Benutzung auf einem handelsüblichen Tablet-Computer entwickelt: Über die integrierte Webcam wird das Gesicht eines Patienten mit Fazialisparese gefilmt und die minimalen Bewegungen auf der gelähmten Gesichtshälfte verstärkt um die Motivation des Patienten für die Durchführung therapeutischer Übungen (z.B. Heben, Vorstrecken und Zusammenpressen der Lippen) zu erhöhen. Zusätzlich zu den Laufzeitverbesserungen wird eine schnelle Methode für die quantitative Messung der Bewegungsintensität vorgestellt, welche für die Verfolgung der Übungsfortschritte über einen Zeitraum genutzt werden kann. Die verstärkten Videos des optimierten Algorithmus wurden mit der Referenzimplementierung verglichen und die Laufzeit sowie der Speicherverbrauch anhand von drei unterschiedlichen Videosequenzen analysiert. Die Ergebnisse dieser Arbeit lassen auf eine technische Eignung des phasenbasierten Bewegungsverstärkungsalgorithmus für eine Bewegungsverstärkung in Echtzeit im Kontext einer Biofeedbackspiegel-Anwendung schließen. Erste Tests, inklusive einer klinischen Studie zur praktischen Eignung und Akzeptanz des entwickelten Biofeedbackspiegels, werden derzeit durchgeführt.

---

*This is a summary of a B.Sc. thesis conducted at the University of Applied Sciences and Arts Dortmund that was supervised by Prof. Dr. Markus Kukuk. A shortened version of this work was published in: *Proceedings of the Conference of the Swiss, Austrian and German Societies of Biomedical Engineering ("Dreiländertagung"), Basel, Swiss, 04.-06.10.2016*

Abstract: The recently proposed phase based motion processing algorithm can be potentially used in a variety of biomedical applications. In this work, we evaluated its performance, especially regarding real-time feasibility, in the context of a digital biofeedback mirror supporting patients with acquired unilateral facial nerve paresis. An optimized algorithm implementation was developed and executed on an off-the-shelf tablet computer which captured and displayed a patient's face with magnified motion on their paralysed side in order to increase the patient's motivation for performing therapeutic exercises, such as raising, protruding and compressing of the lips. Next to runtime improvements, a computationally inexpensive method for quantitative measurement of the motion magnitude is proposed which can be used for tracking of exercise progress over time. Magnified videos of the optimized algorithm were compared to the reference implementation and processing time, as well as memory consumption, were compared using different input sequences. The results of this work suggest the technical feasibility of the phase based motion processing algorithm for real-time motion magnification in the context of a biofeedback mirror application. Initial tests have started, including a clinical study to assess the practical feasibility and acceptability of the developed biofeedback mirror.

1 Introduction

Facial nerve paresis (FNP) is a disorder of the facial nerve which leads to paralysis of particular sectors of a patient's face [PPC15]. Common treatments are facial exercises including a mirror for feedback, rehabilitation therapy, and surgery. It has been shown that these treatments achieve similar results [ICPGLM+15] whereas facial exercises have the advantage that they can be conducted at home which reduces costs significantly. However, achieving positive results with mirror exercises requires a regular training over a long period of time and therefore it is mandatory for patients to stay motivated [Nov04].

In this work, we devise a new mirror exercise method to support treatment of patients suffering from FNP and encourage them to continue exercising. A digital biofeedback mirror (BFM) was developed that provides real-time visual feedback to patients. The set-up includes a tablet computer equipped with a digital camera showing a motion amplified mirror image to the patient during exercise. The exercise involves lowering the corner of the mouth to the rhythm prescribed by the sound of a digital metronome.

In this context, we consider the term biofeedback to be appropriate, since we amplify and visualize subtle changes of muscle activities of which patients otherwise are often times not aware. Furthermore, we propose a computationally inexpensive method to measure the motions occurring in the video to enable the assessment of a patient's condition and the tracking of their exercise progress over time.

For this application, a motion magnification algorithm is needed that (1) is real-time feasible, (2) produces visually realistic results, and (3) is robust to noise. Optical flow-based algorithms track feature points with constant intensity and varying positions over time [LTF+05] but come with high computational costs and tend to produce artefacts, especially on occlusion boundaries, making them difficult to use for real-time motion magnification on lower-end hardware. A less computationally expensive alternative is the Eulerian Video Magnification (EVM) algorithm [WRS+12]. Unlike the optical flow-based algorithms, it amplifies temporal variations over time in pixel intensities to magnify motion; however, it is sensitive to noise since magnifying variations in pixel intensities results in a linear amplification of noise as well. In contrast, the recently proposed phase-based video motion processing algorithm (PBA) amplifies phase variations instead of pixel intensity variations and therefore does not increase the magnitude of spatial noise and supports larger amplification factors [WRDF13]. However, the Matlab reference implementation provided by the authors is not real-time feasible.

In this work we describe a PBA implementation which we use as the core of our mobile BFM application by reducing the memory footprint and processing requirements so that it can be used on a tablet computer. Additionally, we propose a method for motion quantification that is used in the BFM application for estimating patient performance.

2 Method

While the PBA reference implementation [WRDF13] is implemented in MATLAB (MathWorks, Natick, MA, USA), our BFM application was implemented using C++11 as glue code, the OpenCV library (v3.0) for image processing, as well as the Qt software framework (v5.4.1) for displaying the graphical user interface and retrieving user input. Multithreading was realized using the C++11 std::thread implementation.

The runtime and memory consumption comparisons of both PBA implementations were performed on a desktop computer (Intel Core-i5 6600k CPU, 24GB RAM). Additionally, a tablet computer (Microsoft Surface Pro, Intel Core i5-3317U dual core CPU, 2GB memory) was used to evaluate the performance on a mobile device as well as user acceptance of the BFM application.

The motion magnification of both PBA implementations was compared using multiple video sequences as input and the output videos were compared by using the Structural Similarity Measurement (SSIM) [WBSS04]. It allows for an accurate comparison of two images x and y using parameters such as luminance $l(x, y)$, contrast $c(x, y)$, and structure $s(x, y)$. The mean pixel intensities μ_x and μ_y as well as the the standard deviation σ_x and σ_y of both images have to be calculated first. Additionally, constants C_1, C_2 and C_3 are introduced to avoid instability when the divisor of the respective fraction would otherwise be close to zero.

Subsequently, the luminance is estimated by

$$l(x, y) = \frac{2\mu_x\mu_y + C_1}{\mu_x^2 + \mu_y^2 + C_1},$$
(1)

the contrast is estimated by

$$c(x, y) = \frac{2\sigma_x\sigma_y + C_2}{\sigma_x^2 + \sigma_y^2 + C_2},$$
(2)

and the structure of both images is compared by

$$s(x, y) = \frac{\sigma_x y + C_3}{\sigma_x \sigma_y + C_3}. \tag{3}$$

The combination of the three comparison values results in the final SSIM value [WBSS04]:

$$SSIM(x, y) = [l(x, y)] \cdot [c(x, y)] \cdot [s(x, y)] \tag{4}$$

2.1 Fundamentals of PBA

The PBA is based on the assumption, that variations in the phase of an image can be used to detect and amplify motions [WRDF13]. It incorporates the following steps:

I Spatial decomposition of the input frames using a Complex Steerable Pyramid (CSP, [PS00]), exposing local phase information for multiple orientations. A CSP representation can be seen in Fig. 1.

II Temporal filtering of the phase variations to isolate motions of interest. The filtering isolates motions of a pre-defined frequency band $[l_r, l_h]$, e.g the human heart rate associated to a frequency between $l_r = 0.4$ Hz and $l_h = 2$ Hz.

III Optional phase denoising. The phase variations can be processed using an amplitude weighted spatial blur filter to increase the signal's signal-to-noise ratio.

IV Amplification of the isolated and filtered phase variations. They are multiplied with a preselected amplification factor α to increase the magnitude of the associated motions.

V Reconstruction of the magnified frames from the amplified and filtered CSP. The CSP containing the magnified phase information is collapsed to yield the magnified output frames.

2.2 Reduction of PBA memory footprint and processing time

Due to the over-completeness of the CSP, the PBA has a relatively high processing time compared to algorithms that use other pyramid representations, e.g. EVM [WRDF13]. Therefore, an optimized implementation of the algorithm was developed using different approaches to enable real-time feasibility, even on lower-end devices such as tablet computers:

1) To improve the general performance of the algorithm, a region of interest (ROI) was introduced that defines the region where the magnification takes place. The graphical user interface of the BFM allows for a manual adjustment of its position and size.

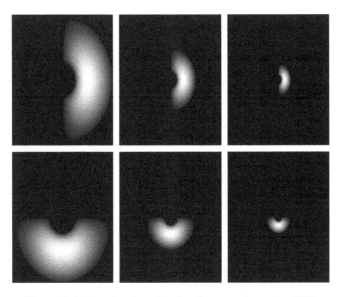

Figure 1: Filters for three levels of a two orientation CSP

2) The processing time of steps II, III and IV described in section 2.1 was reduced by separating the processing of individual pyramid bands and executing the corresponding threads in parallel.

3) The need for memory allocation and deallocation during the frame processing was eliminated by performing the respective steps during the application's start-up phase and by actively reusing existing data structures, improving the memory footprint of the algorithm during all of the five steps.

4) The run-time of the decomposition (step I) was improved by using an octave-bandwidth representation with two instead of eight orientations as in the reference implementation, limiting the over-completeness of the CSP.

5) Furthermore, the number of conversions between the polar and Cartesian representations of the pyramid's complex coefficients (step III) was reduced by performing the filtering on the real and imaginary parts of the Cartesian coefficients as opposed to filtering the magnitude of their polar representation.

6) The filter design was modified to be applied to spectra with non-centered zero frequencies to remove the necessity for quadrant shifting of the spectra, which resulted in a speed-up of frame reconstruction (step V).

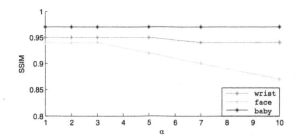

Figure 2: SSIM values and magnification factor for three video sequences

2.3 Motion Quantification

As described in [WRDF13], phase variations between frames in the coefficients of a CSP correspond to local motions. Therefore, an algorithm was devised that determines the total phase variation of all coefficients, i.e. the local motion. The advantage of this approach is that it has only a slight performance impact, since it makes use of the already existing phase information.

The total phase variation of all coefficients was calculated by summing the phase of all complex coefficients after applying the temporal bandpass but before magnification (between steps III and IV described in section 2.1) and represents the total magnitude of all motions within the selected temporal frequency band $[l_r, l_h]$.

Due to the characteristics of the filter applied in step II and the occurrence of low-frequency noise introduced by global motions and lighting changes, there were significant variations in the motion signal's baseline. In order to improve the method's robustness and reliability, the current motion magnitude was represented by the difference between the current data point and its preceding local minimum instead of the signal's magnitude. This approach removed the baseline drift and low frequency variations without significantly distorting the desired higher-frequency motion information.

3 Results

3.1 Video magnification comparison

For SSIM evaluations we used a configuration of $l_r = 0.4$ Hz, $l_h = 2$ Hz and $\alpha = 1/2/3/5/7/10$. The frequency cutoff values were chosen based on the reference implementation of the PBA and a coarse analysis of the source frequency of motions in the sequences. The amplification factors were chosen based on the assumption that lower factors are unsuitable for the desired outcome (factors lower than one attenuate motion) and higher factors lead to undesired artifacts in the resulting magnified sequence.

82

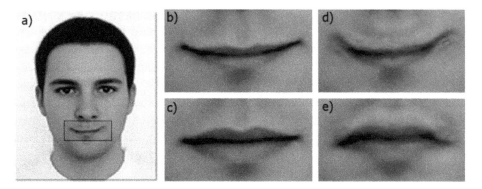

Figure 3: a) shows a frame of the synthetic video sequence of a periodically smiling person, b) and c) show zoomed in ROI from the raw video sequence during maximum and minimum motion, respectively. d) and e) show frames shown in b) and c) magnified by our PBA implementation.

Supplemental videos (`baby`, `face`, `wrist`) from [WRS$^+$12] were used as input for both implementations. As can be seen in Fig. 2, the computed video frames revealed a similarity of 87% to 97%, depending on the selected magnification factor α and the input video. Since all α values have a high similarity to the results of the original algorithm, the patient can choose between the amplification factors.

3.2 Performance evaluation

Additionally, the performance of both PBA implementations was evaluated: In order to enable comparability, both implementations were set to use a two-orientation octave-bandwidth CSP with a configuration of $l_r = 0.4$ Hz, $l_h = 2$ Hz and $\alpha = 4$. The processing duration and peak memory consumption was determined using default Windows 10 (Microsoft, Redmond, WA, USA) tools. An artificially generated sequence of a periodically smiling person generated from a still image [DG] with the help of an image deformation technique based on Delaunay triangulation and image interpolation was used as input video. Original and magnified motion of the sequence can be seen in Fig. 3. As can be seen, the intensity of the motion in the ROI is captured by the algorithm and by using PBA the smile becomes more pronounced.

This sequence was scaled to a resolution of 320x400, 768x960, and 1536x1920 pixels and used as input for both PBA implementations. As can be seen in Tbl. 1, our implementation was substantially faster for all resolutions, but the improvement was especially pronounced for higher resolutions, where it was 77% and 80% faster respectively. Additionally, the memory consumption was significantly lower. For the sequence with lowest resolution, the C++ implementation required 94% less memory. The medium-resolution and high-resolution sequence were processed using 97% less memory when compared to the reference implementation.

Table 1: Running times (in seconds) and memory consumption (in GB) of the MATLAB reference implementation and our C++ implementation performed on a desktop computer.

Resolution	PBA Reference implementation	PBA C++ implementation	Improvement
320x400x320	19s	14s	26%
	0.82GB	0.047GB	94%
768x960x320	128s	30s	77%
	5.53GB	0.188GB	97%
1536x1920x320	577s	117s	80%
	20.35GB	0.7GB	97%

3.3 Motion quantification evaluation

The motion quantification was evaluated using two video sequences with a software configuration of $l_r = 0.4$ Hz, $l_h = 2$ Hz and $\alpha = 4$. A synthetic sequence of a periodically smiling face was generated to evaluate the general functionality of the quantification algorithm whereas a sequence of a patient performing facial exercises was used to test the method under practical conditions (Fig. 4).

The quantification of the synthetic sequence produces peaks for high motion magnitudes and valleys for low motion magnitudes. The non-synthetic sequence results in slightly irregular peaks as well as small secondary peaks for sections with low motion magnitudes. This is assumed to be caused by motion of the subject's head and background noise in the source video.

Due to the filtering steps described in section 2.3, these irregularities do not seem to be significant enough to disturb the overall evaluation of a training session nor the real-time evaluation of the subject's current motion magnitude. This observation was consistent with the clinicians' and subject's feedback regarding the visual representation of the patient's motion magnitude during the test run.

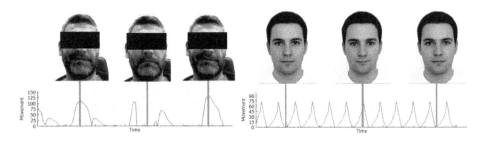

Figure 4: Motion quantification for a non-synthetic (left) and synthetic video sequence

3.4 Initial patient evaluation

An initial experimental set-up with a patient suffering from FNP is shown in Fig. 5. The BFM application provides basic control over the training session (start, stop, zoom, translation, ROI definition). Using the tablet computer, the BFM software was able to process a video with a resolution of 1280x720 pixels and a ROI measuring 300x200 pixels with a stable frame rate of 30 frames per second. During this experiment, we visually analyzed the quality of the magnified video and observed realistic magnification of the paralysed side of the face. Additionally, the results of the motion quantification algorithm exhibited a high correlation to the visually observable motion magnitude in the video sequences. We also observed a high degree of acceptance and motivation to continue exercising (as described in section 1), mostly due to the ambition to perform well in a competitive situation, often noted with people playing video games.

Limitations of the BFM application occurred during global motions (e.g. camera movement) and changes in lighting (e.g. sunlight), which introduced artefacts into the magnified video. Moreover, large amplification factors led to similar problems, due to the limited spatial support of the octave bandwidth CSP [WRDF13].

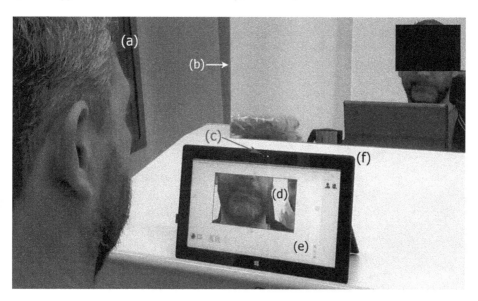

Figure 5: Patient with facial nerve paresis excercising with our digital biofeedback mirror: (a) Patient (b) Control mirror (c) Camera (d) Digital mirror image of patient (e) Curve showing the motion magnitude in the ROI (f) Tablet computer

4 Conclusion

Since our BFM application shows a consistently good performance on the tablet computer regarding memory usage and processing time, the C++ PBA implementation is an adequate choice for development of a digital BFM from a performance point of view. However, further evaluation of the limitations posed by the use of a two-orientation octave bandwidth CSP are necessary. Additionally, measures to reduce the impact of global motions introduced by moving the BFM device have to be developed (e.g. applying video stabilization using image registration techniques) in order to ensure more realistic magnification.

Currently, the performance of using a digital BFM as a tool for therapeutic exercise for patients suffering from FNP is beeing determined in a clinical context. This study involves a group of patients using the digital BFM and a control group using a conventional mirror as feedback method and is currently being conducted by the Ear-Nose and Throat clinic, University Hospital Essen.

Literatur

[DG]   M. Dr. Gruendl. Online Quelle. http://www.beautycheck.de/cmsms/index.php /durchschnittsgesichter. Abruf 23.11.2016.

[ICPGLM+15] P. Infante-Cossio, V. E. Prats-Golczer, R. Lopez-Martos, E. Montes-Latorre, J. A. Exposito-Tirado und E. Gonzalez-Cardero. Effectiveness of facial exercise therapy for facial nerve dysfunction after superficial parotidectomy: A randomized controlled trial. *Clinical rehabilitation*, 2015.

[LTF+05]   Ce Liu, Antonio Torralba, William T. Freeman, Frédo Durand und Edward H. Adelson. Motion magnification. *ACM Transactions on Graphics (TOG)*, 24(3):519–526, 2005.

[Nov04]   C. B. Novak. Rehabilitation Strategies for Facial Nerve Injuries. *Seminars in Plastic Surgery*, 18(1):47–52, 2004.

[PPC15]   J. Portelinha, M. P. Passarinho und J. M. Costa. Neuro-ophthalmological approach to facial nerve palsy. *Saudi journal of ophthalmology : official journal of the Saudi Ophthalmological Society*, 29(1):39–47, 2015.

[PS00]   Javier Portilla und Eero P. Simoncelli. A Parametric Texture Model Based on Joint Statistics of Complex Wavelet Coefficients. *Int. J. Comput. Vision*, 40(1):49–70, Oktober 2000.

[WBSS04]   Zhou Wang, Alan C Bovik, Hamid R Sheikh und Eero P Simoncelli. Image quality assessment: from error visibility to structural similarity. *IEEE transactions on image processing*, 13(4):600–612, 2004.

[WRDF13]   Neal Wadhwa, Michael Rubinstein, Frédo Durand und William T. Freeman. Phase-Based Video Motion Processing. *ACM Trans. Graph. (Proceedings SIGGRAPH 2013)*, 32(4), 2013.

[WRS+12]   Hao-Yu Wu, Michael Rubinstein, Eugene Shih, John Guttag, Frédo Durand und William T. Freeman. Eulerian Video Magnification for Revealing Subtle Changes in the World. *ACM Trans. Graph. (Proceedings SIGGRAPH 2012)*, 31(4), 2012.

Weboptimiertes IT-gestütztes Medikationsmanagement (IT-MM) als Teil einer einrichtungsübergreifenden elektronischen Patientenakte[*]

Modern IT based medication management as part of an Electronic Health Record System

Dieter Busch, Peter Haas, Jessica Swoboda

Medizinische Informatik, Fachhochschule Dortmund,
Emil Figge Straße 42, 44227 Dortmund
dieter.busch001@stud.fh-dortmund.de
haas@fh-dortmund.de
jessica.swoboda001@stud.fh-dortmund.de

Kurzfassung: Die Medikation ist bei vielen Erkrankungen wichtiger Bestandteil von medizinischen Behandlungen. Dabei ist es wichtig, dass der Patient nicht unnötig Schaden erleidet, z.B. durch Wechselwirkungen zwischen Medikamenten oder Kontraindikationen. Hier spricht man auch von "Arzneimitteltherapiesicherheit" (AMTS). Diese ist seit Jahren ein wichtiges gesundheitspolitisches Ziel und fand Niederschlag im seit 1. Januar 2016 gültigen eHealth-Gesetz durch das Recht jedes Patienten, der drei oder mehr Medikamente einnehmen muss, einen papiergebundenen bzw. elektronischen Medikationsplan zu erhalten, der Basis für entsprechende Prüfungen sein kann. Hierfür wurde der "bundeseinheitliche Medikationsplan" (BMP) spezifiziert. Im Rahmen des IT-MM-Projektes an der FH Dortmund wurde ein Medikationsmanagement-Modul auf Basis einer Vielzahl analysierter Apps, der Spezifikation des BMP und internationaler Standards erarbeitet und für das Patientenaktensystem ophEPA implementiert. Damit steht eine wichtige gesundheitstelematische Anwendung sowohl für die Lehre, die Forschung als auch für einschlägige Projekte zur Verfügung.

Abstract: For many diseases medication is an important component in nearly every medical treatment and it is important to avoid unnecessary harm to a patient, i.e. through drug interactions or side effects. This is also referred to as drug safety therapy. This has been an important health care policy goal for several years and was put into law with the German eHealth Act on 1st January 2016. The regulation gives every patient, who is prescribed three or more different drugs per day, the right to receive a drug prescription map either in paper or electronic format, which may be utilized for corresponding examinations. For this purpose a national prescription drug map (BMP) was implemented. Within the IT-MM Project at the University of Applied Science Dortmund a prescription drug management module was developed based on the analysis of various apps, the requirements of the BMP and international standards. The corresponding functionalities were implemented in form of the module for the electronic health record system ophEPA. This makes available an important telematics health application not only for Science and research and teaching but also for other relevant projects.

---

[*] Verkürzte Version zweier Bachelor-Projektarbeiten unter Betreuung von Prof. Dr. Haas

1. Einführung

Ab dem 1. Januar 2015 hat die elektronische Gesundheitskarte (im Folgenden eGK) die bis dahin genutzte Krankenversichertenkarte (im Folgenden KVK) zur Identifikation und Bestätigung der eigenen Versicherten-Mitgliedschaft abgelöst. Mit Einführung der eGK sind weitere Anwendungen, die über die Bestätigung der Mitgliedschaft bei einem Versicherungsträger hinausgehen, gemäß §291a SGB V geplant [Bun15-ol]. Diese werden von der national zuständigen Gesellschaft für Telematikanwendungen der Gesundheitskarte mbH (im Folgenden gematik) spezifiziert [gem08-ol]. So soll z.B. ab 2018 auf der eGK ein Notfalldatensatz mit den wichtigsten medizinischen Informationen eines Versicherten und ein patientenbezogener Medikationsplan gespeichert werden [Zim14-ol]. Damit sollen neue Möglichkeiten für interdisziplinäre Behandlung (chronisch) kranker Menschen geschaffen werden. Mit der Verabschiedung des E-Health-Gesetzes vom 4. Dezember 2015 wurden eine Reihe Neuerungen gesetzlich fixiert. Unter anderem schreibt das Gesetz laut § 31a Abs. 1 SGB V vor, dass Personen, die über eine eGK verfügen und denen mindestens drei Arzneimittel verordnet sind, ab dem 01. Oktober 2016 einen Anspruch auf einen bundeseinheitlichen patientenbezogenen Medikationsplan (im Folgenden BMP) in Papierformat haben [Fün15]. Dieser soll im Rahmen einer Spezifikation der gematik ab 2018 auch auf der eGK gespeichert werden und abrufbar sein [HL716-ol]. Das an der FH Dortmund entwickelte Aktensystem Ontologie- und phänomenbasierte Elektronische Patientenakte (im Folgenden ophEPA) verfügte zum Zeitpunkt der Verabschiedung des Gesetzes bereits über ein Medikationsmodul, das jedoch nicht zum spezifizierten BMP kompatibel war. Die Adaption an den BMP war der Anlass für das Projekt IT-MM.

1.1. Bedeutung der Arzneimitteltherapie

Arzneimittel gehören mit zu den wirksamsten Instrumenten ärztlicher Behandlung und haben zu den Erfolgen der modernen Medizin wesentlich beigetragen. Heute sind ca. 48.000 verschreibungspflichtige und 20.000 nicht verschreibungspflichtige Arzneimittel in Deutschland im Handel. 2015 wurden von Apotheken 1,391 Milliarden Arzneimittelpackungen ausgegeben, wovon 62,5 % durch Ärzte verordnet wurden. 2014 betrugen die Ausgaben der gesetzlichen Krankenversicherung (im Folgenden GKV) für Arzneimittel 35,4 Milliarden € wobei hierin die Kosten für Medikationen in Krankenhäusern nicht enthalten sind. Ärzte verordnen gesetzlich krankenversicherten Patienten also durchschnittlich 3,181 Arzneimittel [Bun13-ol]. Statistisch würde folglich jedem Patienten ein Medikationsplan zustehen, allerdings werden morbiden oder älteren Patienten tatsächlich mehr Medikamente verordnet als jungen bzw. gesunden Patienten.

„Ein systematischer Review schätzt, dass pro 100 ambulanten Patientinnen und Patienten mit Arzneimitteltherapie jedes Jahr sieben vermeidbare unerwünschte Nebenwirkungen auftreten" [TWS+07]. Eine im Rahmen des AMTS-Aktionsplanes durchgeführte Studie zeigte, dass 34% der untersuchten Patienten und Patientinnen bei der Krankenhausaufnahme Nebenwirkungen der AMT hatten, wobei 71% aller Nebenwirkungen durch Medikationsfehler verursacht wurden. Zum Großteil ist dafür die Intransparenz der Medikationssituation eines Patienten für den behandelnden Arzt verantwortlich [Bun13-ol].

1.2. Ausgangssituation

Im aktuellen nationalen Aktionsplan AMTS heißt es "Die vorhergehenden Aktionspläne AMTS (2008-2009 und 2010-2012) des BMG dokumentieren die bisherigen Anstrengungen zur Verbesserung der AMTS in Deutschland und den hohen politischen Stellenwert der AMTS im Bundesministerium für Gesundheit (BMG). Die Umsetzung dieser beiden Aktionspläne wurde wesentlich von der Ärzte- und Apothekerschaft, Vertretern der Pflegeberufe und Patientenverbänden sowie dem BMG getragen. Bekannt wurde das Thema AMTS einer breiteren Fachöffentlichkeit vor allem mit dem Bericht des US-amerikanischen Institute of Medicine (IOM) 'To Err is Human' aus dem Jahre 1999" [Bun13-ol]. Im Jahre 2014 erfolgte die Spezifikation des einheitlichen, strukturierten und patientenorientierten Medikationsplans als Konsequenz des Aktionsplans der AMTS [AHM14-ol]. Besondere Beachtung fanden die Aspekte der Patienteninformation über die persönliche aktuelle Medikation zur fehlerfreien Medikamenteneinnahme sowie der Informationsaustausch über alle Medikationen eines Patienten zwischen den Behandlungsteammitgliedern eines Patienten.

Der weitere nationale Projektverlauf sieht neben der Verfügbarkeit der Papierpläne ab 1. Oktober 2016 bei mindestens drei verordneten Arzneimitteln eine elektronische Speicherung in dem sogenannten FHIR-Ultrakurzformat und die Abrufbarkeit durch behandelnde Ärzte und Apotheker mittels ihrer institutionellen Informationssysteme auf Basis der eGK ab 2018 vor, wobei der Medikationsplan neben verordneten Medikamenten auch Angaben zur Eigenmedikation beinhalten soll [HL716-ol]. Auch sind einige Zusatzangaben zu den Medikationen und verschiedene wichtige allgemeine klinische Parameter wie z.B. der Kreatinin-Wert als Hinweis auf ggf. vorliegende eingeschränkte Nierenfunktion so verwaltbar. Daneben können auch Unverträglichkeiten und Allergien bezüglich Medikamenten enthalten sein. Damit kann auf Basis des BMP die Arzneimitteltherapiesicherheit erheblich verbessert werden, da jeder Arzt und Apotheker einen Überblick zur aktuellen Medikation des Patienten hat.

An der FH Dortmund in der Arbeitsgruppe von Prof. Haas wurde eine Medikations-App als auch eine rudimentäre Medikationsdokumentation in der Patientenakte ophEPA entwickelt. Eine Analyse zeigte, dass sowohl die App als auch das Medikationsmodul der ophEPA nicht den nun neuen Anforderungen resultierend aus dem BMP entsprachen, was Anstoß für das interne Projekt IT-MM gab.

2. Methoden und Werkzeuge

Die im Folgenden genannten Werkzeuge wurden eingesetzt, um bspw. Ajax Frameworks integriert in der Entwicklungsumgebung als Plug-In nutzen zu können. Dies ist eine Voraussetzung zur Weiterentwicklung der ophEPA.

UML-Klassendiagramm-Notation	XML- Persistenz Struktur
UML-Sequenzdiagramm-Notation	Beispielhafter Datenzugriff
Simple Database Notation	Implementiertes Tabellenmodell
Drahtmodelldiagramm	Mock-Up
GANTT-Diagramm	Projektplanung

Präsentationswerkzeuge

XML-Quelltextauszüge	Beschreibung der Datenhaltung
Tabellen	Beschreibung

Sprachen, Implementierungswerkzeuge, Web-Container, Datenbanken und Bibliotheken

MySQL	Datenbank
MySQL Workbench	Datenbank-Management
Java	Implementierungssprache
Netbeans IDE	Integrierte Entwicklungsumgebung
SoupUI	Webservice
Apache Tomcat	Webcontainer
ZKoss CE	Ajax Framework für Webanwendungen
Hibernate	ORM-Framework
Netbeans Web Service Visual Designer	Integriertes Webservice-Erstellungstool

Entwurfsmuster

MVC	Architektur-Prinzip

Statistische Analyse

Faustregel zur Klassenbildung	Einordnung von zu beurteilenden Apps in Klassen
Arithmetisches Mittel	Mittelwertbildung aus den Rängen der durchschnittlichen Bewertungsanzahl zur Bestimmung von zehn zu analysierenden Apps

3. Material

Das hier vorgestellte Material spiegelt den wesentlichen Datenumfang und eine Zielanforderung für das zu implementierende Medikationsmodul wieder. Ebenso wird ein kurzer Überblick über die ophEPA gegeben.

3.1. bundeseinheitlicher Medikationsplan

Der aktuell noch papiergebundene Medikationsplan stellt eine besondere Herausforderung für Software-Entwickler und Dokumentierende - wie Ärzte und Apotheker - dar. Nach Aly et. al. haben Softwarehersteller Aspekte bezüglich Praktikabilität, Aktualität und Integration in Primärsystemen wie Krankenhausinformationssystemen (im Folgenden KIS), Arztpraxisinformationssystemen (im Folgenden APIS) oder Apothekeninformationssystemen zu berücksichtigen [AHM14-ol]. Die Daten über den Patienten und seine gesamte Medikationsdokumentation müssen nicht nur in einer für den papiergebundenen und elektronischen Medikationsplan geeigneten strukturierteren und formalisierten Form im Primärsystem abgebildet werden, sondern auch im Primärsystem vom Arzt oder Apotheker entsprechend übersichtlich und ergonomisch angezeigt und dokumentiert werden sowie der aktuelle Plan ausgedruckt bzw. ab 2018 auch auf die eGK des Patienten geschrieben werden können [HL716-ol]. Darüber hinaus müssen diese Primärsysteme einen Medikationsplan via 2D-Barcode bzw. später von der eGK einlesen können, mit den lokal gespeicherten Medikationsdaten in Abgleich bringen und nach Veränderungen der Medikation auch wieder ausdrucken bzw. auf die eGK zurückspeichern können.

Medikationsplan
Seite 1 von 1

für: **Michaela Mustermann** geb. am: **13.12.1936**

ausgedruckt von:
Dr. Manfred Überall
Hauptstraße 55 , 01234 Am Ort
Tel: 04562-12345
m.ueberall@mein-netz.de

ausgedruckt am: 15.12.2014

Wirkstoff	Handelsname	Stärke	Form	morgens	mittags	abends	zur Nacht	Einheit	Hinweise	Grund
	4213891			1	0	0		St	während der Mahlzeiten	Bluthochdruck
Hydrochlorothiazid	HCT DURA 25MG TABLETTEN	25 mg	Tabl	1	0	0		St	während der Mahlzeiten	Bluthochdruck
Clopidogrel	PLAVIX	75 mg	Tabl	0	0	1		St	während der Mahlzeiten	art. Verschluss
Simvastatin	SIMVALIP 20MG	20 mg	Tabl	0	0	1		St	nach der Mahlzeit	erhöhle Blutfette
Anwendung unter die Haut										
Insulin-Isophan	PROTAPHANE PENFILL ZAM	300 I.E.	Amp	20	0	10		I.E.	sub cutan	Diabetes
Bedarfsmedikation										
Glyceroltrinitrat (Nitroglycerin)	NITRANGIN PUMPSPRAY	0,4 mg	Spray	max 3				Hub	akut	Herzschmerzen
Diphenhydramin	VIVINOX SLEEP SCHLAFTAB ST	50 mg	Tabl	0	0	0	1	St	bei Bedarf	Schlaflosigkeit

Bitte messen Sie Ihren Blutdruck täglich!

Abbildung 5: Beispielhafter papiergebundener Medikationsplan [HL716-ol]

Wie in der vorangehenden Abbildung eines beispielhaften papiergebundenen Medikationsplans eines Testsystems von HL7 zu sehen ist, enthält dieser eine ganze Reihe von Detailinformationen. Nach Heitmann sind dies in der Version 0.9 Basisinformationen wie das Erstellungsdatum des Planes, Kontaktdaten des Erstellers und Stammdaten des Patienten. Hinzu kommen die medikamentenbezogenen Angaben wie Arzneimittelinformationen aus Wirkstoff und einem Arzneimittelnamen sowie die Darreichungsform. Neben diesen Informationen findet der Patient auf seinem Medikationsplan auch Wirkstoff-relevante Informationen, wie etwa Hinweise zur Anwendung sowie Hinweise zur Einnahme und ggf. zur Lagerung. Darüber hinaus finden sich weitere für den Patienten verständliche Informationen zur Therapie bzw. den Behandlungsgrund, einen Therapiezeitraum, Kennzeichnungen einer Medikationsart und ein Dosierungsschema. Ergänzend dazu ist ein Parameterblock mit bis zu drei Textpassagen zu berücksichtigen, welche in Gesundheitsbelange, klinische Parameter, Allergien und Unverträglichkeiten gegliedert sind [Hei15-ol].

Für die Medikationsart bzw. „Zwischenüberschrift" werden bei Aly einheitliche Texte vorgeschlagen. Für die „elektronische Verarbeitbarkeit" [Sch16] dieser Einträge ist eine Codierung unabdingbar, sodass im Leitfaden von HL7 entsprechende Codierungen festgelegt werden [AHM14-ol]

Oben rechts im sogenannten Carrierbereich des papiergebundenen Medikationsplans ist ein 2D-Data-Matrix-Barcode integriert. Der Barcode ist abhängig vom Zeichensatz und liegt bei maximal 1.556 Bytes. Dies entspricht auf Basis des American Standard Code for Information Interchange (im Folgenden ASCII genannt) 2.335 alphanumerischen Zeichen. Innerhalb dieses Barcodes werden die Inhalte gemäß der Spezifikation von HL7 in einem standardisierten XML-Ultrakurzformat gespeichert, welches aus einzelnen indexierten Anteilen besteht, und vom einlesenden System interpretiert werden muss [HL716-ol]. Im Weiteren werden Auszüge dieses Ultrakurzformates beispielhaft vorgestellt.

```
<MP v="022" U="57D3213213213213213213" a="1" z="2" l="de-DE">
    <P g="Max" f="Mustermann" b="1990-01-01" />
    <A n="Dr. Musterarzt, Musterpraxis" s="Musterstr. 22" z="44227"
      c="Dortmund" e="dr.musterarzt(at)musterpraxis.de"
      t="2016-05-01" />
    <X t="tägliche Blutdruckmessung; " />
</MP>

<O w="89" c="1.3" p="1"/>
```

In diesem Beispiel steht ‚O' für Observation, ‚w' für weight, ‚c' für creatinine und ‚p' für pregnant.

Durch die Codierung konnte nach HL7 der Platzbedarf für 20 Medikationseinträge auf im Mittel 1179.0 Bytes gesenkt werden [HL716-ol].

CDA-Leitfaden zum BMP

Für die Speicherung eines Medikationsplanes auf der eGK wird ein vereinheitlichtes elektronisches Format notwendig. Hierzu wurde ein CDA-Leitfaden spezifiziert, in dem die Informationsstrukturen detailliert festgelegt werden [HGH+16-ol]. Zum Einsatz kommt das zuvor angesprochene Ultrakurzformat, welches gegenüber dem normalen CDA in XML statt ausführlichen Tags eindeutig festlegte Codes und Objektidentifier für Objekte wie Medikamente benutzt. Zur Überführung vom CDA in das FHIR-Ultrakurzformat und wieder zurück stehen Transformationsanwendungen allgemein zur Verfügung. Folgende Informationen sind im Leitfaden festgelegt:

- rudimentäre Stammdaten zum Patienten
- Angaben zum Medikationsplan selbst, wie Ersteller, Erstellungsdatum und Uhrzeit etc.

- Ausprägungen ausgewählter klinischer Parameter wie z.b. Kreatinin, Größe und Gewicht
- besondere Gesundheitsbelange des Patienten wie Schwangerschaft, Stillzeit etc.
- einzelne Medikationseinträge mit Detailangaben gemäß papiergebundener Medikationsplan

Ebenso ist im Leitfaden auch die Semantik – also die zu verwendenden Codierungen z. B. für Darreichungsform, Hilfsstoffe und Dosierungseinheiten – festgelegt. Zu jedem einzelnen Medikationseintrag können ein Dosierungsschema, eine Dosierungseinheit, Hinweise sowie ein Behandlungsgrund angegeben werden. Es finden sich aber auch Referenzen auf die eigentlichen Arzneimittel, deren Wirkstoffe und Referenzen zu Verordnungen und Abgaben von Medikamenten [Hei15-ol].

Damit Primärsysteme den Medikationsplan von der eGK auslesen, interpretieren und in geeigneter Form wieder im System speichern können, legt der Leitfaden auch die zwingend notwendigen Angaben fest, die nicht ,*Null*' sein können wie z.b. Angaben zum Patienten oder Angaben zum Ersteller des Medikationsplanes. Handelt es sich bei Einträgen um Arzneimittel- oder Wirkstoffeinträge, müssen Angaben zum Arzneimittel oder Wirkstoff enthalten sein [Hei15-ol]. Darüber hinaus gibt es erforderliche Angaben im Identifikationssegment wie z. B. die eindeutige Versicherungsnummer des Patienten oder das System, mittels dem der MP auf der eGK gespeichert wurde [Hei 15-ol].

3.2. ophEPA

ophEPA ist eine Ontologie- und phänomenbasierte elektronische Patientenakte, die an der FH Dortmund auf Basis des Frameworks ZKOSS und der Datenbank mySQL entwickelt wurde. Die Grundstruktur orientiert sich an internationalen Standards und bildet ein teilgenerisches Modell für die Verwaltung von klinischen Phänomenen zu einem Patienten bzw. zu seiner Behandlung ab. Damit werden neben der Verwaltung unstrukturierter Dokumente auch die dedizierte Dokumentation von Diagnosen, Symptomen, klinischen Maßnahmen, Vorfällen, Medikationen etc. möglich und Arzt oder Patienten können mittels verschiedener selektiver oder projektiver Sichten in der Akte browsen. Je nach Entscheidungssituation sind so alle für eine Entscheidung wichtigen Informationen schnell und effektiv im Zugriff. Das Aktensystem selbst verfügt auch über ein Interoperabilitätsmodul, damit Informationen aus vorgelagerten Systemen übernommen bzw. integriert werden können.

Nachfolgende Abbildung zeigt beispielhaft eine Diagnoseübersicht. Neben einer Gesamtübersicht zum klinischen Verlauf, in der alle Einträge enthalten sind, können – wie in der vorangehenden Abbildung deutlich wird – mittels Karteireiter auch schnell und effektiv die Informationen zu einzelnen Klassen von Phänomenen abgerufen werden.

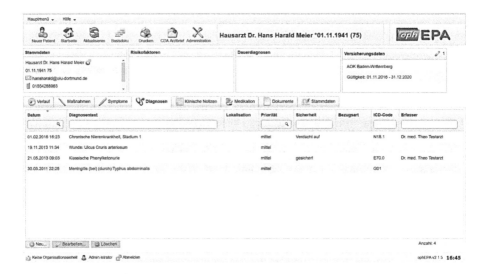

Abbildung 6: ophEPA-Aktenansicht, Diagnoseliste

In einer ersten Version wurde auch ein Medikationsmodul zur Verwaltung von Medikationen sowie der Dokumentation von Einnahmen realisiert, jedoch zu einer Zeit, zu der noch kein BMP existierte.

4. Durchführung

4.1. Analyse mobiler Medikationsanwendungen

Die wohl am häufigsten implementierten mobilen Anwendungen im Gesundheitswesen sind Apps für das persönliche Medikationsmanagement, wobei diese von sehr einfachen Implementierungen bis hin zu umfassenden, beispielsweise durch integrierte Kommunikationsunterstützung zur Übersendung von Rezepten an einzelne Apotheken, reichen. Vor diesem Hintergrund erscheint es interessant, sowohl Informationsinhalte als auch Funktionalitäten verschiedener Apps zu analysieren, um ein Bild zu erhalten, welche Aspekte auch für ein entsprechendes Aktenmodul relevant sein könnten. Es wurden aus der Vielzahl der Apps 22 der meistgenutzten vorgesichtet und davon 13 für die Detailanalyse ausgewählt. Kriterien für die Detailauswahl waren Breite der Informationsinhalte, Benutzer-Bewertungen und Anzahl von Installationen. Im Detail wurden sodann für diese 13 Apps Cross-Referenzen bezüglich Funktionalitäten und Informationsinhalten erstellt und statistisch analysiert, welche Funktionalitäten bzw. Informationsinhalte wie oft vorhanden sind.

Die folgende Tabelle zeigt beispielhaft im Ausschnitt, wie die Funktionalitäts-Crossreference aufgebaut ist. Dabei wurden die Funktionalitäten in persönliche Medikamentenliste, zusätzliche Medikamenten-Sortimente, Prüfung nach Wechselwirkungen, Anzeige der Präparat-Details, Manipulation der Medikamentendetails, Einnahmeerinnerung und sonstigen Einstellungen gegliedert.

App-Nr.	1	2	3	5	6	7	8	9	11	15	22	23	24
Funktionalitäten	Arznei aktuell	My Therapy Tabletten Erinnerung	Meine Pillbox	Medisafe Medication Erinnerung	medpex Apotheke	Apotheken und Medikamente	SafeDose	ordermed – Rezept & Medikament	Pillenanzeige	Apotheke vor Ort	Dosecast – Medication Reminder	DocMorris Apotheke (iOS)	Medikations-App (FH-Dortmund)
Pers. Medikamentenliste	✓	✓	✓	✓	✓	✓	✓	✓	✓	✓	✓	✓	✓
Hinzufügen durch													
• Freitext Suche	✓	✓	x	✓	✓	✓	✓	✓	✓	✓	✓	✓	✓
○ Medikamenten-Name	✓	✓	x	✓	✓	✓	x	x	✓	✓	✓	x
○ Wirkstoff	✓	x	x	✓	✓	x	x	x	x	x	x	x
○ Anbieter		x	x	x	x	✓	x	x	x	x	x	x

Abbildung 7: Funktionalitäten-Crossreference [Swo16], Auszug

Die Bedeutungen der einzelnen Status-Markierungen lassen sich der nachfolgenden Legende entnehmen.

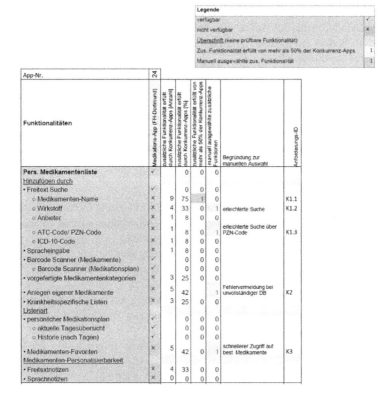

Abbildung 8: Häufigkeitsanalyse der Funktionalitäten [Swo16], Auszug

4.2. Funktionalitäten eines IT-MM

Auf Basis der Analyse des BMP, des HL7-Leitfadens sowie der Funktionalität verschiedener Apps wurden sodann die wesentlichen Funktionalitäten eines Medikationsmoduls abgeleitet, wobei Muss- und Soll-Funktionalitäten unterschieden werden können.

Muss-Funktionalitäten

- Die Verarbeitbarkeit bzgl. Erfassung, Bearbeitung und Löschung aller Angaben, welche nach dem BMP vorgesehen sind, muss gewährleistet sein (vgl. CDA-Leitfaden zum BMP).
- Semantik-Festlegungen, die im BMP vorgesehen sind, müssen zur Dokumentation zur Verfügung stehen und codiert gespeichert werden.
- Eine Version von Medikationsplänen, die neu erstellt oder beispielsweise über ein Interoperabilitätsmodul empfangen wurden, muss historisiert und eingesehen werden können.
- Eigene Medikationseinträge für Darreichungsformen, Dosierungsschemata, Therapiehinweise, Einnahmedauer, Dosierungseinheiten oder Medikamentenbezeichnungen müssen möglich sein.
- Freitext-Einträge statt Medikationseinträgen müssen möglich sein.
- Medikationsmodule sowie Anwendungen zur Selbstmedikation müssen einen § 31a SGB V konformen Medikationsplan inkl. 2D-Datamatrix-Barcode erstellen und verschicken können.
- Medikationsmodule sowie Anwendungen zur Selbstmedikation müssen einen § 31a SGB V konformen Medikationsplan mittels 2D-Datamatrix-Barcode importieren können.
- Erfolgt eine Medikamentenauswahl mittels Katalog bspw. über eine Pharmazentralnummer (im Folgenden PZN) muss der Medikamentenname, die Arzneimittelnummer, die Darreichungsform und die Dosierungseinheit archiviert werden.

Soll-Funktionalitäten

- Das Medikationsmodul einer Patientenakte sollte eine Interoperabilitätsschnittstelle zu anderen Anwendungen, wie z. B. Medikations-Apps vorsehen, um Daten zur adäquaten Nutzung zur Verfügung zu stellen.
- Innerhalb der Versionshistorie aller Medikationspläne eines Patienten sollte nur der aktuelle Medikationsplan über das Interoperabilitätsmodul verschickt werden können.
- Für Endanwender-Anwendungen sollte es möglich sein, Medikamente über einen Wirkstoff und/oder einer PZN zu suchen und zu einer persönlichen Medikamentenliste hinzuzufügen.
- Für Anwendungen zur Selbstmedikation sollte es möglich sein, Medikamente zu favorisieren.
- Für Endanwender-Anwendungen und/oder Verarbeitung innerhalb eines Medikationsmoduls auserwählter Medikamente sollten auf Wechselwirkungen, Unverträglichkeiten und Allergien geprüft werden.

- Eine Einsicht aller relevanten Details der Präparate wie bspw. Produktfoto, Name, Hauptwirkstoff, Standard-Dosierung, Standard-Darreichungsform, Standard-Einnahmezyklus, Standard-Ernährungsanweisungen, Verwahrungsart und PZN sollte zur Verfügung stehen.
- Für Endanwender-Anwendungen sollte eine Erinnerungsfunktion inkl. Schlummerfunktion für eine Einnahme zur Verfügung stehen.
- Für Anwendungen zur Selbstmedikation sollte das Benutzerkonto verwaltet werden können.
- Für Endanwender-Anwendungen sollten die Anwendungshinweise Anwendungszeiten, Dosierung, Art und Weise der Anwendung, Anwendungsgrund, besondere Hinweise, wie bspw. Einnahme im Kontext mit Mahlzeiten, anzeigen. Ggf. sind notwendige Erläuterungen wie Handhabung von Applikationsgeräten, Zubereitung und Lagerung zu berücksichtigen.
- Bei einer textuellen Manipulation codierter Medikamenteneinträge mit Standardsemantiken sollten Warnhinweise erfolgen und die Codierung gelöscht werden.

4.3. Implementierung

Auf Basis der Analyseergebnisse und der Spezifikation der notwendigen Funktionalitäten wurde sodann das vorhandene ophEPA-Modul vollständig überarbeitet und implementiert.

4.3.1. Persistenzmodell

Für die Implementierung stand die Aufgabe an, die gegebenen Informationsstrukturen aus dem BMP in der teilgenerischen Datenbankstruktur des Aktensystems ophEPA zu implementieren. Für ein erstes Verständnis wurde aus der CDA-Spezifikation ein erstes Informationsmodell, weitestgehend 1:1 erstellt.

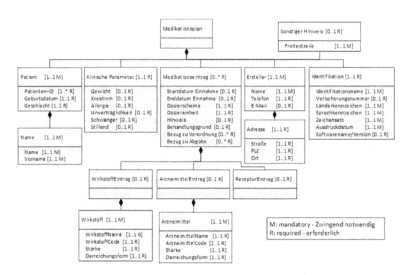

Abbildung 9: Übersicht zur funktionalen Beschreibung des Patientenbezogenen Medikationsplan
In Anlehnung: [Hei15-ol]

Dabei ist zu beachten, dass ein Patient zwar zu einem Zeitpunkt nur einen gültigen Plan haben kann, aber die Pläne selbst, aus juristischen Gründen, auch historisiert werden sollen. Insofern sollten die Patientendaten bzw. die Klasse Patient nicht als Teil des Planes modelliert werden, sondern als Entität der ein bis mehrere Pläne zugeordnet sein können. Ergänzend stellt sich die Frage, warum bei Teilen die nur einmal vorkommen eigene Klassen angelegt werden sollten, denn es handelt sich ja um zusätzliche Angaben zum Plan und diese können auch als charakterisierende Attribute des Planes selbst angesehen werden. Prinzipiell könnten auch die klinischen Parameter generisch modelliert und direkt mit dem Patienten assoziiert werden. Da es sich aber um die Parameterausprägungen genau zum Zeitpunkt der Erstellung des Planes handelt, wurden diese wie im Leitfaden vorgegeben modelliert belassen. Mit Blick auf diese Aspekte ergibt sich das nachfolgende Modell.

98

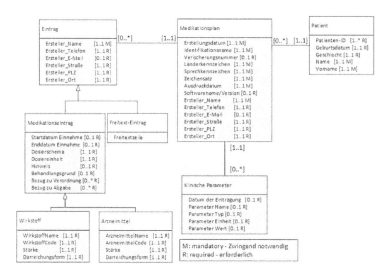

Abbildung 10: Übersicht zur funktionalen Klassen-Beschreibung

Sodann bestand die Aufgabe, dieses Modell auf die teilgenerische Struktur des ophEPA-Systems abzubilden, damit Medikationen entsprechend auch als klinische Phänomene im Aktensystem behandelt und auch integriert im Behandlungsverlauf angezeigt werden können, aber alle Angaben aus dem BMP entsprechend dem HL7-Leitfaden enthalten sind.

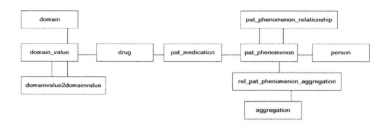

Abbildung 11: Physikalisches Modell der ophEPA-Medikation

Da das Aktensystem eine generische Verwaltung von Werte-Domänen enthält, wird diese auch für die Verwaltung der Codes des Medikationsplanes genutzt. Jede Medikation ist ein granulares Behandlungsphänomen und der Plan ist dann eine Aggregation von Medikationen. Für die ophEPA ergab sich somit das zuvor gezeigte Grobmodell.

99

4.3.2. Medikationsmanagement-Modul

Die Medikationsfunktionalität wurde auf einem weiteren Karteireiter des Aktensystems untergebracht und steht damit logisch auf gleicher Ebene wie andere Phänomendokumentationen, wie z. B. die Diagnose- oder Symptomdokumentation.

Das Medikationsmodul ist so aufgebaut, dass klinische Parameter, Gesundheitsbelange, Allergien und Unverträglichkeiten sortiert über der Medikationsliste in einem Bereich als Übersicht zur Verfügung stehen und dort auch bearbeitet werden können. Mit dieser Entwurfsentscheidung hat der ophEPA-Nutzende direkten Einblick auf alle relevanten Informationen, welche bei der Medikamentenwahl unterstützen könnten. Zusätzlich unterstützen die bereits existierenden Risikofaktoren und Dauerdiagnosen im oberen Headerbereich der ophEPA. Im mittleren Segment befinden sich die Medikationsliste und schließlich der Interaktionsbereich im unteren Bereich der Benutzeroberfläche.

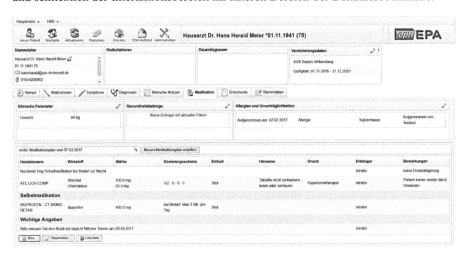

Abbildung 12: ophEPA-Aktenansicht, Medikationsmodul

Möchte man einen neuen Eintrag in der Medikationsliste hinzufügen oder einen Eintrag bearbeiten, öffnet sich ein neues Fenster, in dem sowohl Medikamente aus einer Medikamentenliste wählbar sind, oder diese freitextlich angeben werden können. Therapiehinweise können ebenso freitextlich angeben werden oder aus einer Liste gewählt werden. Der Behandlungsgrund kann freitextlich angegeben werden. Das Dosierungsschema kann aus einer Auswahl von Dropdown-Einträgen gewählt oder auch freitextlich angegeben werden. Ähnliches gilt für die Dosierungseinheit. Zusätzliche Bemerkungen für Dokumentierende können hinterlegt werden.

Abbildung 13: ophEPA- Medikationsmodul, neue Medikation und Zwischenüberschriften

Zwischenüberschriften können aus einer Dropdownliste gewählt werden und ordnen sich in der Medikationsliste automatisch der jeweiligen Zwischenüberschrift hinzu oder werden neu eingeblendet. Insgesamt können somit alle Daten des BMP kompatibel verwaltet werden, auch die Semantik entspricht der Spezifikation. Daneben ist es von Bedeutung, dass mobile Geräte mit dem Medikationsmanagement-Modul interoperieren können. Hierzu wurden entsprechende Webservices implementiert. Ein mobiles Gerät beispielsweise mit der Medikations-App kann auf einem Tablet auch über das Internet den Webservice der ophEPA nutzen, um den eigenen Medikationsplan zu aktualisieren oder die gesamte Medikationsdokumentation inkl. aller klinischer Parameter zu synchronisieren.

Der Remote Procedure Call erwartet zwingend eine *externalId* als Zeichenkette und wahlweise eine *lastSyncDate* im Date-Format. Der Webservice-Nutzende hat nun zwei Möglichkeiten seine Medikationsdaten anzufragen. So kann der Nutzer *lastSyncDate* als leere Menge übergeben, hierdurch erhält er den gesamten aktiven Medikationsplan inkl. aller klinischen Parameter. Oder er gibt ein Datum an und bekommt alle Aktualisierungen, die seit dem Datum der letzten Übertragung hinzugefügt wurden.
Sind passende Einträge mit Mediationsplänen und klinischen Parametern vorhanden, bekommt der Webservice-Nutzende das Objekt *MedicationResponseType*, welches alle zur mobilen Nutzung relevanten Daten beinhaltet.

5. Fazit und Ausblick

Aktuell steht das Medikationsmanagement für diverse Folgeprojekten und Abschlussarbeiten in der ophEPA zur Verfügung und kann alle zur Medikation benötigten Daten verarbeiten.

Wie bereits erwähnt, beschreibt der Implementierungsleitfaden die Implementierung eines CDA-Dokumentes. Können alle erforderlichen Daten für das CDA-Dokument erfolgreich gelesen werden, gibt es sogenannte „allgemein verfügbare Tools" [HL716-ol], welche das CDA-Dokument in das FHIR-Ultrakurzformat konvertieren können. Damit ist es nicht nur möglich CDA-Dokumente mit Medikationsinformationen zu verschicken, sondern auch einen Ausdruck aus einer 2D-Data-Matrix für den papiergebundenen Medikationsplan zu erstellen. Darüber hinaus soll das Ultrakurzformat auf die eGK gespeichert werden und für mobile Anwendungen als XML-Übertragungsstandard zur Verfügung stehen [HL716-ol]. Dieser könnte in Folgeprojekten und Abschlussarbeiten nutzbar gemacht werden.

6. Literaturverzeichnis

[AHM14-ol] Aly, F.; Hellmann, G.; Möller, H.: Spezifikation für einen patientenbezogenen Medikationsplan. Koordinierungsgruppe zur Umsetzung und Fortschreibung des Aktionsplanes zur Verbesserung der Arzneimitteltherapiesicherheit in Deutschland Version 2.0 mit Korrekturen vom 16.12.2014.

[Bun13-ol] Bundesministerium für Gesundheit (BMG): Aktionsplan 2013 bis 2015 des Bundesministeriums für Gesundheit. zur Verbesserung der Arzneimitteltherapiesicherheit in Deutschland: Aktionsplan AMTS 2013 - 2015. http://www.akdae.de/AMTS/Aktionsplan/Aktionsplan-2013-2015/Aktionsplan-AMTS-2013-2015.pdf, 01.12.2016.

[Bun15-ol] Bundesgesetzblatt: Gesetz für sichere digitale Kommunikation und Anwendungen im Gesundheitswesen sowie zur Änderung weiterer Gesetze. Vom 21. Dezember 2015.https://www.bgbl.de/xaver/bgbl/start.xav#__bgbl__%2F%2F*%5B%40attr_id%3D%27bgbl115s2408.pdf%27%5D__1482151885763, 19.12.2016.

[Fün15]: Fünftes Buch Sozialgesetzbuch, Gesetzliche Krankenversicherung. SGB V, 2015.

[gem08-ol] gematik: Spezifikation der elektronischen Gesundheitskarte. Teil 1: Spezifikation der elektrischen Schnittstelle. https://www.gematik.de/cms/media/dokumente/release_2_3_4/release_2_3_4_egk/gematik_eGK_Spezifikation_Teil1_V2_2_2.pdf, 19.12.2016.

[HGH+16-ol] Heitmann, K.; Gerrit, B.; Henket, A.; de Graauw, M.; Ligtvoet, M.; Oemig, F.: ART Template Viewer. Table view of template design. http://art-de-

cor.org/mediawiki/index.php/ART_Template_Viewer#Card_.2F_Conf_.2
83.29, 15.06.2016.

[Hei15-ol]   Heitmann, K.: Implementierungsleitfaden Patientenbezogener Medikati-
              onsplan.
              http://wiki.hl7.de/index.php?title=IG:Patientenbezogener_Medikationspla
              n&oldid=23424.

[HL716-ol]   HL7 Deutschland e. V.: Implementierungsleitfaden Ultrakurzformat Pati-
              entenbezogener Medikationsplan.
              http://wiki.hl7.de/index.php?title=IG:Ultrakurzformat_Patientenbezogener
              _Medikationsplan&oldid=29002, 15.06.2016.

[Sch16]   Schwenzer, S.: Der bundeseinheitliche Medikationsplan nach § 31a SGB
              V. Internationale Fachzeitschrift für e-Health-Anwendungen, Kranken-
              hauskommunikation, Telemedizin und Medizin-IT. In Das e-Health-
              Journal, 2016, 2016; S. 16–18.

[Swo16]   Swoboda, J.: Spezifikation einer Medikationsapp unter Berücksichtigung
              des neunen nationalen Standards für den Patientenmedikationsplan. Ba-
              chelor-Projektarbeit an der Fachhochschule Dortmund im Fachbereich In-
              formatik Studiengang Medizinische Informatik. Bachelor-Projektarbeit,
              Dortmund, 2016.

[TWS+ 07]   Thomsen, L. A. et al.: Systematic review of the incidence and characteris-
              tics of preventable adverse drug events in ambulatory care. In The Annals
              of pharmacotherapy, 2007, 41; S. 1411–1426.

[Zim14-ol]   Zimmer, L.: Notfalldaten-Management mit der elektronischen Gesund-
              heitskarte. Schutz medizinischer Versichertendaten auf der eGK.
              https://www.gematik.de/cms/media/infomaterialpresse/DuD_06_2014_zi
              mmer.pdf, 19.12.2016.

Personalisierte leitlinienbasierte Behandlungsvorschläge[*]

Personalized Guideline-based Treatment Recommendations

M. Becker, B. Böckmann

Medizinische Informatik
Fachhochschule Dortmund
Emil-Figge-Straße 42
44227 Dortmund
Matthias.Becker@FH-Dortmund.de
Britta.Boeckmann@FH-Dortmund.de

Kurzfassung: Evidenzbasierte Leitlinien und klinische Pfade beeinflussen nachweislich positiv die Behandlungsqualität, jedoch ist die Nutzung am Point-of-Care aufgrund ihrer Form als unstrukturierter Text und der mangelnden Zuordnung zum konkreten Patientenkontext gering, obwohl heute in nahezu allen Gesundheitsversorgungseinrichtungen Medizinische Informationssysteme zum Einsatz kommen. Dies führt dazu, dass das Wissen aus den klinischen Leitlinien zwar zur Verfügung steht, jedoch ist es nicht möglich die Position des Patienten auf diesem Pfad der Leitlinie zu visualisieren. SNOMED CT bietet sich für diesen semantischen Link an, um die generischen Leitlinieninformationen mit den patientenspezifischen Informationen zu kombinieren. Dabei ist *Guide2Treat* ein modellbasierter Ansatz zur Ableitung und Visualisierung von personenbezogenen Behandlungsvorschlägen durch Verknüpfung von SNOMED CT annotierten, formalisierten Leitlinien und semantisch analysierten, ebenfalls SNOMED CT versehenen Patienteninformationen.

Abstract: Clinical guidelines and clinical pathways are accepted and proven instruments for quality assurance and process optimization. Today electronic clinical guideline systems exist, but they are not well integrated with the patient-specific information. This leads to the consequence that the generic knowledge of the clinical guidelines is accessible but it is not possible to visualize the position of the patient on the clinical pathway. SNOMED CT provides the common reference terminology and the semantic link for combining the pathways and the patient-specific information. *Guide2Treat* proposes a model-based approach to support the development of guideline-compliant pathways combined with patient-specific structured and unstructured information using SNOMED CT. To identify SNOMED CT concepts a software was developed to extract the codes out of German structured and unstructured data to map these with SNOMED CT annotated clinical pathways.

---

[*] Beschreibung einer sich in der Entstehung befindenden Dissertation unter Betreuung von Prof. Dr. Britta Böckmann

1. Einleitung und Fragestellung

In nahezu allen Gesundheitsversorgungseinrichtungen kommen heute Medizinische Informationssysteme zum Einsatz, die mehr und mehr in der medizinischen Dokumentation das Papier ablösen. So werden strukturiert Diagnosen, Symptome, Ergebnisse zu medizinischen Maßnahmen und viele weitere Behandlungsdaten elektronisch erfasst und verwaltet. Eine Vielzahl klinischer Daten liegt jedoch unstrukturiert in unterschiedlichen Formaten und unterschiedlicher Qualität vor. Nur durch die Entwicklung neuartiger Instrumente zur intelligenten, IT-gestützten Analyse und Vorverarbeitung dieser Informationen wird es möglich sein, die enorme und ständig wachsende Datenmenge für die weitere Forschung und die wirksame leitlinienbasierte Behandlung von Patienten zugänglich zu machen. Eine Voraussetzung für die Weiterverwendung von unstrukturierten Daten und die Ableitung von Behandlungsvorschlägen besteht darin, die Fülle der über Krankheitsursachen und Krankheitsverläufe einzelner Patientinnen und Patienten sowie Patientengruppen vorhandenen und in Zukunft anfallenden Daten zu strukturieren, zusammenzufassen und behandlungsrelevant auf Basis von Leitlinien aufzubereiten.

Evidenzbasierte Leitlinien haben eine positive Auswirkung auf die Qualität der medizinischen Versorgung [GTM+04]. Dennoch ist ihr Einfluss auf die Patientenversorgung in Deutschland noch sehr gering [Ober05]. Dafür lassen sich verschiedene Gründe identifizieren: Die Leitlinien werden von den Fachgesellschaften frei zugänglich in Leitliniendatenbanken oder Zeitschriften publiziert. Diese passive Verbreitung ist aber nachweislich kein Kriterium für die tatsächliche Anwendung in der Praxis [Olle06]. Interessierte Ärzte müssen die Quellen aktiv durchsuchen und die Leitlinieninhalte studieren. Danach steht das Wissen auch nur diesen Ärzten zur Verfügung. Maßgeblich für den Erfolg und den Einfluss von medizinischen Leitlinien ist aber die schnelle und übersichtliche Bereitstellung des Wissens am Point-of-Care (d.h. zum Zeitpunkt der Interaktion zwischen Patient und Arzt) für alle behandelnden Ärzte [LK04]. Des Weiteren fehlt eine formalisierte Beschreibung des jeweiligen Patientenkontextes basierend auf seiner elektronischen Patientenakte, um dann passende Abschnitte einer ebenfalls formalisierten Leitlinie auf Basis einer gemeinsamen Terminologie zuordnen und anzeigen zu können. Es muss eine Strategie entworfen werden, wie die patientenbezogenen Inhalte medizinischer Leitlinien in die operative Praxis integriert und den Ärzten am Point-of-Care zur Verfügung gestellt werden können.

2. Methoden

Im folgenden Kapitel werden die in der Forschungsarbeit verwendeten Materialien und Methoden erläutert. Zum einen werden die verwendeten internationalen Standards beschrieben, welche bei der semantische Analyse und der Annotation der Leitlinien verwendet werden, als auch das von Frau Dr. Katja Heiden erstellte Metamodell welches für die Formalisierung der Leitlinien herangezogen wurde [HB13].

2.1. Verwendete Standards

2.1.1. UMLS

Zur Vereinheitlichung von Kommunikation und Modellierung von Wissen werden Terminologien und Ontologien eingesetzt. In der Medizin hat sich das Unified Medical Language System (UMLS) durchgesetzt. Das UMLS ist ein seit 15 Jahren entwickeltes Verzeichnis biomedizinscher Begriffe welches von der National Library of Medicine (NLM) entwickelt wurde. Das Ziel vom UMLS ist die Schaffung eines einheitlichen Vokabulars, um die Menge an Begriffen zu verringern, die für ein Konzept existieren und um ein einheitliches Datenformat zu definieren [GGJ+10]. Über die Zeit haben sich in der Medizin zahlreiche Begriffssammlungen entwickelt, die sich über verschiedene Sprachen und medizinische Teilgebiete erstrecken. Zwangsläufig ergeben sich dabei auch redundante Bereiche mit teils unterschiedlichen Begrifflichkeiten. Diese werden im UMLS zu einem gemeinsamen Konzept kombiniert. UMLS kombiniert diese Überschneidungen unter einem generalisierten Konzept, welches zurzeit mehr als 100 biomedizinische Quellen mit mehr als 10 Millionen Begriffen für knapp 2,5 Millionen Konzepte umfasst [MPC07]. Darunter findet sich auch eine mehrsprachige Fassung des Medical Subject Headings (MeSH) und beispielsweise Terminologien zur Anatomie, klinischen Terminologie, Medikationen und zur Onkologie. Die medizinischen Konzepte und Terme mit ihren Synonymen und Übersetzungen werden in dem UMLS über ein semantisches Netz relational verknüpft.

2.1.2. SNOMED CT

Die klinische Praxis als auch die Forschung und Qualitätssicherung profitieren von eindeutigen klinischen Informationen aus der Nutzung einer gemeinsamen Terminologie wie der *Systematized Nomenclature of Medicine - Clinical Terms (SNOMED CT)*. Im Gegensatz zu Klassifikationen wie z.B. ICD und OPS, in denen Begriffe aufgrund ihrer klassenbildenden Eigenschaften geordnet werden, stellen Nomenklaturen systematische Zusammenstellungen von Sach- oder Fachbezeichnungen eines Wissensgebietes dar [Bens12]. Dabei soll die Erfassung möglichst vollständig sein. Die Systematik einer solchen Nomenklatur gründet auf einer Begriffsordnung, der zufolge die Bezeichnungen nach ihren Sinnzusammenhängen geordnet werden. SNOMED CT enthält in 18 Achsen etwa 800.000 Begriffe (Terms), die ca. 300.000 Konzepte beschreiben (mehrere Terms pro Konzept). Außerdem enthält SNOMED CT etwa 1 Millionen Beziehungen zwischen den Konzepten.

SNOMED CT steht im UMLS nicht in deutscher Sprache zur Verfügung und muss daher über andere deutschsprachige Terminologien abgeleitet werden. Die unstrukturierten Daten werden dabei durch semantische Analysemethoden in die systematisierte Nomenklatur überführt, indem diese vorher mit deutschsprachigen Terminologien aus dem UMLS annotiert werden.

2.2. Metamodell PathGuide

Behandlungspfade werden in der Regel in einem moderierten Prozess erstellt und anschließend formalisiert im KIS abgebildet. Ob der Pfad dann leitlinienkonform ist oder nicht, lässt sich kaum noch auswerten. Ursächlich für die aufgezeigte Problematik ist, dass Leitlinien unstrukturiert vorliegen und zum Teil einen anderen Fokus haben als Behandlungspfade. So enthält letzterer beispielsweise Rollen, Verantwortlichkeiten und einen Zeitstrahl, um die Patientenbehandlung konkret zu steuern. Um nun den Inhalt der Leitlinien für eine Pfadentwicklung nutzbar zu machen, wurde durch Frau Dr. Katja Heiden [HB13] ein Metamodell entwickelt, mit dessen Hilfe sich die Inhalte der Leitlinien klassifizieren, anreichern und anschließend in Behandlungspfade überführen lassen. Auf Basis dieser Informationen, wurde ein Metamodell als Zwischenschritt entwickelt, welches in der Lage ist, sowohl die Pfadelemente als auch die Bestandteile einer Leitlinie abzubilden (PathGuide). Als Repräsentationsform wurde Health Level 7 in der Version 3 gewählt - ein international anerkannter Standard, der insbesondere im Bereich der Diagnostik und Therapie bereits zahlreiche hier benötigte Elemente mitbringt [Heid12].

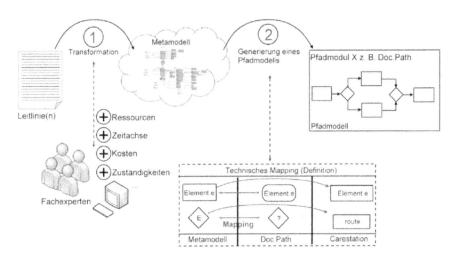

Abbildung 1: Modell-basierter Workflow durch PathGuide [HB13]

Abbildung 1 zeigt den Prozess der Pfadentwicklung aus einer Leitlinie heraus. Das Modell übernimmt dabei zwei Funktionen: es definiert die erlaubten Strukturen, in die eine Leitlinie zu überführen ist und stellt eine herstellerunabhängige Repräsentation von 1-n Pfaden dar, die anschließend in unterschiedliche Zielsysteme verschiedener Anbieter portiert werden können. Um personalisierte Behandlungsvorschläge abzuleiten, wurden das Metamodell und dadurch die einzelnen Pfadelemente mit der systematisierten Nomenklatur SNOMED CT annotiert, um als semantischer Link zwischen dem klinischen Behandlungspfad und den patientenspezifischen Informationen zu dienen.

2.3.　Semantische Analysemethoden

Die technischen Gegebenheiten und die Weiterentwicklung von semantischen Analyse-verfahren wie z.B. Textmining oder Datamining sind die Grundlage für eine strukturierte Datenextraktion für die Ableitung von patientenbezogenen Behandlungsvorschlägen. Bei der Extraktion fallrelevanter Passagen werden maschinelle Lernmethoden aus dem Text Mining und Natural Language Processing (NLP) so adaptiert, dass sie personalisierte Ergebnisse liefern können [HQW12]. Um aus diesen Daten strukturierte Informationen zu generieren, werden Methoden der Informationsextraktion bzw. des Text Mining ein-gesetzt [FNR03]. Hierbei können auch Synonyme auf einen einheitlichen Bezeichner zusammengeführt werden. Schwierigkeiten bestehen hierbei darin, dass nur Terme ge-funden werden können, die bereits in der Terminologie vorhanden sind. Um diese Prob-lematik zu umgehen, werden maschinelle Lernverfahren bzw. hybride Verfahren aus verschiedenen Varianten eingesetzt, die auch neue Terme oder Schreibfehler erkennen können. Unterstützt wird dies mit Methoden des NLP, die beispielsweise den Kontext eines Wortes im Satz bestimmen können (Part-of-Speech - POS), was für die Bestim-mung von Bedeutungen entscheidend sein kann. Mit diesen computerlinguistischen Methoden ist es auch möglich, Verneinungen oder Rückbezüge in längeren Texten (Anaphora) aufzulösen, so dass auch komplexere Strukturen in Texten analysiert werden können. Beispiele dafür sind u.a. Begründungen für die Notwendigkeit bestimmter The-rapien oder Analysen von Zusammenhägen in medizinischen Workflows.

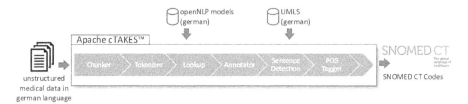

Abbildung 2: NLP-Pipeline

Abbildung 2 zeigt den schematischen Aufbau der NLP-Pipeline. Die semantische Analy-se der unstrukturierten Daten wurde durch eine auf die deutsche Sprache angepasste Textanalysesoftware Apache cTAKES, durchgeführt [SMO+10]. Dabei wurde Apache cTAKES um folgende deutschsprachige Datenbestände aus dem UMLS erweitert:

- International Statistical Classification of Diseases and Related Health Problems (ICD 10)

- Universal Medical Device Nomenclature System (UMDNS)

- The International Classification of Primary Care (ICPC)

- Logical Observation Identifiers Names and Codes (LOINC)

- Medical Dictionary for Regulatory Activities (MDR)

- Medical Subject Headings (MeSH)

- World Health Organization - Adverse Drug Reaction Terminology (WHO-ART)

Zusätzlich wurden die deutschen Texterkennungsmodelle (openNLP) Maxent Part-of-Speech tagger, Tokenizer und Sentence Detector implementiert. Durch eine interne Mappingtabelle ist cTAKES in der Lage aus UMLS Konzepten sprachenunabhängig, englischsprachige SNOMED CT Codes abzuleiten [DZ14].

2.4. Goldstandard und Evaluation

Um quantitative und qualitative Aussagen über die Ergebnisse der Textanalyse zu ermitteln, werden zwei Bezugsgrößen gemessen, bzw. errechnet. Zum einen misst die Precision (1), wie groß der Anteil der für eine Fragestellung relevanten Treffer an der Gesamttreffermenge ist; sie ist also ein Maß für die Genauigkeit der Recherche. Eine Treffermenge mit hoher Precision enthält wenige irrelevante Treffer. Zum anderen misst der Recall (2), wie viele der für eine Fragestellung relevanten Informationen im Verhältnis zum Gesamtbestand der relevanten Informationen gefunden werden; er ist also ein Maß für die Vollständigkeit der Recherche. Um diese Messgrößen zu errechnen, wird ein Goldstandard benötigt, welcher die Gesamttreffermenge vollständig beschreibt.

$$Precision = \frac{true\ positive}{true\ positive + false\ positive} \tag{1}$$

$$Recall = \frac{true\ positive}{true\ positive + false\ negative} \tag{2}$$

Da es keinen anerkannten medizinischen deutschsprachigen Goldstandard gibt, wurde im Rahmen der Forschungsarbeit der Dokumentensatz des ShARE/CLEF 2013 Task 1 verwenden, welcher in der englischen Sprache vorliegt.

Dokumententyp	Anzahl Dokumente	Anzahl UMLS Konzepte
Entlassbriefe	61	1969
Echo-Befunde	42	479
Radiologiebefunde	42	257
EKG Befunde	54	93

Tabelle 1: Datensatz und Goldstandard mit Anzahl unterschiedlicher UMLS Konzepte

Tabelle 1 zeigt die Zusammenstellung des Dokumentensatzes, sowie die Anzahl der unterschiedlichen UMLS Konzepte (Goldstandard) in den jeweiligen Dokumentenkategorien. Damit die deutsche NLP-Pipeline evaluiert werden kann, wurde der Dokumentensatz initial mit *Google Translate* übersetzt und danach manuell korrigiert [PDG+14].

3. Lösungskonzept

Im folgenden Kapitel wird das erarbeitete Lösungskonzept dargestellt. Dabei wird insbesondere auf die ersten Ergebnisse der Textanalyse der klinischen Befunde eingegangen und das weiterführende Lösungskonzept für die Ableitung von personalisierten Behandlungsvorschlägen präsentiert.

3.1. Lösungsarchitektur

Um personalisierte leitlinienbasierte Behandlungsvorschläge zu erstellen, sind bei diesem Forschungsansatz drei Schritte der Verarbeitung notwendig.

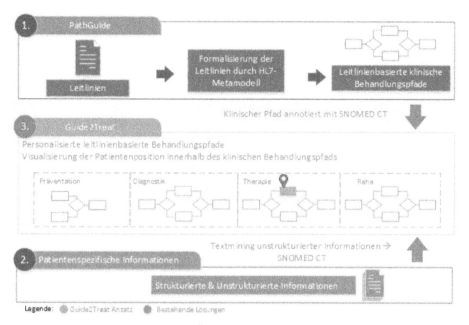

Abbildung 3: Übersicht Lösungsarchitektur

Abbildung 3 zeigt die Zusammensetzung der personalisierten leitlinienbasierten Behandlungspfade durch Annotation/Markierung der aktuellen patientenspezifischen Behandlungssituation. Die Verarbeitung gliedert sich in drei Verarbeitungsschritte. Im ersten Verarbeitungsschritt werden die Leitlinien zunächst auf Basis des Metamodells durch die Software PathGuide formalisiert (1.). Anschließend findet eine semantische Annotierung des klinischen Pfads mit Hilfe der Nomenklatur SNOMED CT statt Die daraus resultierenden SNOMED CT annotierten, XML-basierten Pfaddateien, welche die Leitlinie als klinischen Pfad repräsentieren, werden im späteren Verarbeitungsschritt als semantischer Link zwischen der Leitlinie und den personalisierten Patientendaten genutzt. Parallel werden die Daten des Patienten, die im Krankenhausinformationssystemen sowohl strukturiert als auch unstrukturiert vorliegen, ebenfalls mit Hilfe semantischer Methoden mit SNOMED CT Codes annotiert (2.). Dies wird durch die auf die deutsche Sprache ange-

111

passte Textanalysesoftware Apache cTAKES durchgeführt, die wie auch PathGuide SNOMED CT annotierte, XML-basierte Ergebnisse erzeugt. Die beiden annotierten, XML-basierten Ergebnisse werden anschließend durch Guide2Treat so vereint, dass die Position des Patienten innerhalb des klinischen Pfades dargestellt werden kann. So ist es möglich, dass der nächste aus der Leitlinie empfohlene Behandlungsschritt dem Anwender visualisiert werden kann (3.).

3.2. Formalisierung von Leitlinien

Eine Leitlinie kann in verschiedene Pfade münden, z.B. einen diagnostischen Pfad, der zunächst nur die Elemente zur finalen Klärung der Diagnose beinhaltet und weiterführende therapeutische Pfade, welche anschließend unterschiedliche Therapieoptionen beschreiben. Genauso kann ein Pfad auf unterschiedlichen Leitlinien basieren, etwa eine Operation, die bei mehreren Indikationen empfohlen wird. Dabei lässt das Metamodell dynamische Anpassungen zu und ist dadurch nicht auf die vorgegebenen Strukturen beschränkt. Eine dieser Anpassungen zum ursprünglichen Metamodell ist die Annotation der Leitlinien durch SNOMED CT. In der ersten Version des Prototypen PathGuide war es ausschließlich möglich, Terminologien wie ICD oder OPS zu annotieren. Da SNO-MED CT gegebene medizinische Sachverhalte vollständiger als die oben genannten Terminologien beschreiben kann, eignet sich die Nomenklatur besser für die Ableitung von leitlinienbasierten Behandlungsvorschlägen. Im Rahmen dieser Forschungsarbeit wurden die durchzuführenden Aktivitäten (Medikation, Behandlungsmaßnahmen, Aufklärung, Prozeduren, usw.) durch SNOMED CT annotiert, um diese mit den personenbezogenen Daten zu kombinieren. Aus technischer Sicht wurden die XML-basierten Pfaddateien, welche die Leitlinie als klinischen Pfad repräsentieren, um SNOMED CT erweitert, um die Patientenposition zu bestimmen.

3.3. Semantische Analyse von klinischen Texten

In der ersten Version der NLP-Pipeline wurden ausschließlich die deutschsprachigen UMLS Datenbanken integriert, ohne dass das System durch maschinelle Lernmethoden angepasst oder die deutschen unstrukturierten Texte vorverarbeitet wurden. Bereits die ersten Ergebnisse zeigten auf, dass eine Identifikation von UMLS Konzepten in deutschen unstrukturierten Texten durch die modifizierte Pipeline möglich ist [BB16].

Dokumententyp	Anzahl Dokumente	Recall	Precision
Entlassbriefe	61	0,30	0,33
Echo-Befunde	42	0,51	0,49
Radiologiebefunde	42	0,28	0,32
EKG Befunde	54	0,25	0,30

Tabelle 2: NLP Ergebnisse vor Lernprozess und ohne Preprocessing

Die Tabelle 2 zeigt, dass sowohl die Werte von Recall als auch Precision in Bezug auf die identifizierten UMLS Konzepte in unstrukturierten deutschen Texten sehr gering sind. Aus diesem Grund kann man weder von einem "vorsichtigen" Modell (hohe Precision, niedriger Recall), noch von einem "mutigen" Modell (niedrige Precision, hoher Recall) ausgehen. Trotz der niedrigen Werte identifizierte die Pipeline beispielsweise den Kontext eines Wortes im Satz (Part-of-Speech), was für die Bestimmung von Bedeutungen entscheidend sein kann. Ebenfalls war es möglich, durch die integrierten deutschen openNLP Modelle, Verneinungen oder Rückbezüge in längeren Texten aufzulösen, so dass auch komplexere Strukturen in Texten analysiert werden können.

Die Analyse der Ergebnisse zeigte, dass die beiden häufigsten Gründe für die niedrigen Precision und Recall Werte zum einen der Umfang der verwendeten deutschen UMLS Datenbanken war und zum anderen ein fehlender Vorverarbeitungsschritt, welcher den Wortstamm ermittelt und die Umlaute, welche in der deutschen Sprache üblich sind, vorverarbeitet. Da die Anzahl der Einträge der eingebundenen deutschen Datenbanken im Vergleich zu den englischsprachigen UMLS Datenbanken gering ist, es sind 196.842 deutsche Einträge und 5.571.374 englische Einträge vorhanden, werden durch die Pipeline weniger Wörter in den deutschen Texten erkannt und dadurch der Wert des Recalls gemindert. Durch ein maschinelles Lernverfahren, welches auf Basis des Goldstandards die Datenbank erweitert und trainiert, kann der Recall-Wert verbessert werden. Im Rahmen dieses Lernalgorithmus wurden zusätzlich sämtliche Umlaute (a, ö, ü, ß) in der verwendeten UMLS Datenbank in Digraphen (ae, oe, ue, ss) konvertiert. Ebenfalls wurde in die NLP-Pipeline ein Vorverarbeitungsschritt (Preprocessing) implementiert, welcher die gleichen Konvertierungen mit dem zu analysierenden Text durchführt.

Dokumententyp	Anzahl Dokumente	Recall	Precision
Entlassbriefe	61	0,39	0,51
Echo-Befunde	42	0,43	0,74
Radiologiebefunde	42	0,40	0,61
EKG Befunde	54	0,41	0,41

Tabelle 3: NLP Ergebnisse nach Lernprozess und mit Preprocessing

Die Tabelle 3 zeigt, dass sowohl die Werte von Recall als auch Precision in Bezug auf die identifizierten UMLS Konzepte in unstrukturierten deutschen Texten durch die beiden Maßnahmen in fast allen Bereichen deutlich gestiegen sind. Insbesondere der Wert der Precision ist in allen Dokumententypen signifikant erhöht. Aufgrund der im Vergleich zum Recall hohen Werte der Precision, kann man hier von einem "vorsichtigen" Modell sprechen, welches weitere Optimierungen, insbesondere im Bereich des Recalls, benötigt. Auf Basis dieser identifizierten UMLS Konzepte ist es möglich, englischsprachige SNOMED CT Codes abzuleiten.

Dokumententyp	UMLS Konzepte	UMLS mit SCT	UMLS ohne SCT
Entlassbriefe	8786	6481	2305
Echo-Befunde	1509	1197	312
Radiologiebefunde	1244	909	335
EKG Befunde	258	248	9

Tabelle 4: Ableitung der UMLS Konzepte zu SNOMED CT Codes

Die Tabelle 4 zeigt wie viele der von der Pipeline gefundenen UMLS Konzepte aus den unstrukturierten Texten zu SNOMED CT (SCT) abgeleitet werden konnten. 74,99 % der identifizierten UMLS Konzepte konnten zu englischsprachigen SNOMED CT Codes abgeleitet werden.

3.4. Semantische Analyse von klinischen Leitlinien

Der Transfer von evidenzbasiertem Wissen (klinische Leitlinien) zu einem strukturierten Behandlungsprozess (klinische Pfade) ist nicht trivial, aufgrund unterschiedlicher Informationsinhalte und semantischer Konstrukten. Insbesondere der Schritt des Markups, bei dem die gesamte Leitlinie manuell durch health professionals bearbeitet wird und die für die Erstellung des klinischen Pfades relevanten Passagen markiert und annotiert werden. Dieser Verarbeitungsschritt ist sehr komplex und zeitintensiv je nachdem wie umfangreich die zu formalisierende Leitlinie ist.

Die Leitlinien können wie auch die unstrukturierten klinischen Texte, durch NLP-Methoden automatisiert vormarkiert und mit UMLS annotiert werden. Im Gegensatz zu den klinischen Texten, existiert für die Leitlinien und auch für die klinischen Pfade kein Goldstandard, da der abgeleitete Pfad stark variieren kann, abhängig davon, wie die Leitlinieninhalte interpretiert werden. Aus diesem Grund, kann die Pipeline für das automatische Markup und die UMLS Annotation nicht auf Basis eines Goldstandards trainiert werden. Damit die Ergebnisse dennoch optimiert und analysiert werden können, muss die Möglichkeit geschaffen werden, manuell durch den Benutzer nicht erkannte Wörter und Phrasen in einem grafischen Editor zu verbessern. Insbesondere benötigt jede Leitlinie eine fachbereichsbezogene NLP-Pipeline, welche auf die fachbereichsspezifischen Terminologien und Abkürzungen trainiert ist.

Zur semantischen Datenvisualisierung der Ergebnisse aus dem automatischen Markup und UMLS Annotation, wurde der *UIMA Annotation Viewer* verwendet, indem dieser an das Typensystem von cTAKES angepasst wurde.

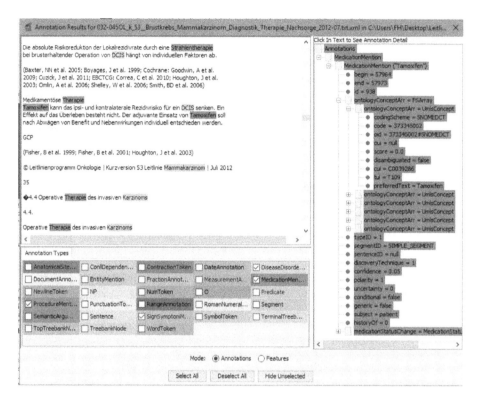

Abbildung 4: Visualisierung des automatischen Markups und UMLS Annotation

Der Annotation Viewer zeigt auf der linken Seite das automatische, durch die NLP-Pipeline durchgeführte Markup (Abbildung 4). Im Gegensatz zu PathGuide verwendet der Annotation Viewer verschiedene Farben, um verschiedene Annotationstypen darzustellen (z.B. Krankheiten, Medikamente, Symptome, Anatomie). Auf der rechten Seite repräsentiert der Annotation Viewer die identifizierten und markierten UMLS-Konzepte und die abgeleiteten Ontologien wie SNOMED CT oder ICD. Hierdurch bekommt der Anwender eine direkte Rückmeldung, welche Wörter und Phrasen durch die Pipeline erkannt wurden und welche UMLS Konzepte abgeleitet wurden.

3.5. Visualisierung der Behandlungsempfehlungen

Im letzten Schritt müssen die gewonnenen Informationen in ein wissensrepräsentatives Format überführt werden. Es wird eine einheitliche formale Repräsentation entwickelt, so dass das aus den verschiedenen Datenquellen extrahierte Wissen an der Mensch-Maschine-Schnittstelle konsistent präsentiert wird. Durch die formalisierte Beschreibung des jeweiligen Patientenkontextes basierend auf der elektronischen Patientenakte, können passende Abschnitte einer ebenfalls formalisierten Leitlinie auf Basis einer gemeinsamen Terminologie zugeordnet und angezeigt werden.

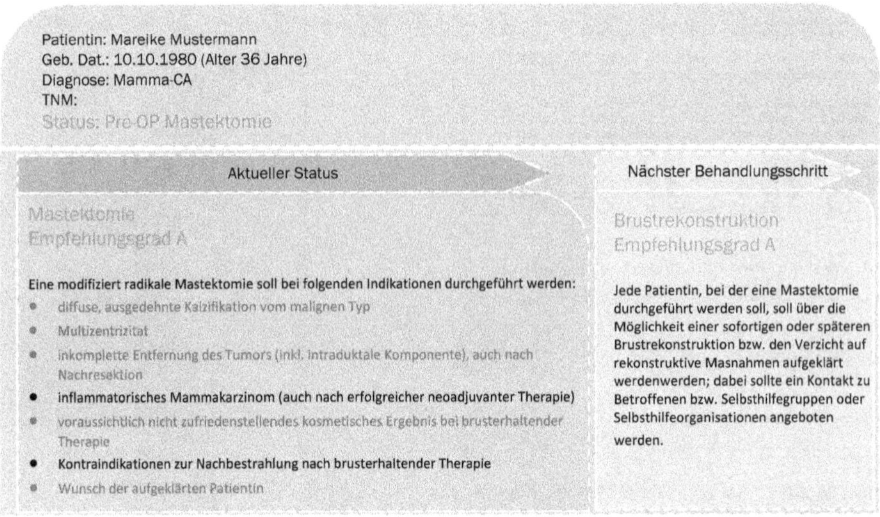

Patient: Mareike Mustermann
Geb. Dat.: 10.10.1980 (Alter 36 Jahre)
Diagnose: Mamma-CA
TNM:
Status: Pre-OP Mastektomie

Aktueller Status	Nächster Behandlungsschritt
Mastektomie Empfehlungsgrad A	Brustrekonstruktion Empfehlungsgrad A

Eine modifiziert radikale Mastektomie soll bei folgenden Indikationen durchgeführt werden:
- diffuse, ausgedehnte Kalzifikation vom malignen Typ
- Multizentrizität
- inkomplette Entfernung des Tumors (inkl. intraduktale Komponente), auch nach Nachresektion
- inflammatorisches Mammakarzinom (auch nach erfolgreicher neoadjuvanter Therapie)
- voraussichtlich nicht zufriedenstellendes kosmetisches Ergebnis bei brusterhaltender Therapie
- Kontraindikationen zur Nachbestrahlung nach brusterhaltender Therapie
- Wunsch der aufgeklärten Patientin

Jede Patientin, bei der eine Mastektomie durchgeführt werden soll, soll über die Möglichkeit einer sofortigen oder späteren Brustrekonstruktion bzw. den Verzicht auf rekonstruktive Masnahmen aufgeklärt werdenwerden; dabei sollte ein Kontakt zu Betroffenen bzw. Selbsthilfegruppen oder Selbsthilfeorganisationen angeboten werden.

Abbildung 5: Konzept Guide2Treat - Nächster Behandlungsschritt vor Mastektomie

Abbildung 5 zeigt ein Konzept, wie durch die Ermittlung der Patientenposition auf dem klinischen Pfad, der nächste Behandlungsschritt aus der Leitlinie inklusive der Zusatzinformationen zur Therapie angezeigt wird. Durch den aktuellen Status der Patientin, bzw. der Position auf dem klinischen Pfad, können die nächsten Behandlungsschritte angezeigt werden. Im Rahmen der Visualisierung muss es die Option geben, vom vorgegebenen Pfad abzuweichen und dies zu begründen. Die Visualisierung der Pfadposition kann ebenfalls in Krankenhausinformationssystemen (KIS) durchgeführt werden [Klee10]. Da ein KIS die Klasse der Gesamtheit aller informationsverarbeitenden Systeme der Informationstechnik zur Erfassung, Bearbeitung und Weitergabe medizinischer und administrativer Daten im Krankenhaus ist, eignet es sich in besonderer Art und Weise als zentrales Werkzeug für die Visualisierung [WHA+10].

4. Diskussion und Ausblick

Die klinische Praxis als auch die Forschung und Qualitätssicherung profitieren von eindeutigen klinischen Informationen aus der Nutzung einer gemeinsamen Terminologie wie der systematisierten Nomenklatur SNOMED-CT [BPK14]. Diese gemeinsame Terminologie ist notwendig für eine konsistente Wiederverwendung von Daten und die Unterstützung der semantischen Interoperabilität [HSG14]. Um auf Basis von patientenspezifischen Daten, Behandlungsvorschläge aus Leitlinien abzuleiten, wird das generische Wissen der Leitlinien mit den patientenspezifischen SNOMED-CT Informationen kombiniert. Ein weiterer Lösungsansatz wäre dabei, neben der Entscheidungsunterstützung aus den Leitlinien, in Archetypen basierende Templates behandlungsrelevante Informationen anzeigen zu lassen [BA08].

116

Am Beispiel des Mamma Karzinoms konnte gezeigt werden, dass das hier entwickelte Modell in der Lage ist, sämtliche Informationen in der Leitlinie strukturiert und für eine Verwendung als Behandlungspfad aufzunehmen. Um den Pfad am „Point of Care" zur Verfügung zu stellen, ist zum einen die Verknüpfung mit den Patientendaten, als auch die Integration in ein KIS zwingend erforderlich. Die meisten KIS enthalten bereits Module zur Definition und Ausführung von Behandlungspfaden, allerdings nicht zur leitlinienkonformen Entwicklung. Weiterhin soll evaluiert werden, inwieweit durch Nutzung semantischer Technologien automatisch relevante Ausschnitte einer Leitlinie extrahiert und in das Modell übersetzt werden können, da bei der Umsetzung für das Mamma Karzinom festgestellt wurde, dass der Vorgang sehr zeitintensiv ist.

Die Basis für genaue und korrekte Behandlungsvorschläge ist die Qualität und Quantität der Ergebnisse der semantischen Analysemethoden. Nur durch korrekte und vollständige Ergebnisse aus der Datenanalyse kann die Position der Patienten innerhalb des klinischen Behandlungspfades korrekt ermittelt und visualisiert werden. Hierzu werden weitere Trainingsprogramme auf Basis des Goldstandards der klinischen Texte durchgeführt. Zukünftige Schritte werden sich in erster Linie mit der Optimierung der Analysemethoden beschäftigen, da nur mit einer korrekten Datenbasis sichergestellt werden kann, dass die Qualität der Behandlungsempfehlungen ausreichend ist. Um ebenfalls auf Basis der Leitlinien die semantischen Analysemethoden zu optimieren, wird der *UIMA Annotation Viewer* um eine manuelle Trainingsmethode erweitert, welche es erlaubt nicht erkannte Wörter und Phrasen in die cTAKES Datenbank zu integrieren. Dies ermöglicht, insbesondere nach der Aktualisierung einer Leitlinie, einen schnelleren und präziseren Markup und eine automatische UMLS Annotation.

5. Literaturverzeichnis

[BA08]   Bernstein, K.; Andersen, U.: Managing care pathways combining SNOMED CT, archetypes and an electronic guideline system, Stud Health Technol Inform., 136:353-8, 2008.

[BB16]   Becker, M.; Böckmann, B.: Extraction of UMLS® Concepts Using Apache cTAKES™ for German Language, *Stud Health Technol Inform.*, 223:71-6, 2016.

[Bens12]   Benson, T.: Clinical Terminology, Principles of Health Interoperability HL7 and SNOMED (Health Information Technology Standards), Springer, 2012; S. 201-212.

[BPK14]   Bánfai, B.; Porció, R.; Kovács T.: Implementing reusable software components for SNOMED CT diagram and expression concept representations, Stud Health Technol Inform., 205:1028-32, 2014.

[DZ14]   Divita, G.; Zeng, Q.; Gundlapalli, A.; Duvall, S., Nebeker, J.; Samore, M.: Sophia: A Expedient UMLS Concept Extraction Annotator, *Journal of the American Medical Informatics Association,* 2014; S. 467–476.

[FNR03]   Franke, J.; Nakhaeizadeh, G.; Renz, I.: XML Retrieval and Information Extraction, in Text Mining – Theoretical Aspects and Applications, *Physica-Verlag*, Germany, 2003; S. 29-32.

[GGJ+10]   Gupta, A; Goyal, R. K.; Joiner, K.A.; Saini, S.: The Unified Medical Language System: What is it and how to use it?, Global, Social, and Organizational Implications of Emerging Information Resources Management, 2010; S 33.

[GTM+04]   Grimshaw, J. M.; Thomas, R.E.; MacLennan, G.; Fraser, C.; Ramsay, C.R.; Vale, L.; Whitty, P.; Eccles, M.P.; Matowe, L.; Shirran, L.; Wensing, M.; Dijkstra, R.; Donaldson, C.: Effectiveness and efficiency of guideline dissemination and implementation strategies. Health technology assessment Winchester England, 8(6):iii–iv, 1–72, 2004.

[Klee10]   Kleemann, T.: Die dritte Generation von Krankenhausinformationssystemen – Workflowunterstützung und Prozessmanagement. In H. Schlegel (Hrsg.), Steuerung der IT im Klinikmanagement - Methoden und Verfahren, S. 267–276. Vieweg+ Teubner Verlag, 2010.

[LK04]   Lenz, R.; Kuhn, K.: Aspekte einer prozessorientierten Systemarchitektur für Informationssysteme im Gesundheitswesen, INFORMATIK 2004 - Informatik verbindet, Band 2, Beiträge der 34. Jahrestagung der Gesellschaft für Informatik e.V. (GI), Ulm, 20.-24. September 2004, Jgg. 51 of LNI, 530–536. GI, 2004.

[Heid12]   Heiden, K.: Modellbasierte Integration evidenzbasierter Leitlinien in klinische Pfade. In U. Goltz, M.A. Magnor, J. Appelrath, H, H. Matthies, W.-T. Balke und L.C. Wolf (Hrsg.), Informatik 2012, 42. Jahrestagung der Gesellschaft für Informatik e.V. (GI), 16.-21.09.2012, Braunschweig, Jgg. 208 of LNI, 1864–1870. GI, 2012.

[HB13]   Heiden, K.; Böckmann, B.: Structured knowledge acquisition for defining guideline-compliant pathways, *Stud Health Technol Inform,* 186:73-7, 2013.

[HSG14]   Hojen, A. R.; Sundvall, E.; Goeg, K. R.: Methods and applications for visualization of SNOMED CT concept sets. In: Applied clinical informatics 5 (1), S. 127–152. DOI: 10.4338/ACI-2013-09-RA-0071, 2014.

[HQW12]   Heyer, G; Quasthoff, U.; Wittig, T.: Wissensverarbeitung gestern und heute, Text Mining: Wissensrohstoff Text. W3L, Witten, 2012; S. 12-18

[MPC07]   McInnes, B. T.; Pedersen, T.; Carlis, J.: Using UMLS Concept Unique Identifiers (CUIs) for word sense disambiguation in the biomedical domain. In: AMIA Annual Symposium Proceedings, Volume 2007. American Medical Informatics Association, S. 533, 2007.

[Ober05]   Oberender, P. O.: Clinical Pathways: Facetten eines neuen Versorgungsmodells. Krankenhaus. Kohlhammer, Stuttgart, 1. Auflage, 2005.

[Olle06]   Ollenschläger, G.: Nationale VersorgungsLeitlinien: NVL - Was sind sie, wie entstehen sie, welche Funktionen haben sie? 40. Kongress der DEGAM, Potsdam, 22.September 2006.

[PDG+14]   Pecina, P.; Dušek, O.; Goeuriot, L.; Hajič, J.; Hlaváčová, J.; Jones, G.J.; Kelly, L.; Leveling, J.; Mareček, D.; Novák, M.; Popel, M.; Rosa, R.; Tamchyna, A.; Urešová, Z.: Adaptation of machine translation for multilingual information retrieval in the medical domain, Artif Intell Med 61(3) (2014),165-85

[SMO+10]   Savova, G. K.; Masanz, J.J.; Ogren, P.V.; Zheng, J.; Sohn, S.; Kipper-Schuler, K.C.; et al.: Mayo clinical Text Analysis and Knowledge Extraction System (cTAKES): architecture, component evaluation and applications. Journal of the American Medical Informatics Association (2010), 17(5):507–13.

[WHA+10]   Winter, A.; Haux, R.; Ammenwerth, E.; Birgl, B.; Hellrung, N.; Jahn, F.; Hospital Information Systems, in: Health Information Systems: Architectures and Strategies (Health Informatics), Springer, 2010. S. 33-36.

Die Heuristik als Alternative?
Kapazitätsbestimmung unter limitierten Planungsgrößen[*]

Are Heuristics a viable Alternative? - Determining capacity under limited planning variables

Patrick Tischer

Abteilung: Outsourcing and Consulting Services
Fujitsu Technology Solutions GmbH
P.Tischer@outlook.com

Kurzfassung: Mit der Betrachtung und Analyse von Service Desk Planungen bei limitierten Planungsgrößen, verfolgt diese Arbeit das wissenschaftliche Ziel der Erarbeitung einer risikoreduzierten Kalkulation von Kundenprojekten im Unternehmenskontext des Service-Dienstleisters Fujitsu. Die Ausarbeitung liefert Antworten auf die Frage nach der Bedeutung und dem Risikopotential bei vom Dienstleister vorgegebenen bzw. fehlenden Kalkulationswerten für die Kostenplanung und Ausarbeitung im Rahmen von Großkundenprojekten. Die Theorie bietet ihrerseits sehr allgemeine Methoden und Modelle an. Keines dieser differenten Vorgehen weist jedoch eine Service Desk gerechte Methodik für die Kalkulation bei einer Limitierung der Projekt-Planungsgrößen auf. Auf Basis eines entwickelten Erlang-C Berechnungsmodells wird eine Vergleichsanalyse zum Fujitsu Modell vorgenommen. Zusammen mit dem Abgleich der realen Betriebsgrößen und einer Risikoanalyse, ist es möglich die Abweichungen von der internen Kalkulation zu der Realität aufzuzeigen. Das finale heuristische Modell aus dieser Arbeit gibt Vorgaben für die Anpassung von Planungsgrößen in Standard Service Desk Projekten der Fujitsu.

Abstract: This thesis, which was produced in a corporate context at Fujitsu Technology Solutions GmbH, deals with the topic of the development of a heuristic model for determining service desk capacities. By considering and analyzing service desk plans with limited planning variables, the thesis pursues the goal of integrating a risk-reduced calculation of customer projects. The elaboration supplies answers to the question in relation to the significance and risk potential of specified (or missing) calculation values. A comparative analysis in relation to the Fujitsu model will be performed on the basis of a developed Erlang-C calculation model. Together with the comparison of the real operating variables and a risk analysis, it is possible to identify the deviations between the internal calculations and reality. The final heuristic model contains specifications for the adaptation of planning variables in standard service desk projects at Fujitsu.

---

[*] Verkürzte Version einer Masterarbeit unter Betreuung von Prof. Dr. Achim Schmidtmann

1   Einleitung

Das unternehmerische Auslagern von IT-Aufgaben (Outtasking bzw. Outsourcing) gehört in der heutigen Zeit zu den wichtigsten strategischen Möglichkeiten einer erfolgreichen Informationstechnologie. In vielen Firmen unterstützt die IT das eigentliche Geschäft und muss bei gestiegenen Anforderungen immer effizienter arbeiten. Bei der gleichzeitigen Konzentration auf das Kerngeschäft stehen Firmen heute vor dem Problem der Sicherstellung einer funktionierenden IT, weshalb der Zusammenarbeit mit einem Provider ein immer höherer Stellenwert beigemessen wird.

Gerade bei First-Generation-Outsourcing Projekten verbunden mit einer Restrukturierung der IT ist das Hinzukaufen eines (IT-)Service Desks als Dienstleistung einer der ersten Outtasking Kandidaten. Der Bereich der Anwenderunterstützung ist für Unternehmen ein Indikator eines erfolgreichen und funktionierenden IT-Business Alignements. Nur wenn dieser dynamische Bereich funktioniert, arbeitet auch die Verbindung von IT und Geschäftsbereichen erfolgreich. Die allumgebenden Pressemeldungen über ungenutztes Potential bei der Digitalisierung im deutschen Mittelstand tun ein Übriges, um den Veränderungsdruck auf die interne IT hoch zu halten. Losgelöst von allgemeinen Forderungen, zeigen sich schnell die realen Fragestellungen von IT-Abteilungen im Firmenumfeld.

Die IT soll möglichst kosteneffizient arbeiten, flexibel neue Technologien integrieren und gleichzeitig alle Anforderungen der Anwender und Geschäftsbereiche erfüllen. Nutzt ein Unternehmen in diesem Zuge die Dienstleistungsunterstützung eines Providers wie der Fujitsu Technology Solutions GmbH, werden diese Vorgaben an den Dienstleister übertragen. Vor diesem Hintergrund ist im Rahmen einer Zusammenarbeit der Fachhochschule Dortmund und der Fujitsu Technology Solutions GmbH eine Masterthesis zur Thematik einer heuristischen Kapazitätsplanung entstanden.

Im Kern der Zusammenarbeit und Ausarbeitung steht also die projekt- oder kundenbezogene Ressourcenkalkulation unter dem Aspekt der begrenzten Planungsgrößen. Auch für Winston Churchill war die Frage nach einer Prognose für die Zukunft ohne notwendige Eckdaten nicht simpel zu beantworten und er wurde zitiert mit: „Prediction is very difficult, especially about the future!" Kann die Bedarfs- und Kostenplanung in einem frühen Planungsstadium nicht mit exakten Rahmenbedingungen geschehen, ist ein alternativer Weg notwendig, um das Projekt dieser Herausforderung zum Trotz erfolgreich verplanen und quantifizieren zu können. Ein Service Desk als Dienstleistung für einen Kunden ist dabei ein Geschäft, welches in hohem Maße durch die Nachfrage bestimmt ist. Bekannte Beispiele aus dem Alltag sind die Planungen von z.B. Flug-, Bahn- oder Krankenhauspersonalen.

Im Detail bedeutet die Kundenunterstützung somit dann die Kalkulation von Projektkennzahlen mit bzw. durch Schätz- und / oder Erfahrungswerte für eine resultierende Ressourcengröße an Personalkräften. Mit Hilfe der Erarbeitung eines heuristischen Modells für die Bestimmung von Kapazitäten ohne die benötigten Determinanten vollständig vorliegen zu haben, bietet sich der Fujitsu Technology Solutions eine Möglichkeit der verbesserten Dimensionierung, indirekt also der Begrenzung von Planungsrisiko.

Über die nachträgliche Berechnung und den Abgleich zu vergangenen Projekten, ist die Anwendbarkeit und Haltbarkeit von Vorgabewerten der Fujitsu für SD-Projekte plausibilisiert worden.

2 Hintergrund der Arbeit und Kunde-Provider Interessenkonflikt

Die Zusammenarbeit im Dienstleistungsumfeld der Fujitsu-Kunden ist vorrangig durch finanzielle Anforderungen geprägt. [Luen13-ol, Seite 62] Im Fokus steht für Kunden in erster Linie der richtige Preis. Die Qualität gerät dabei oft in den Hintergrund. Auf der anderen Seite wird von einem externen Leistungserbringer trotzdem die bestmögliche Erfüllung von Vorgaben erwartet bzw. vorausgesetzt. Der Konflikt ist an dieser Stelle offensichtlich. Für den Kunden wie auch Fujitsu als Provider ist es somit im Eigenverständnis klar, die Zusammenarbeit auf eine möglichst gut definierte Projektplanung zu stellen, um für beide Seiten den größtmöglichen Vorteil zu erzielen. Nicht umsonst ist der Einsatz von Projekt- und Informationsmanagementmethoden heute „deFacto"-Standard in der Umsetzung der meisten Unternehmensvorhaben. Eben dieser Aspekt gilt auch für den Bereich Service Desk als First-Generation-Outsourcing. Der Kern dieses Beitrages lässt sich auf eine spezielle Herausforderung für viele Provider und verschiedene Dienstleistungen abbilden. Die Vollständigkeit und Zuverlässigkeit von externen Kundengrößen bildet die Basis für einen funktionierenden Kunden Service Desk.

An dieser Stelle wird deutlich, dass direkte Abhängigkeiten bestehen, die ein Outsourcing zwischen Dienstleister und Kunde erfolgreich oder undienlich werden lassen können. Im Rahmen dieser Masterarbeit wurden 10 Service Desk Projekte von Kunden der Fujitsu ex-post analysiert und Vorgaben aus der Presales Phase mit dem Jetzt-Zustand verglichen. Dabei zeigte sich ein sehr differenziertes Bild.

Benötigte Planungsgrößen von Kundenseite müssen nicht zwangsläufig fehlerhaft, willkürlich bestimmt oder schlichtweg nicht vorlegbar sein. Es zeigte sich aber, dass Kunden wichtige Rahmenbedingungen und Informationen selber nicht (aktuell) vorliegen. Vorgaben der Geschäftsführung in strategischen Anpassungen, der Zukauf eines Unternehmens oder auch Betriebssystem-Updates sind nur einige Beispiele für Gründe eines Zeitmangels aufgrund dessen interne Analysen der IT-Abteilung nicht durchgeführt werden können. In gewachsenen dezentralen Umgebungen, die zentralisiert werden, fehlt es auch häufig an verlässlichen Angaben, sowohl des aktuellen Betriebs, als auch des zukünftigen Modells, zum Beispiel „Hey Joe Support" vs. zentralem Service Desk. Geht man nun noch einmal zurück zur Planung von Kapazitäten und Team-Größen, wird schnell deutlich, vor welchen Herausforderungen beide Vertragsparteien stehen.

Die Planer und Designer einer Service-Desk-Solution auf Seiten der Fujitsu, finden folglich immer andere Umgebungen, von Kunde zu Kunde unterschiedliche Rahmenbedingungen und abweichende Informationsstände zu erforderlichen Werten vor. Gleichzeitig muss über den Service Desk aber immer in möglichst kurzer Zeit ein Ansprechpartner, ein sogenannter Agent, zur Verfügung gestellt werden. Gleichwohl, ob zu einem Zeitpunkt ein Anwender oder einhundert Anwender eines Kunden Lösungsunterstützung benötigen und Kontakt zum Service-Desk des Providers aufnehmen.

3 Praktisches Vorgehen im Unternehmensumfeld

Unter den gegebenen Bedingungen ergibt es nicht immer Sinn, viel Aufwand in eine Detailanalyse zu stecken. Dies bedeutet, eine individuelle, sehr aufwendige analytische Betrachtung einer Kunden-IT-Umgebung und ihrer Eigenschaften und Besonderheiten, die keinen Mehrwert für spätere, also folgend neue Projekte hat. Sinnvoller ist es andere Wege und Möglichkeiten zu verfolgen, um entsprechend eine allgemeingültige Nutzbarkeit der Methodik zu erreichen.

Rahmenwerte für den IT-Anwendersupport wie die Erstlösungsrate, die Verteilung von synchronen (z.B. Telefon) und asynchronen (z.B. Mail) Kontaktaufnahmen, wie auch die Ticketanzahl sind entscheidende Kennzahlen zum prognostizierten Aufkommen von Supportanfragen der Endanwender des Kunden. Zusammen mit einem Verteilungsschlüssel für das Anrufaufkommen, lässt sich ein zeitlicher Forecast zum Bedarf an First-Line-Mitarbeitern berechnen.

Das Unternehmen Fujitsu bestimmt mit internen Kalkulationssystemen unter Hinzunahme von Schätzwerten einen Mitarbeiterbedarf. Diese internen Rechengrößen stellen, wie häufig bei geschätzten oder antizipierten Werten, ein Risiko dar. Die Realität kann stark von einem Schätzwert abweichen und jegliche Kalkulationen unbrauchbar machen. Bietet die Wissenschaft an diesem Punkt einen Weg, die limitierten Planungsgrößen methodisch abzusichern? Um es vorweg zu nehmen, es liegen einige Methoden vor, die sich mit einer ähnlichen Sachlage auseinandersetzen. Eine Adaptierung auf die spezielle Fragestellung für die Kapazitäten eines IT-Service-Desks ist jedoch nicht möglich. Die untersuchten Ansätze vom Workforce Management [Kool13], über das Capacity Management nach ITIL® [Vanb+12] und auch die Data Envelopment Analysis sind in ihren jeweiligen Fachgebieten geeignete Verfahren und bieten darin einen generellen Ansatz. Liegt jedoch, wie im Fall der Kapazitätsberechnung für einen Service Desk, kein Best-Practise Ansatz bzw. eine Methodik vor, nach welcher schrittweise gearbeitet werden kann, bleibt als einziger Ansatz ein heuristisches Verfahren.

In der Regel begegnet einem die Heuristik eher im Umfeld der Mathematik oder komplexen Entscheidungstheorie. Dieser Handlungsansatz nutzt verschiedene Wege, ein Resultat ohne das Vorhandensein einer simplen Logik, die auf exakten Messwerten beruht, hervorzubringen. Im Umkehrschluss bedeutet das, dass es also nicht den einen Weg oder die eine Formel zur Kalkulation von Kapazitäten für einen Kunden Service Desk gibt. Zwei analoge Wege zur Entscheidung setzen a) bei einem routinemäßen Rückgriff auf eine in der Vergangenheit realisierte Lösung und b) dem Treffen von Entscheidungen auf Basis eines systematischen und damit rationalen Denkprozesses an. [Grue+09, Seite 8] Häufig wird dieses Themenfeld in der Literatur unter dem Schlagwort *Handlungsansatz bei Entscheidungen mit Ungewissheit* tituliert. Diese Konstellation von Methoden und Ansätzen ist es wert noch einmal genauer betrachtet zu werden.

3.1 Methoden und Ansätze

Der erste Schritt zu Beginn der Auswahl einer geeigneten Herangehensweise der Problemlösung brachte, wie vorher beschrieben, viele verschiedene Ansätze und methodische Vorgehen auf den Plan. Warum wurde also keine dieser Methoden direkt genutzt? Vor dem Hintergrund, dass die Konkurrenzsituation auf dem Markt alle Anbieter des Providergeschäftes beeinflusst und es zu Beginn eines jeden Projektes verschiedene Ansätze der Ermittlung gibt, spiegelt dies auch den Eindruck zur relevanten Literatur wieder. Die Mehrzahl an Werken geht auf wichtige Aspekte ein, jedoch stehen vorrangig die Produktion und entsprechende Aspekte im Fokus aller Ressourcen- und Optimierungsmethoden. Weiter handelt es sich nicht um aktuelle Werke oder Dokumente mit relevantem Bezug - jeweilig vor 2001. Auch Providerunterlagen selber nehmen in der Regel nur werbende Stellung ein, was eine eigene Projekt-Planung betrifft. Eine wirkliche wissenschaftlich belegte Herangehensweise zur Kapazitätsermittlung, speziell in einem Service Desk, lies sich auf diesem Wege nicht in Erfahrung bringen.

Ältere oder fachfremde Methoden, also Ansätze welche nicht IT-basierend sind, lassen sich ebenfalls nicht adaptieren. Hier sind die Voraussetzungen und die Ausprägung des Kapazitätsproblems zu unterschiedlich. An dieser Stelle ist es wichtig, sich erneut die von Fujitsu verfolgten Ziele noch einmal vor Augen zu führen: Eine langjährige Zusammenarbeit mit den Kunden (Kundenzufriedenheit), effiziente Planungen (Kosteneinsparungen) und ein hoher Marktanteil (Wettbewerbsfähigkeit), werden durch die Literatur bestätigt. [Grue09, Seite 21, Abb. 2.2] sowie [Hoec05, Seite 248]

Ein zweiter untersuchter Bereich waren mathematische Ausführungen. Was den älteren Werken an aktuellem Praxisbezug fehlt, das übersteigen die Werke aus Sicht ihrer rechnerischen Anwendbarkeit. Kaum ein Werk geht dabei nicht bis in die tiefsten mathematischen Kalkulationen. Häufig werden lange Formeln aufgestellt, welche dabei unterstützen, sich dem Problem in einer komplexen computerunterstützen Simulation zu nähern. Auch dieser Ansatz lässt sich kaum in der Praxis plausibel und wiederholungstechnisch rentabel einsetzen.

Einer der Hauptgründe ist die Tatsache, dass ab mittelgroßen Service Desks grundsätzlich dediziert gearbeitet wird und Agenten ressourcenabhängige Kosten verursachen. Die komplexen Vorgehen eignen sich für eher generische Leistungen. Näher betrachtet handelt es sich bei der Fragestellung der Fujitsu um ein spezifisches Teilproblem. Fehlt in einem Kundenprojekt eine bestimmte Kombination aus Rahmenwerten und Angaben, kann bei einem identischen Projekt trotzdem ein differentes Resultat der Planung vorliegen. Eine wiederholbare, simple Logik, die zu einem richtigen Ergebnis führt, ist also nicht möglich. Die Betriebswirtschaft sieht daher in der Theorie ein heuristisches Verfahren als Handlungsansatz auch bei Entscheidungen mit Ungewissheit als angebracht. Das konkrete, oberste Ziel ist die Komplexitätsreduktion und heuristische Arbeitsweise aus einem bestehenden Kalkulationssystem heraus.

3.2   Vorgehen im heuristischen Ansatz

Im Rahmen dieser Analyse bei dem globalen Outsourcing-Provider Fujitsu wurden dazu durchgeführte Projekte auf ihre Eigenschaften zu Planungsbeginn und zum anschließenden operativen Betrieb gegenübergestellt. Für eine ausgewählte Anzahl von Projekten konnten so die von den Fujitsu Global Delivery Centern in Lodz (Polen) und Lissabon (Portugal) übernommenen Kenngrößen auf ihre Korrektheit hin überprüft werden. Mit Hilfe einer statistischen Auswertung wurden die Abweichungen dokumentiert. Um diese Ergebnisse hervorzubringen, war es notwendig die theoretischen Ansätze einer Heuristik in die Praxis umzusetzen. Für die Arbeit im Unternehmensumfeld hieß dies, die bisher genutzten Abläufe detailliert zu betrachten und einem allgemeinen Modell gegenüberzustellen. Dieses allgemeine Modell wurde auf der Basis der Erlang-C -Formel aufgebaut.

Das bekannte Erlang-C Modell beschreibt ein Warteschlangemodell [Kool13. Kapitel 4, 5] und ermittelt eine Bemessungsgrundlage für das Eingehen von Supportanfragen. In seinem Ursprung wurde die Formel von A.K. Erlang bereits 1917 zur Ermittlung von benötigten Telefonleitungen für die Versorgung von Städten und Dörfern entwickelt. [Helb+04, Seite 35ff.] Bis heute wird auf dieses Modell zurückgegriffen. Für komplexe Fragestellungen kommen heute aber eher mathematische Simulationen in Frage, nicht zuletzt auch, weil keine Weiterentwicklung von Erlang-C stattgefunden hat. Als Grundlage für das hier entwickelte Modell, ist Erlang-C allerdings nach wie vor praxisrelevant und trotz seiner langen Geschichte nicht als veraltet anzusehen. Dies liegt hauptsächlich an gleichgebliebenen Rahmenbedingungen und einem rechnerischem Vorgehen, welches noch heute genutzt werden kann. Insofern war A.K. Erlang seiner Zeit in gewisser Weise voraus und auch in dieser Ausarbeitung sollen die gültigen mathematischen Zusammenhänge genutzt werden.

Das selbstentwickelte Kalkulationsschema errechnet über definierte Inputparameter die Anzahl der benötigten First-Level-Agenten. Diese stehen dem Kunden als erster Ansprechpartner bei Rückfragen und als zentrale Kontaktstelle zur Verfügung. Primäres Kommunikationsmittel ist das Telefon, allerdings spielen auch die E-Mail und Self-Service-Portale in der heutigen Zeit eine zunehmend wichtige Rolle. Über das Modell vom Fujitsu, wie auch das selbst entwickelte Modell, wurden im Rahmen der Arbeit die benötigte Personenanzahl für den prognostizierten Bedarf und die entsprechenden Kosten kalkuliert. Ziel war es bei diesem Schritt die reine interne Sicht auf Projekte zu verlassen und eventuelle Besonderheiten von Dienstleisterseite aufzuzeigen.

Für ein reales Kundenprojekt zeigten sich die Kenngrößen als Beispiel wie folgt: Der Kunde in diesem Projekt war eine Handels- und Dienstleistungsgruppe. Für den Service Desk standen die folgenden Informationen bzw. Parameter zur Verfügung: Für 8.500 User wurde über insgesamt zwölf Stunden pro Tag an fünf Tagen je Woche die Erreichbarkeit des Service Desk Teams vorausgesetzt. Zwischen 7:00 und 19:00 Uhr konnten sich die Anwender an die Mitarbeiter von Fujitsu wenden. Das Verhältnis von Usern zu einer Ticketzahl war keine Information die vom Kunden vorlag. 65% der Kontaktaufnahmen gingen per Telefon beim Service Desk ein. 35% wurden per E-Mail an den Service Desk herangetragen. Vertragliche Vereinbarung war eine Antwortzeit von 80% aller Anrufe in 30 Sekunden. Die Erstlösungsrate lag bei ca. 50% aller telefonischen

Anfragen. Die Antwortzeit war, wie auch andere Rahmenbedingungen, eine auch vertraglich festgehaltene Größe. Das Beantworten von 80% aller eingehenden Anrufe innerhalb von max. 30 Sekunden Wartezeit für den Anwender, ist ein häufig genutzter Indikator (Service Level Target) [OGC07, Seite 209] für die Sicherung einer Providerleistung über ein Service-Level-Agreement.

Weiter hat z.B. die Erstlösungsrate Einfluss über wiederkehrende Aufgaben im Service Desk und so auch auf die Gesamtanzahl an Anfragen und die Arbeitsbelastung des Teams. Ein wichtiger Aspekt war bei diesem Projekt die Nutzung eines Schätzwertes für das Verhältnis von Usern zu Tickets. Diese Kennzahl informiert Fujitsu normalerweise über das zu erwartende Ticketaufkommen. Greift ein Anwender im Mittel einmal pro Monat auf den Support zurück, würde sich hier das Verhältnis von 1 ergeben. In der Regel liegt dieser Wert zwischen 0,7 und 3 Tickets pro User pro Monat und schwankt stark von Kunde zu Kunde. Auch fehlte in diesem Projekt das Anrufverhalten – dieses besagt z.B., ob es die Anwender gewohnt sind, den Support häufig rückfragend zu kontaktieren – wie auch eine Bearbeitungszeit bzw. Gesprächszeit. Diese Zeitangabe basiert auf der Schwierigkeit eines Nutzerproblems und den Kenntnissen der Kundenanwender.

Im Rahmen von Interviews mit Fujitsu Mitarbeitern aus den Bereichen Presales und der Service Desk Operation wurde ermittelt, welche Größen mit welcher Häufigkeit von Kundenseite bereitgestellt werden. Diese Auswertung auf Seiten von Fujitsu zieht ein Resümee zu vielen bisherigen Angebotsanfragen. In jedem Request for Proposal (RfP) ist ein Kunde in der Lage die Anwenderanzahl, Support-Zeiten und auch den gewünschten Time-Service Faktor anzugeben. Im größten Teil der Fälle (ca. 90%) ist der Kunde in der Lage die Number of Tickets – also das Verhältnis von Tickets pro Anwender pro Monat –und auch die First Call Resolution Rate zu benennen. Bei deutlich weniger Kunden liegen Informationen zur Self Service Ratio (synchron vs. asynchron) oder auch ein Ticket Split in Incidents und Service Requests vor. Sehr selten kommt es vor, dass ein Kunde relevante Reports oder umfassende Statistiken aus einem IT-Servicemanagement-Tool zur Verfügung stellen kann. In nahezu keinem Fall kann der Kunde mit einer Call Handling Time (durchschnittliche Bearbeitungszeiten) dienen. Es ist also fast zwangsläufig notwendig, auf Schätzwerte zurückzugreifen.

4 Analyseresultate

Welche Abweichungen die Analyse im Detail hervorbrachte, zeigt die folgende Tabelle exemplarisch für ausgewählte Inputparameter.

Parameter	Vorschlagswert (Unternehmensmodell)	Stat. Mittelwert aus dem Betrieb	Abweichung in %
Erstlösungsrate	60%	54%	(-)10%
Calls zu Ticket Faktor	1,9	1,6	(-)16%
Verteilungsschlüssel (synchr. | asynchr.)	70%|30%	74%|26%	(+)6%
durchschn. Bearbeitungszeit	600 Sekunden	515 Sekunden	(-)14%
Incidents pro User pro Monat	0,7	0,9	(+)28%

Tabelle 1: Kalkulationsparameter und Abweichungen

Beginnend mit der Erstlösungsquote beträgt die negative Abweichung zum Vorschlagswert 10%. Auch der Faktor zur Ermittlung der zu erwartenden Call-Zahl, auf Basis der Tickets bzw. Incidents, ist demnach zu hoch angesetzt. Ein Incident verursacht so im Durchschnitt 1,6 Calls (Anrufe). Die genutzte Angabe von fast 2 Calls pro Incident ist also 0,3 Punkte zu hoch. Der Verteilungsschlüssel der synchronen und asynchronen Kommunikation ist der erste Wert, welcher angepasst werden sollte. Angepasst steht in diesem Zusammenhang für die Quote von synchronen Meldungen von Incidents. Der Anteil liegt im Durchschnitt vier Punkte höher. Knapp unter drei-Viertel aller Vorfälle werden z.B. per Telefon gemeldet. Für die Bearbeitungszeit im Durchschnitt ist ein geringerer Wert anzusetzen. Anstelle der vorgeschlagenen zehn Minuten, kommt ein Wert von 8 Minuten und 35 Sekunden der Realität näher. Der Vorgabewert für den Faktor der Incidents pro User pro Monat ist mit 0,7 wiederum zu gering angesetzt. Hier konnte mit 28% die größte Abweichung festgestellt werden. Bis zu diesem Punkt ist es möglich, Verbesserungsansätze zu bestimmen und den Planungsmitarbeitern von Fujitsu Korrekturempfehlungen darzulegen.

Für die Arbeit sollten diese Ergebnisse jedoch noch weiter ausgebaut werden. Dazu wurde eine Risikoanalyse auf Kostenbasis durchgeführt, welche die Auswirkungen einer möglichen Abweichung belegt. Ausschlaggebend für dieses Vorgehen, war die Vermutung, dass eine hohe Abweichung eines Parameters nicht zwangsläufig ein höheres Risiko darstellt als die sehr geringe Abweichung einer anderen Planungsgröße. Dies lässt sich in der Einwirkung auf die Bedarfskalkulation in den genutzten Modellen zurückführen. Bestimmte Größen bewirken starke oder marginale Änderungen des Supportbedarfs und infolgedessen auch verschieden große Modifikationen der bereitzustellenden Mitarbeiter. Durch die vorgenommene Analyse konnten bei einigen Kalkulationsparametern hohe Risiken, bei anderen nur eine geringe Risikoneigung festgestellt werden. Für bestimmte Werte war es dabei auch möglich, ihre zwangsläufige Zuführung durch den Kunden zu belegen. So macht es für die User z.B. keinen Sinn einen Schätzwert zu nutzen, und auch bei der Service Time muss Fujitsu auf Kundeninformationen zurückgreifen.

Exemplarisch soll nun auf vier Planungsgrößen genauer eingegangen werden. Neben der zuvor beschriebenen Korrektur kommen jetzt Risikoaufschläge hinzu, die sich z.B. bei dem Faktor der Tickets pro User pro Monat (1) in deutlichen Aufschlägen wiederspiegeln.

Parameter	vom Kunden	Vorschlagswert
(1) Tickets / User / Monat	+ 30%	+ 20%
(2)Verteilungsschlüssel Medien (Anteil asynchrone Medien)	+ 5%	+ 5%
(3) Durchschn. Bearbeitungszeit	+|- 0%	- 14%
(4) Calls (kalkulatorischer Faktor als Multiplikator)	+|- 0%	- 16%

Tabelle 2: Anpassung der Kalkulationsparameter

Kann ein Kunde den besagten Wert benennen, sollte vor dem Hintergrund der Analyse diese Kenngröße um ein Drittel erhöht werden. Kunden haben diesen Faktor erfahrungsgemäß bisher immer zu niedrig dokumentiert. Auch für den internen Vorschlagswert gilt eine Anpassung um 20%. Diese Korrektur muss in Form einer Erhöhung geschehen.

Der Anteil der synchronen Medien (2) kann grundsätzlich um 5% erhöht werden. Kunden, wie auch interne Vorschlagswerte von Fujitsu liegen dann mit 75% telefonischen Anfragen nahe an einem realen Betrieb. Das Bild stellt sich bei den Parametern der durchschnittlichen Bearbeitungszeit (3) und dem Faktor der aus einem Ticket resultierenden Calls (4) merklich differenzierter dar. Hier lassen sich Kundenwerte unverändert zur Kalkulation nutzen. Diese Parameter werden bei Bestimmung durch den Kunden korrekt eingeschätzt. Sollten diese Werte jedoch nicht von externer Seite vorliegen, ist eine Risikoanpassung notwendig. Der interne Schätzwert für die Dauer der Bearbeitung eines Incidents liegt 14% über dem ermittelten Wert der Praxis. Auch der Faktor der Calls pro Ticket wird bei Verrechnung interner Größen zu hoch eingeschätzt. Hier lässt sich das Risiko der Überdimensionierung durch eine Verringerung um 16% anpassen. Trotz bestehender Abweichungen und Verbesserungsmöglichkeiten von mehr als 25%, ist der aktuelle Ansatz als Aufbau aus Erfahrungswerten ein nutzbares Vorgehen.

5 Resümee

Das vorgenommene heuristische Verfahren als neuer Ansatz und die weitere Analyse des bestehenden Systems, haben sich als Königsweg zur Lösung verschiedener Problemstellungen erwiesen. Zum einen wurde die Komplexität statischer Modelle reduziert, zum anderen hat es sich als Kalkulationsempfehlung trotz erweiterbarer Datenbasis bewährt. In der Gegenüberstellung eines eigenen Modells (nach Erlang-C) und dem des bestehenden Unternehmensmodell, konnten Fujitsu Anregungen gegeben werden, die bestehenden Modelle zu verschlanken.

Die in der Masterarbeit genutzte Datenbasis sollte hierfür in Zukunft noch erweitert werden, um die ermittelten Tendenzen noch fundierter zu belegen. Zusammen mit der Analyse aus dem vom Autor selbst entwickelten System und der Risikountersuchung, zeigten sich einige interessante Einzelergebnisse und ein aufschlussreiches Gesamtergebnis für das heuristische Verfahren als Alternative zum bestehenden Schätzverfahren.

Inwiefern Warteschlangemodelle auch zukünftig die zentrale Rolle zur Bestimmung von Service Desk Kapazitäten spielen, ist abzuwarten, da die asynchrone Kommunikation, welche in den Modellen nicht beachtet wird, mit dem Service Desk weiter zunimmt.

6 Ausblick

Spannend bleibt für diesen Bereich zu beobachten, ob und wenn ja welchen Effekt die allgemeinen Gegebenheiten aus dem Privatleben der Anwender auf einen zukünftigen Trend haben. Mit Chat- und Messenger-Programmen im Alltag ist es durchaus denkbar, dass sich das Kommunikationsverhalten der Nutzer entscheidend ändert und zukünftig gänzlich andere Anforderungen an einen Service Desk gestellt werden.

7 Literaturverzeichnis

[Grue+09]	Grünig, R.; Kühn, R.: Entscheidungsverfahren für komplexe Probleme. Ein heuristischer Ansatz. Springer-Verlag, s.l., 2009.
[Helb+04]	Helber, S.; Stolletz, R.: Call Center Management in der Praxis: Strukturen und Prozesse betriebswirtschaftlich optimieren. 1. Aufl.. Berlin Heidelberg New York: Springer-Verlag, 2011.
[Hoec05]	Höck, M.: Dienstleistungsmanagement aus produktionswirtschaftlicher Sicht. Deutscher Universitätsverlag, Wiesbaden, 2005.
[Kool13]	Koole, G.: Call center optimization. MG Books, Amsterdam, op. 2013.
[Luen13-ol]	Lünendonk-Studie 2013: „Der Markt für IT-Beratung und IT-Service in Deutschland", Lünendonk GmbH, Kaufbeuren, 2013 Online-Adresse: http://luenendonk-shop.de/out/pictures/0/lue_it_studie_offizielleversion_f050913_fl.pdf
[OGC07]	Spalding, George: Continual service improvement. London (The Stationery Office). 2007
[Vanb+12]	van Bon, J. et al. Hrsg.: Foundations in IT-ServiceManagement. Basierend auf ITIL V3. Van Haren, Zaltbommel, 2012.

Die Implementierung der Earned Value Analyse in die Branchenlösung für Projektdienstleister der KUMAVISION AG [*]

The implementation of the Earned Value Analysis in the industry solution for project service of KUMAVISION AG

Thomas Strücker

Fachbereich Informatik
Fachhochschule Dortmund
Emil-Figge-Str. 42
44227 Dortmund
thomas.struecker@gmx.de

Kurzfassung: Dieses Paper bietet einen Überblick über die Funktionsweise der Earned Value Analyse und mögliche Einsatzgebiete dieses Verfahrens in Kombination mit dem darauf basierenden Earned Value Management. Der Hauptfokus liegt hierbei auf der Berechnung von halbfertigen Projektleistungen. Des Weiteren wird die Implementierung der Earned Value Analyse in die Branchenlösung für Projektdienstleister der KUMAVISION AG, die auf dem Enterprise Ressource Planing System Microsoft Dynamics© NAV beruht, erläutert. Hierbei werden neben der Implementierung, auch die Planung und die Konzeption näher beschrieben.

Abstract: This paper gives a short overview about the Earned Value Analysis and its possible areas of usage in combination with the Earned Value Management which is based on the Earned Value Analysis. The main focus is on the calculation of semi-finished project results. Furthermore, the implementation of the Earned Value Analysis into the industry solution for project service, which is based on the enterprise resource planning system Microsoft Dynamics© NAV, is discussed. In addition to the implementation, the planning and the conception are also described in detail.

---

[*] Verkürzte Version einer Projekt- und Bachelorarbeit unter Betreuung von Prof. Dr. Martin Hesseler

1 Einleitung

Im Rahmen dieser Projekt- und der darauf aufbauenden Bachelorarbeit, die jeweils in Kooperation mit der KUMAVISION AG entstanden sind, wird die Möglichkeit betrachtet, halbfertige Projektleistungen mit Hilfe der Earned Value Analyse zu ermitteln. Hierbei wird auch das auf den Ergebnissen der Earned Value Analyse beruhende Earned Value Management untersucht. Anschließend wird die Implementierung dieser Berechnung in die Branchenlösung für Projektdienstleister der KUMAVISION AG dargelegt.

1.1 Halbfertige Leistungen

Ein Hauptproblem im Projektmanagement ist die Frage, wie mit sogenannten halbfertigen Leistungen umgegangen werden soll. Das sind Leistungen, die schon begonnen wurden, aber noch nicht fertig gestellt sind bzw. dem Kunden noch nicht in Rechnung gestellt wurden. In diese Leistungen wurden allerdings schon Ressourcen investiert, die die Projektleistung belasten. Halbfertige Leistungen können in zwei grundlegenden Kategorien der betrieblichen Tätigkeiten auftreten. Sowohl bei der Produktion von Erzeugnissen als auch beim Erbringen von Dienstleistungen ist es möglich, dass sich dies über einen längeren Zeitraum hinzieht. Innerhalb dieses Zeitraums kann es sein, dass diese halbfertigen Erzeugnisse oder Dienstleistungen an einem oder mehreren Stichtagen bilanziert werden müssen [Kohs14-ol].

Für das Projekt Management ist es entscheidend, einen Überblick über die Leistungen zu haben, die schon Kosten verursacht haben, aber dem Auftraggeber noch nicht in Rechnung gestellt wurden. In der Unternehmensbilanz müssen diese ausstehenden Einnahmen aufgeführt werden. Die für diese Arbeit interessanteste Bilanzierungsmöglichkeit ist die Percentage-of-Completion-Methode. Diese geht davon aus, dass bei langfristigen Dienstleistungsaufträgen, die die meisten externen Projekte abbilden, der Absatz der Dienstleistungen gesichert ist. Aus diesem Grund wird die erfolgswirksame Gewinnrealisation anteilig auf Basis des Fertigstellungswertes bzw. des Leistungsfortschrittes eines Projektes für jede Periode ermittelt. Daher werden sowohl die angefallenen Herstellungskosten als auch die dazugehörigen Anteile des voraussichtlichen Gewinnes in der Bilanz erfasst. Der Gewinn eines langfristigen Dienstleistungsauftrages wird somit nicht erst nach Abnahme des Auftraggebers in der Bilanz ausgewiesen. Stattdessen wird der Gesamtgewinn stichtagsbezogen auf die einzelnen Perioden, in denen die Leistung erbracht wurde, verteilt. Um diese Methode durchzuführen, ist es notwendig, den Fertigstellungsgrad eines Auftrages zu verschiedenen Zeitpunkten sowie den voraussichtlichen Gesamtgewinn zu ermitteln [Kohs14-ol] [SWS+10].

1.2 Earned Value Management

Das Earned Value Management (EVM) ist eine Form des Projektmanagements, dass stark auf den gewonnen Werten aus der Earned Value Analyse (EVA) beruht. Diese Ergebnisse können genutzt werden, um die im Kapitel 1.1 beschriebenen halbfertigen

Leistungen zu berechnen und die Percentage-of-Completion-Methode für die Bilanzierung anzuwenden.

Die Grundgedanken des EVM reichen in den USA bis in das späte 19. Jahrhundert zurück. Wirtschaftsingenieure im Bereich der Fabrikfertigung verwendeten Konzepte, um die finanzielle Leistung der Fabriken zu messen und zu optimieren. Das Earned Value Grundkonzept wurde 1967 eines der Schlüsselkonzepte in den Richtlinien des DoD (Department of Defense of the United States). An diese Richtlinien mussten sich alle Bewerber halten, die Verträge mit der US Regierung abschließen wollten, bei denen die Regierung Teilrisiken oder die gesamten Risiken von Mehrkosten tragen musste. Im Jahr 1996 wurde von der US-Regierung das Earned Value Management System eingeführt. Das Fachvokabular und die Berechnungsformeln der EVA wurden von The Project Management Institutes's (PMI's) in dem Buch „A Guide to the Project Management Body of Knowledge" (PMBoK Guide) festgelegt. Der PMBoK Guide wurde im Laufe der Jahre in mehreren Versionen weiter verfeinert und vereinfacht. Die aktuelle Version ist die fünfte Version, die im Januar 2013 veröffentlicht wurde [FK05].

Das Hauptwerkzeug des EVM ist die EVA, die auch als Leistungswertanalyse oder Arbeitswertanalyse bezeichnet wird. Sie überwacht für jedes Arbeitspaket und jede Projektkostenstelle die drei entscheidenden Dimensionen: Geplanter Wert (PV engl. Planned Value), Fertigstellungswert (EV engl. Earned Value) und Ist-Kosten (AC engl. Actual Cost). Anhand dieser Dimensionen lassen sich Abweichung vom genehmigten Basisplan überwachen und in Effizienzkennzahlen umrechnen. Die Effizienzkennzahlen sind hilfreich, um den aktuellen Stand des Projektes festzulegen. Des Weiteren bilden sie eine Basis für Schätzungen zu den Projektkosten und zum Stand der Terminplanung [Proj08]. Die Differenz aus dem Fertigstellungswert und den bereits abgerechneten Leistungen stellen die in Kapitel 1.1 beschriebenen halbfertigen Leistungen dar.

Tabelle 1 zeigt die Abkürzungen der EVA und deren Bedeutungen.

Abk.	Bezeichnung	Bedeutung
PV	Planned Value	Plankosten = Planpreis * Planmenge
AC	Actual Cost	Ist-Kosten = Ist-Preis * Ist-Menge
EV	Earned Value	Fertigstellungswert = Planpreis * Ist-Menge
SV	Schedule Variance	Zeitabweichung = EV - PV
CV	Cost Variance	Kostenabweichung = EV - AC
SPI	Schedule Performance Index	Terminentwicklungsindex = EV/PV
CPI	Cost Performance Index	Kostenentwicklungsindex = EV/AC

Abk.	Bezeichnung	Bedeutung
BAC	Budgeted Cost at Completion	geplante Kosten bei der Fertigstellung (Summe aller PV's)
EAC	Estimation at Completion	voraussichtliche Gesamtkosten bei Fertigstellung
	1. Berechnungsmöglichkeit	Geplante Kosten nach manueller Bottom-Up Schätzung = AC + Bottom-Up-ETC (Estimate to Complete)
	2. Berechnungsmöglichkeit	EAC-Prognose für ETC-Arbeit, die zum veranschlagten Budget durchgeführt wird = AC + BAC -EV
	3. Berechnungsmöglichkeit	EAC-Prognose für ETC-Arbeit zum aktuellen CPI = BAC / Kumulativer CPI
	4. Berechnungsmöglichkeit	EAC-Prognose für ETC Arbeit unter der Berücksichtigung von SPI- und CPI Faktoren = AC + ((BAC-EV) / (kumulativer CPI * kumulativer SPI))
TCPI	To-Complete Performance Index	Zu erbringender Leistungsindex
	1. Berechnungsmöglichkeit	Zu erbringender Leistungsindex auf Basis des BAC = (BAC-EV) / (BAC-AC)
	2. Berechnungsmöglichkeit	Zu erbringender Leistungsindex auf Basis des EAC = (BAC-EV) / (EAC-AC)

Tabelle 1: Begriffe der Earned Value Analyse

Die voraussichtlichen Gesamtkosten lassen sich auf vier unterschiedlichen Wegen berechnen:

1. Die Bottom-Up Schätzung beruht auf den bereits angefallenen Kosten und den geschätzten Kosten für alle verbleibenden Aufgaben.

2. Die Prognose auf Basis des veranschlagten Budgets geht davon aus, dass die verbleibende Arbeit zum veranschlagten Budget durchgeführt wird. Die geschätzten Gesamtkosten ergeben sich aus den bereits angefallenen Kosten und den budgetierten Werten der verbleibenden Arbeit.

3. Die Prognose auf Basis des aktuellen CPI geht hingegen davon aus, dass die verbleibende Arbeit sich gleich zum aktuellen CPI verhält.

4. Sowohl CPI als auch SPI werden einbezogen. Die Gewichtungen von CPI und SPI können sich unterscheiden und werden vom Projektmanager individuell festgelegt [Proj08].

Auch der zu erbringende Leistungsindex kann auf zwei unterschiedlichen Wegen berechnet werden. Er beschreibt die Kostenentwicklung, die eingehalten werden muss, um einen bestimmten BAC oder EAC zu erreichen. Die Berechnung wird solange auf Basis des BAC durchgeführt, bis der Projektmanager der Meinung ist, dass der BAC nicht mehr realistisch ist. Dann wird der BAC durch den genehmigten EAC ersetzt [Proj08].

1.3   Branchenlösung für Projektdienstleister

Die Branchenlösung für Projektdienstleister basiert auf dem ERP-System Microsoft Dynamics© NAV 2016 und richtet sich vor allem an Projektdienstleister und Ingenieurbüros. Sie vereinfacht und unterstützt die Planung, Durchführung und das Controlling von Projekten in allen Projektphasen. Weiterhin bietet sie eine hohe Transparenz durch permanent mitlaufende Berechnungen, die die Risikoerkennung vereinfacht [Kuma16-ol].

Microsoft Dynamics© NAV ist ein vollwertiges ERP-System von der Firma Microsoft. Das System ist modular aufgebaut, wobei die einzelnen Module untereinander vollständig integriert sind und nur auf eine Datenbank zugreifen. Einige Kernfunktionen der Lösung sind das Finanzmanagement, der Bereich Verkauf, Marketing und Service, das Supply-Chain-Management und der Bereich Business Intelligence / Reporting [LSG13].

Ein weiteres Merkmal ist die internationale Verwendbarkeit von Microsoft Dynamics© NAV. Diese wird durch den speziellen Aufbau der Objekte ermöglicht. Jede Microsoft Dynamics© NAV Lösung besteht aus weltweiten Basisobjekten und speziellen regionalen Objekten, die beispielsweise auf die unterschiedlichen Steuergesetze weltweit eingehen. Dazu können dann noch spezielle Objekte aus Branchenlösungen von Microsoft Partnern, wie z.B. die Branchenlösung für Projektdienstleister der KUMAVISION AG, kommen, die das Grundsystem um weitere Funktionen erweitern. [LSG13].

Die Entwicklung für Microsoft Dynamics© NAV 2016 kann in der Client/Server Integrated Development Environment (C/SIDE) und in der Development Shell stattfinden. Die C/SIDE ist die zentrale Entwicklungsplattform. Sie enthält den *Object Designer* mit dem Objekte erstellt, gelöscht und verändert werden können sowie den Editor für die proprietäre **Programmiersprache C/AL** (Client/Server Application Language). Die Programmiersprache C/AL ist ereignisgesteuert und nicht objektorientiert, jedoch objektbasiert. In der Version 2016 gibt es sieben Objekttypen [Gaye16]. Die für dieses Paper relevanten Objekttypen werden im späteren Verlauf kurz erläutert.

2   Entwurf

Während des Entwurfs wurde in der Ist-Analyse festgestellt, welche Daten bereits in der Branchenlösung gegeben sind. Anschließend wurden in der Soll-Konzeption neue Anforderungen erfasst. Abschließend wurde basierend auf den Ergebnissen ein geeignetes Vorgehensmodell ausgewählt.

2.1   Ist-Analyse

Die Ist-Analyse wurde durchgeführt, um festzustellen, welche Daten aus der Branchenlösung für Projektdienstleister für die Berechnung der EVA direkt genutzt werden können und welche Daten in leicht geänderter Form verwendbar sind. Außerdem zeigte sie bisherige Schwachstellen im System auf, die im Rahmen der neuen Anforderungen berücksichtig und überarbeitet werden konnten [Balz01].

Die Branchenlösung bietet umfangreiche Daten zu Projekten. Allgemeine Daten zu einem Projekt werden auf der Projektkarte dargestellt, die aus der Standardtabelle *Projekt* abgerufen werden. Objekte vom Typ Tabelle dienen in Microsoft Dynamics© NAV dazu, Daten in geordneten Strukturen zu speichern. Zur Anzeige dieser Daten werden Objekte vom Typ Page verwendet. Die Projektkarte ist ein Beispiel für ein Page Objekt. Hier sind beispielsweise der Name des Projektes, die Nummer, der Verantwortliche, das geplante Start- und das geplante Enddatum zu finden. Einige weitere Daten sind in der Abbildung 1 zu sehen.

Abbildung 1: Reiter Allgemein der Page Projektkarte

Neben der Erfassung der allgemeinen Daten zu einem Projekt bietet die Branchenlösung auch bereits die Möglichkeit einen vollständigen Projektstrukturplan (PSP) anzulegen. Dieser besteht aus drei Ebenen. Die oberste Ebene ist der PSP-Kopf. Hier kann unter Anderem festgelegt werden, ob das Budget für den PSP freigegeben ist. Das ist eine Vorrausetzung für die EVA. Außerdem kann festgelegt werden, welcher PSP für das Projekt aktiv ist, da es möglich ist mehrere PSP für ein Projekt anzulegen. Die zweite Ebene ist die PSP-Zeile. Diese bildet eine einzelne Aktivität des PSP ab. Hier lassen sich u.a. der geschätzte Aufwand, die Preise, der Fortschritt und Freigaben durch den Kunden hinterlegen. Die unterste Ebene sind die Budget-Zeilen. In den Budget-Zeilen werden alle Aufgaben, die zu einer PSP-Zeile gehören einzeln aufgeführt. Die Budget-Zeilen werden in den PSP-Zeilen zusammengefasst. Sie bilden die Aufgaben aus Sicht der zuständigen Ressource oder Ressourcengruppe ab, während die PSP-Zeilen die Sicht des Projektleiters darstellen.

Zusammengefasst konnte festgestellt werden, dass die Branchenlösung alle notwendigen Grundwerte zur Berechnung der EVA liefert, diese sich allerdings in verschiedenen Tabellen befinden und für die weiteren Auswertungen zusammengeführt werden mussten. Ein weiteres Ergebnis war, dass es sinnvoll war sowohl Berechnungen auf Basis der Budget- als auch auf Basis der PSP-Zeilen durchzuführen. So wird der Blick auf das Projekt sowohl aus Sicht der Mitarbeiter als auch aus Sicht des Projektleiters gestellt, da die Einschätzung des Fortschritts variieren kann.

2.2 Soll-Konzeption

In Zusammenarbeit mit einem Produktverantwortlichen der KUMAVISION AG ist eine Anforderungsanalyse durchgeführt worden, um alle Anforderungen an die Erweiterung der Branchenlösung zu erfassen. Diese Anforderungen sind nach dem Kano-Modell in Basis-, Leistungs- und Begeisterungsmerkmale eingeteilt worden. Das Kano-Modell stellt den Zusammenhang zwischen Erwartungserfüllung und Kundenzufriedenheit dar. Außerdem zeigt es, dass es verschiedene Formen von Anforderungen gibt, die unterschiedliche Auswirkungen auf die Zufriedenheit des Kunden haben [Hölz07].

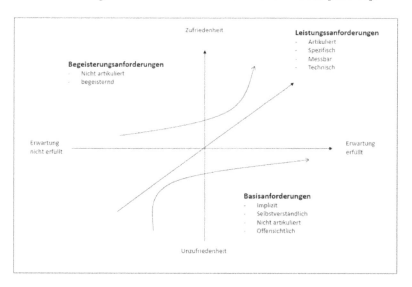

Abbildung 2: Kano-Modell der Kundenzufriedenheit nach [Hölz07]

Abbildung 2 stellt die drei Formen von Anforderungen und die Zusammenhänge zwischen Erwartungserfüllung und Zufriedenheit des Kunden dar. Unter Basisanforderungen werden Anforderungen verstanden, die für den Kunden offensichtlich und implizit sind und somit gar nicht artikuliert werden. Das sind beispielsweise die Anforderungen, dass das Programm performant und fehlerfrei abläuft. Werden die Erwartungen an Basisanforderungen in vollem Maße erfüllt, wirkt sich dies nicht positiv auf die Zufriedenheit des Kunden aus, da dieser dies als selbstverständlich ansieht. Werden die Erwartungen allerdings nicht erfüllt, führt dies selbst bei kleinen Abweichungen zu einer immer stärkeren Unzufriedenheit des Kunden. Aus diesem Grund sollten Basisanforderungen die Erwartungen des Kunden immer voll und ganz erfüllen.

Leistungsanforderungen hingegen sind klar spezifizierbar und messbar. Hierbei handelt es sich meist um technische Anforderungen, die der Kunde klar artikulieren und zur Unterscheidung von Produkten nutzen kann. Das Verhältnis zwischen Erwartungserfüllung und Zufriedenheit verläuft linear. Je stärker die Erwartungen des Kunden erfüllt werden, desto zufriedener ist er.

Der dritte Typ von Anforderungen sind Begeisterungsanforderungen. Dies sind Merkmale eines Produktes, die der Kunde nicht von dem Produkt erwartet, die für ihn aber einen deutlichen Mehrwert darstellen [Hölz07].

Alle erfassten Anforderungen wurden in diese drei Kategorien eingeordnet. Beispiele für Basisanforderungen sind die vollständige Berechnung der EVA für Projekte, einzelne PSP-Zeilen und Budget-Zeilen. Unter die Leistungsanforderungen fallen u.a. die farbliche Darstellung von Abweichungen und das automatisierte Erfassen der Daten. Als Begeisterungsanforderungen wurden beispielsweise die graphische Darstellung der Ergebnisse und die Möglichkeit zur Auswertung in Microsoft Power BI© eingestuft.

2.3   Vorgehensmodell

Die Umsetzung dieser Arbeit erfolgte weitestgehend nach dem inkrementellen Modell nach [Balz98]. Zu Beginn wurde versucht, die Anforderungen möglichst vollständig zu erfassen und zu modellieren. Anschließend wurde ein vorläufiger Prototyp erstellt, der nur einige Grundanforderungen des zu entwickelnden Produktes implementiert, um ein Gefühl für die Lösung zu bekommen und mögliche Risiken schnell zu erkennen. Anschließend wurde dieser Prototyp in zweiwöchigen Zyklen überarbeitet und um weitere Anforderungen erweitert. Am Ende jedes Zyklus sollte ein lauffähiges Programm stehen, um mit einem kurzen Review feststellen zu können, welche Aspekte beibehalten werden können und welche Funktionen noch überarbeitet werden müssen. Dieses Vorgehen sollte sicherstellen, dass am Ende dieser Arbeit ein vollkommen lauffähiges Programm steht, das möglichst viele der erfassten Anforderungen umsetzt [Balz98].

3 Implementierung

3.1 Entwicklung eines Prototyps

Zu Beginn der praktischen Umsetzung wurde ein Prototyp erstellt, der sicherstellen sollte, dass sich die Berechnung der EVA in Microsoft Dynamics© NAV umsetzen lässt. Des Weiteren sollten erste Darstellungsmöglichkeiten der Ergebnisse ermittelt werden. Die gewonnenen Erfahrungen aus der Entwicklung des Prototyps konnten direkt in die Planung und Implementierung des Programms einfließen. Die Umsetzung des Prototyps sollte zunächst möglichst einfach gehalten werden. Aus diesem Grund wurden drei Tabellen für die Berechnung der EVA für Projekte, PSP-Zeilen und Budget-Zeilen angelegt. Allerdings wurden die Basisdaten manuell eingegeben, da das korrekte Ermitteln dieser Daten eine der Hauptherausforderungen dieser Arbeit war und deshalb im Prototyp ausgelassen wurden. Außerdem wurden für ein Projekt für die drei Ebenen der EVA Pages erstellt, um den aktuellen Stand anzuzeigen und eine Übersicht über alle Berechnungen zu bieten.

Jede Tabelle enthält eine Funktion, die für die jeweilige Ebene die EVA durchführt. Diese berechnen anhand von manuell eingegebenen Basisdaten, wie z.B. geplante Dauer oder Fortschritt, die EVA.

Abbildung 3 zeigt, wie der Prototyp die Ergebnisse auf der Ebene Projekte für den Benutzer darstellt.

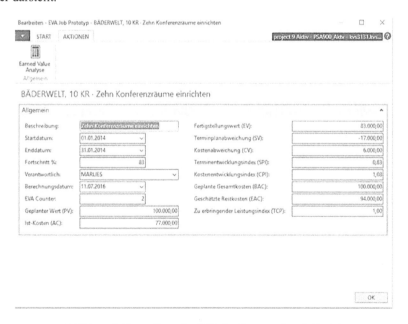

Abbildung 3: Darstellung der EVA im Prototyp für ein Projekt

137

Abschließend kann gesagt werden, dass der Prototyp gezeigt hat, in welcher Form die Daten zur EVA gespeichert werden können und wie diese für den Benutzer dargestellt werden können. Da der Prototyp die an ihn gestellten Erwartungen vollständig erfüllen konnte, wurde er als Basis für die weitere Entwicklung eingesetzt.

3.2 Entwicklung des vollständigen Moduls

Die größte Änderung im Vergleich zum Prototyp war, dass die Daten automatisch aus dem System erfasst wurden und nicht mehr manuell in der Tabelle hinterlegt wurden. Die Datengrundlage und die Darstellung wurden, wie im Prototyp, beibehalten und weiter ausgebaut, da sie wie gewünscht funktioniert haben. Die Funktionalitäten zur Berechnung wurden aus den Tabellen entfernt und dafür zentral in einer Codeunit zusammengefasst. Eine Codeunit ist ein Objekttyp in Microsoft Dynamics© NAV um Funktionen, die an verschiedenen Stellen aufgerufen werden, zentral zur Verfügung zu stellen.

Wie in Abbildung 4 zu sehen, umfassen diese Funktionen nicht nur Funktionen zur Berechnung der EVA, sondern auch zur Überprüfung des Projektstrukturplans. Hierbei wird auf allen drei Ebenen des Projektstrukturplans geprüft, ob alle notwendigen Anforderungen erfüllt sind, um die EVA durchzuführen. Hierrunter fallen u.a. das Start- und Enddatum, ein geplanter Aufwand und ein Verantwortlicher.

Nur wenn diese Überprüfungen erfolgreich sind, wird die eigentliche Berechnung der EVA gestartet. Hierbei hat der Nutzer die Auswahl, ob die Berechnung auf Basis der PSP-Zeilen oder der Budget-Zeilen erfolgen soll. Neben dem manuellen Start der Berechnungen hat der Benutzer die Möglichkeit im System eine automatisierte Berechnung für alle offenen Projekte durchzuführen, die sich beispielsweise jeden Sonntag wiederholt.

Abbildung 4: Finale Darstellung der EVA für ein Projekt

Außerdem werden im Vergleich zum Prototyp positive Abweichungen um mindestens 10% grün und negative Abweichungen um mindestens 10% rot angezeigt. Dies gibt dem

Projektleiter die Möglichkeit auf einen Blick zu sehen, welche Werte des Projektes so stark vom Plan abweichen, dass ein Eingreifen möglicherweise notwendig ist.

Aus diesem Grund wurde auch ein Report erstellt, der die aktuellen Werte der EVA und den Verlauf der wichtigsten Indizes seit Projektbeginn anzeigt. Reports sind Objekte in Microsoft Dynamics© NAV die u.a. genutzt werden, um Belege und Ausdrucke zu erzeugen.

Earned Value Analyse

Projekt Nr.:	P00600	Berechnungsbasis:	Budget
Projekt Beschreibung:	Einführung Buchhaltungssoftware	Berechnungsgrund:	Manuell
		Geplante Gesamtkosten (BAC):	8.300,00€
EVA Berechnungsdatum:	28.08.2016	Geschätzte Restkosten (EAC):	7.210,00€
Berechnungszeit:	15:36:17	Kostenentwicklungsindex (CPI):	1,22
Plankosten (PV):	8.300,00€	Terminentwicklungsindex:	0,18
Geplanter Wert Berechnungsdatum:	28.600,00€	Zu erbringender Leistungsindex:	0,71
Ist-Kosten (AC):	4.100,00€	Earned Schedule (ES):	28,70
Kostenabweichung (CV):	905,00€	Terminplanabweichung (Basis ES):	0,70
Zeitabweichung (SV):	-1.975,00€	Terminentwicklungsindex Basis ES:	1,03

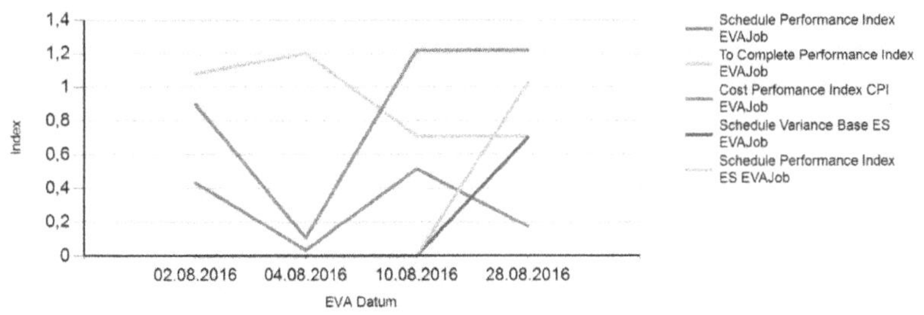

Abbildung 5: Bericht EVA Verlauf

Abbildung 5 zeigt das aktuelle Ergebnis und den Verlauf eines Musterprojektes. Mit Hilfe des Verlaufs ist es dem Projektleiter möglich Trends zu erkennen oder Auswirkungen von Maßnahmen, die in der Vergangenheit getroffen wurden, zu analysieren.

Die Implementierung hat gezeigt, dass es nicht notwendig ist, eine gesonderte Schnittstelle zu Microsoft Power BI© zu schaffen, da die Struktur der Daten es ermöglicht, diese über die bereits integrierte Standardschnittstelle auszutauschen und in Microsoft Power BI© detailliert auszuwerten.

4   Fazit

Die Ergebnisse der Ist-Analyse haben gezeigt, dass die Branchenlösung bereits die wichtigsten Werte zu einem Projekt bereitstellt, diese allerdings auf mehrere Tabellen verteilt sind. Die anschließende Erstellung des verdeutlichte, dass die Implementierung der EVA in Microsoft Dynamics© NAV umsetzbar ist. Einer der Vorteile des inkrementellen Models ist, dass man auf bereits bestehenden Ergebnissen aufbauen kann, konnte in dieser Arbeit genutzt werden. Im Verlauf der Entwicklung stellte sich heraus, dass die Daten als Grundlage zur Auswertung mit Microsoft Power BI© bereits gegeben sind und keine weiteren Schnittstellengestaltungen notwendig sind.

Abschließend kann festgehalten werden, dass Nutzer der Branchenlösung mit den Ergebnissen dieser Arbeit die Möglichkeit haben, die EVA einzusetzen, um auf diese Weise eine bessere Übersicht über das Zeit- und Kostenverhalten ihrer Projekte zu erhalten. Dies ermöglicht ein frühzeitiges Eingreifen, wenn eines der Projekte sich nicht mehr im tolerierten Rahmenbereich befindet.

5 Literaturverzeichnis

[Balz98]   Balzert, Helmut: Lehrbuch der Softwaretechnik Software-Management Software-Qualitätssicherung Unternehmensmodellierung. Spektrum Akademischer Verlag, Heidelberg, 1998, S. 101

[Balz01]   Balzert, Helmut: Lehrbuch der Softwaretechnik Software Entwicklung; Spektrum Akademischer Verlag, Heidelberg, 2001, S. 122 f.

[FK05]   Fleming, Quentin W.; Koppelmann, Joel M.: Earned Value Project Management Third Edition, Project Management Institute, Pennsylvania, 2005, S.27 ff.

[Gaye16]   Gayer, Michaela: Microsoft Dynamics NAV Einführung Design und Programmierung, MBS-Training, Wiener-Neustadt, 2016 S.25

[Hölz07]   Hölzing, Jörg: Die Kano-Theorie der Kundenzufriedenheitsmessung, Gabler Edition Wissenschaft, Mannheim, 2007 S.77-85

[Kohs14-ol] Kohs, Christiane: Wesentliche Bilanzierungsunterschiede zwischen HGB und IFRS dargestellt anhand von Fallbeispielen, http://www.boeckler.de/pdf/mbf_ifrs_hgb_kapitel7.pdf, Abruf 04.12.2016

[Kuma16-ol] KUMAVISION AG, http://kumavision.com/branchen/erp-projektdienstleister-ingenieure, Abruf 04.12.2016

[LSG13]   Luszczak, Andreas; Singer, Robert; Gayer, Michaela: Dynamics NAV 2013 Grundlagen, O'Reilly Verlag GmbH & Co. KG, Köln, 2013, S.18 f.

[Proj08]   Project Management Institute: A guide to the project management body of knowledge fourth version, Project Management Institute, Pennsylvania, 2008, S.184 ff.

[SWS+10]   Stickney, Clyde P.; Weil, Roman L.; Schipper, Katherine; Francis, Jennifer: Financial Accounting an introduction to concepts, methods, and uses, CENGAGE Learning, Mason OH, 2010, S.337

[Strü16a]   Strücker, Thomas: Berechnung halbfertiger Projektleistungen mit Hilfe des Earned Value Managements, Projektarbeit, Fachhochschule Dortmund, 2016

[Strü16b]   Strücker, Thomas: Die Implementierung der Earned Value Analyse in die Branchenlösung für Projektdienstleister der KUMAVISION AG, Bachelorarbeit, Fachhochschule Dortmund, 2016

Testautomatisierung zur Remote-Steuerung von Mobilfunkgeräten[*]
Test automation for remote control of mobile devices

Christiane Apelt-Zierhold

Fachbereich Informatik
Fachhochschule Dortmund
Emil-Figge-Str. 42
44227 Dortmund
christiane.apeltzierhold@gmail.com

Kurzfassung: Die vorliegende Arbeit befasst sich mit der Analyse von Potentialen und Grenzen von Testautomatisierung im Umfeld von Mobilfunkgeräten am Beispiel von Android-Geräten. Zur Umsetzung spezifischer Anwendungsfälle wird die natürliche Beschreibungssprache Gherkin genutzt und somit der Ansatz der verhaltensgetriebenen Testentwicklung verfolgt. Das von der Deutschen Telekom AG entwickelte Framework „*MarcGyver*" bildet dabei die Architekturbasis, mithilfe welcher einzelne Testfälle auf den jeweiligen Endgeräten automatisiert zur Ausführung gebracht werden. Nach der Implementierung verschiedenster Anwendungsfälle wird insgesamt deutlich, dass die Testautomatisierung von Mobilfunkgeräten mit der Adaptierbarkeit von Testfällen sowie beim Mitschneiden von Testschritten auf Netzwerkebene an ihre Grenzen stößt. *MarcGyver* unterstützt für beide Aspekte jedoch die Ausweitung dieser Grenzen gegenüber bisher verfügbarer openSource-Lösungen und zeigt zudem, dass auch verhaltensgetriebene Testentwicklung in Zukunft eine tragende Rolle spielen kann.

Abstract: This thesis deals with the analysis of the potentials and limits of test automation in the vicinity of mobile phones using the example of Android devices. To implement specific applications, the natural description language Gherkin is used and thus the approach of behavior-driven test development is followed. The "*MarcGyver*" framework, developed by Deutsche Telekom AG, is the architecture basis by means of which individual test cases are automatically executed on the respective terminals. After implementing various use cases it becomes clear, that test automation of mobile devices comes to its limits in adaptability of test cases as well as in the integration of test steps on network level. However, *MarcGyver* supports the expansion of these limits compared to openSource solutions and demonstrates that behavior-driven testing can also play a key role in the future.

---

[*] Verkürzte Version einer Masterarbeit unter Betreuung von Prof. Dr. Johannes Ecke-Schüth

1. Neue Herausforderungen des Mobilfunkmarktes

Betrachtet man aktuelle Statistiken, die sich auf die Struktur des Mobilfunkmarktes beziehen – seien es Betriebssysteme und Hersteller, oder aber die Verteilung von Apps für spezielle Plattformen – wird schnell klar, wie komplex das Thema „*Mobilfunkgeräte*" bis heute nicht nur für Netzbetreiber wie die Deutsche Telekom AG, sondern insgesamt geworden ist. Im Jahr 2016 erzielte das mobile Betriebssystem Android einen weltweiten Marktanteil von 83,7 %, iOS immerhin 15,3 %. Prognosen stellen klar, dass sich diese Anteile bis zum Jahr 2020 nur geringfügig verändern werden [oV16a-ol]. Analog zu diesen Marktanteilen befanden sich im Dezember 2015 weltweit 1.889 Mio. Android- und 497 Mio. iOS-Geräte in Gebrauch [oV16b-ol]. Im Android-Bereich teilt sich die gesamte Anzahl der Android-Geräte dabei auf mind. 24.093 unterschiedliche Modelle auf, was gegenüber der 18.796 unterschiedlichen Modelle in 2014 eine absolute Steigerung von 5.297 neuen Modellen innerhalb eines Jahres bedeutet [OS15-ol]. Diesen Zahlen steht beim „*Marktzweiten*" iOS durch Apple ein einziger Hersteller mit 13 verschiedenen iPhone-, 6 iPod-Touch, 11 iPad- sowie 4 verschiedenen Apple-TV-Modellen gegenüber. Hier ist also zwischen 33 unterschiedlichen iOS-Modellen zu unterscheiden [oV16c-ol].

Die angesprochene, starke Fragmentierung im Android-Umfeld bringt zunächst den Vorteil für Endkunden mit, dass bzgl. Displaygröße, Hardwareausstattung und Performance mittlerweile für nahezu jegliche individuellen Anforderungen die unterschiedlichsten Auswahlmöglichkeiten existieren. Auf Entwickler- aber auch auf Netzbetreiberseite dagegen kann die Entwicklung von Anwendungen, die auf allen verfügbaren Android-Geräten gleich gut funktionieren müssen, aus diesem Grund aber auch zu einer großen Herausforderung werden. Das Auslassen von Tests oder auch eine falsche Herangehensweise bringt die Gefahr mit sich, den gesamten Entwicklungsprozess nicht nur extrem zeitaufwändig, sondern z.B. durch im Nachhinein zu behebende Fehler auch äußerst kostenintensiv werden zu lassen.

Dieser Beitrag dient dazu, dem Leser einen Eindruck über die Möglichkeiten sowie die Vor- und Nachteile von Testautomatisierung zu vermitteln. Zusätzlich ist das Ziel, anhand eines Beispiels zu einem bisher im openSource-Umfeld eher nebensächlich behandelten Ansatz der verhaltensgetriebenen Testentwicklung aufzuzeigen, wie die generische Testdefinition zukünftig auch für Nicht-Programmierer zugänglich gemacht werden kann.

1.1 Gründe zur Testautomatisierung

Ableitend aus dem vorangehend kurz erläuterten, sehr heterogenen Smartphone-Markt insbesondere im Android-Bereich, ergibt sich die Problematik, mit möglichst geringem Aufwand robuste Tests zu entwickeln, die auf den unterschiedlichsten Geräten ausführbar sind. Die Notwendigkeit der Anpassung von Tests für neue Geräte und Modelle soll dabei so gering wie möglich gehalten werden. Insgesamt können zwei Testgebiete unterschieden werden:

1) <u>Einführung von Innovationen</u>: Technologien wie VoLTE müssen sowohl netz- als auch geräteseitig unterstützt werden. Ist ein Gerät beispielsweise LTE-fähig,

142

so wird ein Test zur Prüfung der korrekten Abwicklung eines VoLTE-Telefonats erforderlich.

2) <u>Prüfung von Netz-Interworking der Geräte</u>: Herstellerseitig werden Geräte auf die Erfüllung von Anforderungen des *Global Certifications Forum* (GCF) getestet und die Erfüllung von Industriestandards dadurch nachgewiesen. Allerdings werden Live-Umgebungen im Rahmen dieser Tests häufig simuliert. Dementsprechend muss z.B. zusätzlich getestet werden, ob Geräte, welche LTE GCF-zertifiziert sind, ein fehlerfreies Handover vom 3G ins LTE-Netz zulassen und wie sie sich bzgl. der Belegung von Netzressourcen verhalten.

Insgesamt können, je nach Testumfang und Häufigkeit der Testausführung, manuelle und automatisierte Testverfahren durchgeführt werden. Manuelle, also „von Hand" durchgeführte Tests, sind insbesondere dann geeignet, wenn sich Testfälle durch geringe Notwendigkeit einer wiederholten Ausführung auszeichnen. Vorteilhaft an diesem Ansatzes ist, dass sich der Testentwickler eingehend und sehr intensiv mit dem zu testenden System (SUT, System under Test) beschäftigen kann und muss, wodurch die Chance, Fehler aufzudecken, vergrößert wird [oV15-ol]. Als wesentlicher Nachteil ist allerdings anzuführen, dass manuelle Tests sehr viel Zeit in Anspruch nehmen können und neben der Erfassung von Testergebnissen auch die anschließende Auswertung manuell durchzuführen ist. Automatisierte Tests werden dagegen besonders dann angewandt, wenn Testfälle häufig wiederholt oder auch zyklisch ausgeführt werden müssen. Hierdurch kann beispielsweise nach veränderten Codezeilen durch Regressionstests (wiederholtes Ausführen eines Testfalls nach Softwareänderung oder Teilanpassungen, [GTB16-ol]) in der Softwareprogrammierung der Zeitaufwand erheblich verringert werden. Deshalb verfolgt u.a. die Deutsche Telekom das Ziel, zukünftig ausschließlich automatisiert zu testen.

1.2 Strategien des Software- und Testdesigns

Zur Realisierung von automatisierten Tests können zwei verschiedene Ansätze unterschieden werden: *„Test Driven Development"* (TDD) sowie *„Behavior Driven Development"* (BDD).

Im Rahmen des **Test Driven Development** erfolgt die Implementierung des Quellcodes einer Anwendung iterativ in drei Schritten [oV16d-ol]:

1. Schreiben eines Tests, der das fehlerfreie Verhalten einer Unit repräsentiert. Entweder, der Quellcode dieser Unit existiert noch nicht, oder der Test schlägt bewusst fehl.

2. Der Quellcode der Anwendung wird implementiert, sodass der im ersten Schritt geschriebene Test erfolgreich durchgeführt werden kann.

3. Zuletzt erfolgt nach erfolgreichem Test ein *Refactoring*. Hierbei gilt es, Code aufzuräumen, doppelte Codeabschnitte bzw. Wiederholungen zu entfernen und Code-Konventionen (Programmiervorgaben, die es einzuhalten gilt) einzuarbeiten. Nach dem Refactoring ist der Test erneut durchzuführen.

Diese Schritte werden so oft wiederholt, bis der Quellcode der Anwendung keine Fehler mehr enthält, vollständig bereinigt ist und dementsprechend auch alle Tests erfolgreich abgeschlossen werden konnten. Beim **Behavior Driven Development** handelt es sich um einen moderneren Ansatz, bei welchem der Quellcode einer Anwendung erst geschrieben wird, nachdem ihr externes Verhalten im Rahmen einer Anforderungsanalyse definiert wurde. Im Gegensatz zum TDD wird hier allerdings nicht ein API selbst, sondern das genaue Verhalten der eigentlichen Anwendung beschrieben. Durch diese „Outside-In"-Softwareentwicklung können Stakeholder (Auftraggeber, Endnutzer usw.) in den Entwicklungsprozess einbezogen und das Verhalten des Systems textuell auch von den Stakeholdern oder Managern selbst definiert werden. Diese benötigen hierfür keine Kenntnisse von Programmiersprachen, da das Systemverhalten mittels Szenarien beschrieben werden kann. Die entsprechenden Test-Szenarien sind in bestimmten Formaten umzusetzen, damit daraus später automatisiert Testfälle generiert werden können. Ein Beispiel für ein vorgegebenes Szenarienformat ist die Beschreibungssprache „*Gherkin*" [oV16e-ol], die auch der Umsetzung der im Folgenden beschriebenen Sachverhalte zugrunde liegt. Mithilfe der Framework-Architektur von *MarcGyver* werden Testfälle ausschließlich in Form von *Gherkin*-Szenarien definiert, durch die das Systemverhalten beschrieben wird. Der bei *MarcGyver* verfolgte Testansatz in daher das Umfeld des *Behavior Driven Development* einzuordnen, wodurch die Ansätze dieser Testdesignstrategie nachfolgend die schwerpunktmäßige Rolle spielen.

1.3 Verhaltensgetriebenen Testspezifikation mithilfe von Gherkin

Der verhaltensgetriebenen Anforderungsspezifikation liegt die bereits im vorigen Abschnitt kurz erwähnte Beschreibungssprache *Gherkin* zugrunde, bei deren Einsatz die Definition und Beschreibung der Softwareanforderungen in einer bestimmten Grundstruktur und natürlicher Sprache (englisch, aber auch andere Sprachen werden unterstützt) erfolgen kann. Dadurch werden Anforderungen auch für Nicht-Programmierer verständlich und nachvollziehbar gemacht. Diese Grundstruktur wird durch folgende Schlüsselwörter definiert:

- **Given**: Beschreibt die Vorbedingung einer Anforderung
- **When**: Beschreibt eine Aktion, die ausgeführt wird
- **Then**: Beschreibt eine erwartete Systemreaktion
- **And**: Dient der Ergänzung bestimmter Vorbedingungen, Aktionen oder Reaktionen

Die unter Nutzung dieser Schlüsselwörter erzeugten, textuellen Beschreibungen können von *MarcGyver* dann automatisiert in Ruby-Testfälle übersetzt werden. Dabei wird immer ein bestimmter Anwendungsfall durch ein eigenes Szenario abgedeckt, mehrere Szenarien können dann ein Systemfeature im Gesamten detailliert beschreiben. Auch hierfür werden wieder Schlüsselwörter vorgegeben, die zwar nicht in die automatisierte Testfallübersetzung übernommen werden, aber dennoch zum Verständnis eines Features beitragen können.

- **In order**: Zweck des Features, welches durch die folgenden Szenarien beschrieben wird
- **As a**: Zielgruppe des Features

- **I want**: Funktionsbeschreibung – was soll das Feature abdecken?

Eine Beispielbeschreibung könnte in *Gherkin* inkl. der o.g. Schlüsselwörter wie folgt aussehen

```
Feature: Send a message
  In order to invite my friend to a party
  As a user of the sms-service
  I want to be able to send invitation

Scenario: SMS simulation
  Given a 'Samsung S5' device as 'A'
  And a 'Samsung S5' device as 'B'
  When 'A' sends a message 'Come over this eve!' to 'B'
  And 'B' receives a message from 'A'
  Then 'B' answers 'Sure, I'll be there' to 'A'
```

und von *MarcGyver* dann automatisiert in Ruby-Code umgesetzt werden. Dazu wird der ausführbare Code an die einzelnen Definitionsschritte in der *Gherkin*-Beschreibung gebunden, weshalb für jede in *Gherkin* geschriebene Testzeile ein entsprechender Ruby-Teststep zu implementieren ist. Um eine hohe Wiederverwendbarkeit von einmal definierten Schritten zu unterstützen, sollten Teststeps in der Form

```
Given a 'Samsung S5' device as 'A'
And a 'Samsung S5' device as 'B'
```

Definiert werden. Die übergebenen `'Parameter'` sind dann in der zugehörigen Ruby-Methode zu verarbeiten. So kann beispielsweise ein zur Testausführung zugewiesenes Gerät als Objekt in einer Kontextvariablen abgelegt werden, auf deren Inhalt dann aus jedem weiteren implementierten Testschritt global zugegriffen werden kann. Nach diesem Prinzip können dann alle weiteren Testschritte generisch angepasst werden. Ein positiver Nebeneffekt dieser Umsetzung ist, dass die jeweilige Kommunikationspartei außerdem bereits in *Gherkin* erkennbar ist. Die entsprechende Ruby-Implementierung des oben angesprochenen Beispiels kann durch nachfolgendes Codebeispiel repräsentiert werden.

```
Given(/^a '([^']*)' device as '([^']*)'$/) do |phone_model, party|
    a_party = MgDeviceFactory.get_device(phone_model, ctx[:TITLE], 'Test')
  ctx[party.to_sym] = a_party
  puts 'got device: ' + ctx[party.to_sym].number + ' as ' +
party + ' having android id: ' + ctx[party.to_sym].android_id
  end
```

Wie aus diesem Beispiel außerdem ersichtlich wird, werden alle Testschritte in englischer Sprache definiert. Auch dadurch soll die Einsetzbarkeit der Testschritte erhöht werden, da diese auch in internationalem Umfeld verständlich sind und entsprechend auch überregional genutzt werden können. Zur Erfüllung der beiden **Given**-Vorbedingungen werden im obigen Beispiel in Ruby jeweils zwei Android-Geräte ange-

fordet, die später unterschiedlich reagieren können. Sendet die Kommunikationspartei
'A' einen Einladungstext an 'B', wird vom System erwartet, dass der Nutzer 'B'eine
entsprechende Antwortnachricht sendet.

Problemfelder, die es insgesamt bei der Automatisierung von Anwendungsfällen unabhängig von der gewählten Testdesign-Strategie zu bewältigen gibt, werden nachfolgend
kurz dargestellt. Diesen erkannten Problemfeldern soll mit *MarcGyver* und *Gherkin* als
Sprache zur Testbeschreibung möglichst entgegengewirkt werden.

1.4   Problemfelder der Testautomatisierung

Im Rahmen einer dieser Arbeit vorangegangenen Evaluation konnten verschiedene Problemfelder, die die bisher verfügbaren openSource-Lösungen der Testautomatisierung mit
sich bringen, ausgemacht werden. Ein elementares Problemfeld beim Testen von Mobilfunkgeräten ist neben Best-Practice-Einschränkungen und fehlenden Tracing-
Möglichkeiten insbesondere auch die Notwendigkeit der Anpassung von Testfällen für
unterschiedliche Versionen einer Betriebssystem-Plattform. Diese Problematik ist in
nachfolgenden Auszügen aus einem XML-Snapshot des User-Interfaces (UI) zur Erstellung neuer Kontakte in Android veranschaulicht.

Samsung Galaxy S3 (Android 4.1.2)

```
<node
 index="1" text="" class="android.widget.ImageButton"
 package="com.android.contacts" content-desc="Kontakt erstellen"
 checkable="false" checked="false" clickable="true" enabled="true"
 focusable="true" focused="false" scrollable="false" long-
clickable="false"
 password="false" selected="false" bounds="[627,195][703,273]"
/>
```

Samsung A3 (Android 5.0.1)
```
<node
 index="0" text="" resource-
id="com.android.contacts:id/first_option_menu"
 class="android.widget.ImageView" package="com.android.contacts"
 content-desc="Neuer Kontakt" checkable="false" checked="false"
 clickable="true" enabled="true" focusable="true" focused="false"
 scrollable="false" long-clickable="true" password="false" select-
ed="false"
 bounds="[324,134][396,218]"
/>
```

Beispielsweise können Buttons im Rahmen eines Testfalls über das Attribut content-
desc (Inhaltsbeschreibung) im UI gefunden und angesteuert werden. Problematisch ist
jedoch, dass in verschiedenen Android-Versionen diese Inhaltsbeschreibung abweicht.
So würde ein Testfall, der unter Android 4.1.2 mit dem Auffinden des Buttons über die
Inhaltsbeschreibung „*Kontakt erstellen*" noch erfolgreich ausgeführt werden kann, unter
Android 5.0.1 bereits fehlschlagen, da hier mit „*Neuer Kontakt*" eine andere Inhaltsbe-

schreibung umgesetzt wurde. Somit wäre aufgrund der fehlenden Standardisierungsmechanismen in diesem Bereich ein erheblicher Anpassungsaufwand für die unterschiedlichen DUTs (Devices under Test) erforderlich, was nicht nur Kosten, sondern auch den zur Testumsetzung erforderlichen Zeitaufwand deutlich erhöht. Die im Scope aller openSource-Frameworks fehlenden Aspekte stellen letztendlich auch die Begründung dafür dar, warum das bei der Deutschen Telekom AG intern entwickelte BDD-Framework *MarcGyver* zur Testspezifikation eingesetzt wird. Dieses Framework ist in den nachfolgenden Abschnitten in seinen Features und Funktionsweisen kurz dargestellt, bevor auf die Automatisierung eines Anrufs mithilfe dieser Lösung eingegangen wird.

2. Behavior Driven Development mit MarcGyver

Das *MarcGyver*-Framework stellt eine Lösung zur Testautomatisierung von verschiedenen Geräten dar, die innerhalb der letzten zwei Jahre im Rahmen interner Projekte bei der Deutschen Telekom AG in Bonn entwickelt wurde. Ziel dieser Eigenentwicklung ist es zum einen, dadurch neues, internes Wissen aufzubauen und im Rahmen von Wartung und Betrieb von Drittanbietern unabhängig bleiben zu können. Zum anderen soll die bei der Deutschen Telekom AG eingesetzte Lösung zur Testautomatisierung dynamisch, individuell und flexibel an eigene Anforderungen anpassbar sein. Die Architektur ist in Form eines Manager-Agenten-Prinzips realisiert, welches in Abbildung dargestellt ist.

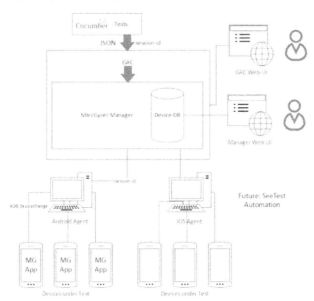

Abbildung 1: MarcGyver-Architektur

Ein Tester sendet mithilfe des GAC (*Generic Agent Control*)-Frameworks Testbefehle via JSON an den *MarcGyver*-Manager, wobei das GAC diese Befehle deserialisiert, also in einzelne Teile zerlegt, und so für den Manager verständlich macht. Da diese Tests in

Gherkin geschrieben sind und den hier enthaltenen Szenarien dadurch auch Ruby-Teststeps zugrunde liegen, kann *MarcGyver* in den *Behavior Driven Development*-Ansatz der Testentwicklung eingeordnet werden.

Hat das GAC die deserialisierten Tests an den Manager weitergereicht, kann dieser wiederum Agenten zur Ausführung verschiedener Testbefehle beauftragen, wobei die jeweiligen Agenten über Session-IDs verwaltet werden, um eine eindeutige Zuordnung zu ermöglichen. Jeder Agent wird somit durch eine eigene Session-ID repräsentiert. Über ein Web-UI oder mittels Kommandozeile kann auf die Datenbank des Managers zugegriffen werden, in welcher alle zur Ausführung verfügbaren Endgeräte mit verschiedenen Features hinterlegt sind. Nur, wenn ein Gerät in diese Manager-Datenbank als verfügbares Gerät eingetragen wurde, kann es zur Ausführung von Testfällen bereitgestellt werden. Zur eigentlichen Ausführung der Testschritte werden die bereits oben kurz angesprochenen Agenten benötigt. Im Fall von Android-Geräten wird die eigentliche Befehlsausführung von diesen Agenten auf den DUTs mithilfe der DDMLIB veranlasst, die über die ADB für die Kommunikationsverbindung eines DUT mit einem Agenten sorgt [oV16e-ol]. Aktuell sind mit *MarcGyver* ausschließlich Android-Geräte aus dem Umfeld von Mobilfunkgeräten über einen entsprechenden Android-Agenten ansteuerbar. Die Realisierung der in Abbildung 1 gezeigten iOS-Agenten zur Automatisierung verschiedener iOS-Modelle befindet sich allerdings in Planung.

2.1. Generic Agent Control

Das GAC ist ein in Java implementiertes Framework und dient im Kontext der *MarcGyver*-Umgebung der Verwaltung von Managern über Sitzungs-IDs, die eine eindeutigen Zuordnung von Agenten-Befehlen zu einem Manager zulassen und die im Header der jeweiligen übertragenen HTTP-Befehle enthalten sind. Weiterhin kennt das GAC eine bestimmte Menge verschiedener Standard-Kommandos, die jeder Agent ebenfalls ausführen kann und reichert die durch Agenten ausgeführten Aktionen dann um entsprechende Zusatzinformationen an. Soll im Rahmen eines Tests z.B. eine SMS gesendet werden, so wird ein entsprechender JSON-Request erzeugt. Diesen Request deserialisiert das GAC und leitet ihn an den Manager weiter, der aus diesen Informationen einen entsprechenden Befehl für den Agenten „zusammenbaut". Da Requests und Responses synchron übertragen werden, gibt es für den Nutzer des Frameworks jedoch keine Rückmeldung darüber, ob ein entsprechender Befehl ausgeführt wurde, aktuell noch ausgeführt wird oder ob ein Ausführungsfehler vorliegt.

Nach der Initialisierung von Manager-Instanzen können aus allen Befehlen, die ein Manager kennt, entsprechende Request-Befehle gewählt und diese dann mit Filterkriterien versehen werden. Über die Methode `getDeviceAgent()` wird der den Befehl ausführenden Manager-Instanz zunächst ein Android-Agent zugeordnet und damit auch ein DUT zugewiesen, bevor dadurch der Pool an ausführbaren Befehlen für den Manager um die androidspezifischen Funktionen erweitert wird, die ein Android-Agent mitbringt. So kann im Anschluss daran dann mittels `startActivity()` beispielsweise eine spezielle Anwendung auf einem DUT geöffnet werden, sofern dem Request der entsprechende Paketname als Parameter mitgegeben wird. Der hierzu an den Manager übermittelte Request zum Öffnen der „Kontakte"-Anwendung ist nachstehend beispielhaft im JSON-Format angeführt.

```
{
    "StartActivityRequest": {
        "activity": "android.intent.action.MAINcomponent
        com.android.contacts/com.android.contacts.activities.
        PeopleActivity","waitForFinish": true }
}
```

Nachdem vorangehend erklärt wurde, wie über das GAC entsprechende Instanzen des *MarcGyver*-Managers verwaltet werden können, sollen nachfolgend dessen einzelne Funktionen dargestellt werden.

2.2. Der MarcGyver Manager

Ein Manager verhält sich bei *MarcGyver* nach außen hin wie ein physikalisches Gerät, reicht eingehende Test- bzw. Funktionsanfragen allerdings an einen zuständigen Agenten weiter, der die verfügbaren Geräte letztendlich ansteuert. Damit übernimmt der Manager die reine Ressourcenverteilung, der Agent hingegen das Ausführen von Aktionen auf einem DUT. Im Rahmen der *MarcGyver*-Architektur stellt der Manager die komplexeste Komponente dar, die beginnend mit der Datenbasis erläutert werden soll. Da letztendlich nur Geräte, die in der Datenbasis des *MarcGyver*-Managers gepflegt sind, von Agenten in die Ausführung von Testbefehlen bzw. ganzer Szenarien einbezogen werden können, ist insbesondere der Aktualität und Integrität dieser Datenbasis im Rahmen des gesamten Frameworks eine besondere Relevanz zuzusprechen. Der grundlegende Aufbau der Datenbasis ist in nachfolgender Abbildung 2 gezeigt, wurde jedoch der Übersicht halber entsprechend abstrahiert.

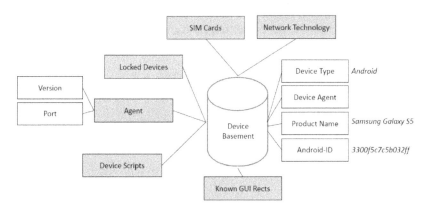

Abbildung 2: Inhalte der Datenbasis des MarcGyver-Managers

Um Geräte inkl. Features korrekt verwalten zu können, ist es erforderlich, u.a. den Gerätetypen (z.B. „Android") sowie den Produktnamen (z.B. „Samsung Galaxy S5") zu kennen. Weiterhin ist einem Gerät eine entsprechende SIM-Karte zuzuweisen, die bei der Ausführung von bestimmten Testfällen z.B. zur Nutzung von Datenvolumen oder zur

Berechtigung, Anrufe zu tätigen, relevant wird. Weiterhin wird hinterlegt, welche Netzwerktechnologie ein Gerät unterstützt (beispielsweise LTE oder 3G) und welcher Agent zur Ansteuerung des Gerätes einzusetzen ist. Das Auffinden von UI-Elementen auf den Android-DUTs erfolgt bei *MarcGyver* **bildbasiert** anhand von Bildschirmkoordinaten, kann aber auch über XPath-oder Elementinformationen wie Klassenname oder ID entsprechend **objektbasiert** umgesetzt werden. Als dritte, bisher von keinem der vorangehend evaluierten openSource-Frameworks unterstütze Möglichkeit, können Bildteile über das Prinzip der Fast-Fourier-Transformation (FFT) angesteuert werden. Dabei wird der Bildschirm eines DUT pixelweise nach Übereinstimmungen mit einem Vergleichsbild abgesucht.

Zuletzt gibt es neben der direkten Übermittlung von Koordinaten zur bildbasierten Ansteuerung von UI-Elementen mit *MarcGyver* auch die Möglichkeit, in der Datenbasis entsprechende *Known-GUI-Rects* (siehe Abbildung 2) zu hinterlegen. Hierbei können verschiedene Buttons durch Angabe der X- und Y-Koordinate des oberen, linken Eckpunktes sowie Breite und Höhe neu angelegt und einem Screen (z.B. „PlayStore-SearchScreen"), in dem der Button enthalten ist, zugeordnet werden. Abbildung 3 stellt die Informationen, die zum Anlegen eines solchen Buttons benötigt werden, grafisch dar.

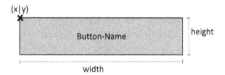

Abbildung 3: Benötigte Informationen zum Hinterlegen eines Buttons in der Manager-Datenbasis

Die so hinterlegten UI-Elemente können dann aus einem Testfall heraus über Screensowie Element-Namen angesteuert und entsprechend manipuliert werden, wie nachfolgendes Gherkin- und Ruby-Codebeispiel zeigen soll.

```
And 'A' starts capturing a video

Then(/^'([^']*)' starts capturing a video/) do |party|
  a_party = ctx[party.to_sym]
  tap_request =
    MgManager::TapKnownButton::TapKnownButtonRequest.new
      ('capture_video_start', true, 'camera')
  tap_res = a_party.tap_known_button(tap_request)
end
```

Der letzte, an dieser Stelle zu erwähnende Aspekt, der bei der Verwaltung der Datenbasis eine tragende Rolle spielt, ist das Markieren von Geräten als „besetzt", wenn diese bereits einem Testfall zugewiesen wurden, der sich noch in der Ausführung befindet. Ziel dieser Lösung ist, dass ein Gerät während der Ausführung eines Testfalls nicht erneut von einem anderen Agenten der Ausführung eines weiteren Tests zugewiesen werden kann, was die Ausführung des ersten Testfalls ggf. unterbrechen und fehlschlagen lassen könnte. Deshalb werden DUTs bei deren Anforderung in die Datenbanktabelle „Locked Devices" eingetragen. Nach kompletter Durchführung eines Testfalls werden die dazu benötigten Ressourcen, also auch belegte und in dieser Tabelle eingetragene DUTs, vom Manager wieder freigegeben. Dementsprechend wird jeder relevante Geräte-Eintrag aus o.g. Tabelle entfernt. Für den Fall, dass ein Testfall nicht korrekt bzw. nicht komplett ausgeführt werden kann, wird ein Timeout-Mechanismus eingesetzt. Zehn Minuten nach Start eines Testfalls erfolgt die automatische Freigabe eines DUT, sofern dies vorher nicht bereits im Rahmen der automatisierten Ressourcenfreigabe geschehen ist.

2.3. Agenten

Wie bereits im einleitenden *MarcGyver*-Gesamtüberblick beschrieben wurde, liegt innerhalb des Frameworks die Verantwortung von Agenten darin, verfügbare Geräte zu erkennen und die Testausführung auf diesen Geräten zu veranlassen. Der Fokus dieser Master-Thesis wird in diesem Abschnitt auf Android-Agenten gelegt, da im Fall dieser Arbeit ausschließlich Android-Geräte automatisiert werden und somit auch ausschließlich Android-Agenten zum Einsatz kommen.

Ein Android-Agent registriert sich zunächst als DeviceChangeListener bei der *Android Debug Bridge*, wodurch beim Start jedes Agenten automatisch alle zur Testausführung zur Verfügung stehenden Geräte erkannt werden. Durch einen Abgleich mit der Manager-Datenbank, der dabei automatisch stattfindet, wird eine Prüfung möglich, ob alle dort hinterlegten Geräte aktuell verfügbar (Usable) sind, ggf. nicht in der Datenbasis hinterlegte Geräte erkannt wurden, oder ob bestimmte Geräte zwar in der Manager-Datenbank hinterlegt wurden, diese aktuell allerdings nicht via ADB verbunden sind. Nach erfolgreichem Erkennen eines Geräts verwaltet ein Android-Agent dieses auch dann, wenn seitens eines Clients spezifische UI-Inhalte des entsprechenden DUT, z.B. im Rahmen einer grafischen Remote-UI-Kontrolle, über das Manager-UI angefordert werden.

Der Aspekt der Remote-UI-Kontrolle wird innerhalb des *MarcGyver*-Frameworks mithilfe der plattformunabhängigen VNC-Lösung realisiert. Jedes erkannte Android-DUT agiert als VNC-Server und ist deshalb über einen separaten Port anzusprechen. Durch dieses exklusive Port-Mapping wird jedes DUT vom VNC-Client mithilfe des Managers ansprechbar. Die entsprechenden UI-Inhalte und Aktionen können im Browser mithilfe eines Plugins beobachtet werden, wobei das betroffene DUT während des gesamten Beobachtungszeitraums über VNC für weitere Tests jedoch nicht mehr zur Verfügung steht. Für die Dauer der UI-Beobachtung wird ein Eintrag in der Lock-Tabelle der Manager-Datenbank vorgenommen und das DUT somit für neue Tests nicht mehr freigegeben. Ziel dieses Mechanismus ist es, zu vermeiden, dass auf einem DUT zum selben Zeitpunkt von verschiedenen Seiten (Testscript oder manuelle Steuerung über VNC) Aktionen durchgeführt werden können, die sich dann gegenseitig stören und zur Verfälschung von Testergebnissen führen können.

Neben der eigentlichen Zuweisung von Geräten sowie dem Versetzen in einen bestimmten Ausgangszustand im Anschluss an eine Testausführung unterstützt ein Android-Agent auch das Mitschneiden von auf einem Gerät durchgeführten Aktivitäten durch

Integration des Android Loggers. Für jedes an einem Test beteiligte DUT wird vom Android-Agenten automatisch ein neues Logfile angelegt und alle vom Logger erkannten Nachrichten automatisch in dieses Logfile geschrieben. Dabei greift der Logger nicht nur auf alle vier Android-Logbuffer zu und integriert damit auch den `radio`-Buffer, sondern es werden alle Nachrichten ab dem niedrigsten Prioritätenlevel „verbose" einbezogen, wodurch die so entstehenden Logfiles zwar schnell sehr umfangreich werden, dafür im Rahmen der Auswertung einen sehr hohen Detailgrad unterstützen, der je Hersteller allerdings variieren kann.

Nach erfolgreichem Erkennen eines verfügbaren Gerätes startet der Android-Agent außerdem einen Initialisierungsvorgang, nach welchem die DUTs zur Ausführung von Testfällen bereitstehen. Ein Beispiel eines solchen Anwendungsfalls ist nachfolgend daher beispielhaft beschrieben.

3. Automatisierung eines Anrufs mit MarcGyver

Mit der Automatisierung eines Anrufs innerhalb verschiedener mobiler Netze ist ein Anwendungsfall zu realisieren, im Rahmen dessen eine vollständige Kommunikation umgesetzt werden muss, an welcher mehr als nur ein DUT beteiligt ist. Eine spezielle Herausforderung stellt dabei dar, dass eine beteiligte Partei anders reagieren muss, als die andere, da von einer Seite aus ein Anruf ausgelöst und auf den eingehenden Anruf auf der anderen Seite reagiert werden muss. Im Gegensatz zu aktuell verfügbaren openSource-Lösungen unterstützt *MarcGyver* die Realisierung einer solchen Sprachkommunikation bereits durch verschiedene Methoden, die mithilfe der jeweils durch den Android-Agenten angeforderten DUT-Objekte aus Ruby heraus aufgerufen werden können. In Abbildung 4 ist der Kommunikationsablauf in Form eines UML-Sequenzdiagramms dargestellt, um ein klares Bild vermitteln zu können, wie der Anwendungsfall zu automatisieren ist.

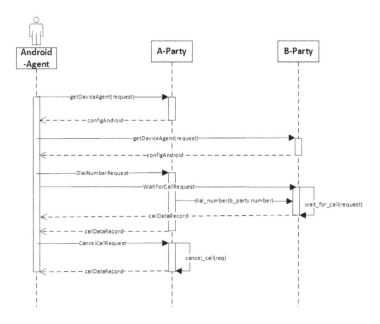

Abbildung 4: Ablauf einer Anrufkommunikation

Dabei ist anzumerken, dass nicht alle in den jeweiligen Methoden enthaltenen Parameter abgebildet wurden, um die Darstellung möglichst übersichtlich zu halten und außerdem den Fokus auf den Kommunikations- und nicht auf den Informationsfluss zu legen. Nachdem über den Android-Agenten mithilfe von

```
Given a 'Samsung S5' device as 'A'
And a 'Samsung S5' device as 'B'
```

zwei Teilnehmer angefordert wurden, werden mithilfe des MarcGyver-Managers ein DialNumberRequest durch die den Anruf auslösende Seite sowie der WaitFor-CallRequest, dessen Realisierung auf dem Erkennen eines Log-Events im Android-id-Logger basiert, mithilfe des verwaltenden Agenten an die den Anruf entgegennehmende Seite gesendet. Nachdem ein Anruf erkannt, also ein entsprechendes Log-Event vom Android-Logger der Gegenseite aufgezeichnet wurde, wird der Anruf angenommen und im Anschluss daran dann von der anrufenden A-Partei wieder beendet. Als Antwort bekommt der Agent in diesem Fall einen callDataRecord mit bestimmten Parametern, wie z.B. der connecttime (Verbindungszeit des Anrufs) übermittelt, deren Werte entsprechend aus einem Testfall heraus abgefragt werden und somit zur Validierung der Testdurchführung eingesetzt werden können. Um zu garantieren, dass das Auslösen der ersten, aber auch das Warten der zweiten Kommunikationspartei parallel erfolgt und nicht beispielsweise der WaitForCallRequest gesendet wird, nachdem bereits ein DialNumberRequest abgesetzt wurde und die Aufzeichnung des entsprechenden Log-Events bereits in der Vergangenheit liegt, wenn die zweite Kommunikationspartei mit dem WaitForCallRequest darauf wartet, wird ein Thread-Mechanismus genutzt. Im Folgenden sind für die zugehörigen, die Anrufkommunikation repräsentierenden Gherkin-Schritte

```
Scenario: Call simulation
  Given a 'Samsung S5' device as 'A'
  And a 'Samsung S5' device as 'B'
  When 'A' calls 'B'
  Then 'B' accepts call
  And I wait for 10 s
  Then 'A' ends call
```

die implementierten Ruby-Teststeps dargestellt, um die Lösung dieser Problematik aufzeigen zu können.

```
When(/^'([^']*)' calls '([^']*)'$/) do |a_party, b_party|
  a_party = ctx[a_party.to_sym]
  b_party = ctx[b_party.to_sym]
  call_req = MgManager::DialNumber::DialNumberRequest.new
               (b_party.number,30000,30000)
  ctx[:THREADS] << Thread.new {
    call_res = a_party.dial_number(call_req)
    @connecttime = call_res.cdr.connecttime
    assert 'connection unsuccessful', @connecttime>0
  }
end
Then(/^'([^']*)' accepts call/) do |party|
  party = ctx[party.to_sym]
  wait_req = MgManager::WaitForCall::WaitForCallRequest.new
               (false,0,30000, true)
  wait_res = party.wait_for_call(wait_req)
  sleep 5
  assert 'connection unsuccessful',
  wait_res.cdr.connecttime>0
end
```

Innerhalb der Timeout-Zeit (30000 ms) wird durch den Thread „gewartet", ob eine @connecttime > 0 als Inhalt des CallDataRecord (cdr) zurückgeliefert wird. Das ist erst dann der Fall, wenn mithilfe des WaitForCallRequest seitens der Gegenseite ein Anruf erkannt und angenommen wurde. Durch sleep 5 wird der Anruf anschließend fünf Sekunden gehalten, bevor er mit **Then 'A' ends call** durch einen CancelCallRequest beendet wird. Die entsprechende parallele Ausführung der oben erklärten Schritte ist in Abbildung 5 veranschaulicht. Die Grafik hat neben einer Übersicht über die Schrittabfolge auch die Funktion, die Abhängigkeit zwischen beiden Methoden DialNumberRequest sowie WaitForCallRequest darzustellen.

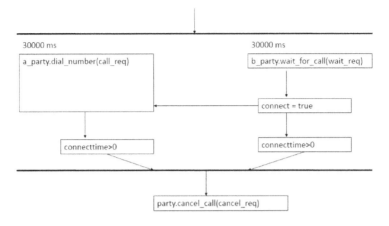

Abbildung 5: Thread-Darstellung der Ausführung unterschiedlicher Anweisungen für zwei DUTs

Erst, nachdem durch die B-Seite eine Verbindung akzeptiert und dadurch die con-necttime>0 wird, wird der Thread verlassen und die Möglichkeit eingeräumt, den Anruf von einer der beiden beteiligten Parteien aus wieder zu beenden. Durch Kombination der zu diesem Anwendungsfall notwendigen Gherkin-Schritte mit einem automatisierten Netzwechsel könnten die definierten Teststeps beispielsweise auch dazu eingesetzt werden, einen VoLTE-Anruf zu initiieren. Die beliebige Anrufdauer ist durch **And I wait for** 10 s spezifisch für jeden Anruf-Test separat anpassbar.

Durch parametrisiert implementierte Testschritte ist so mithilfe von MarcGyver eine wiederverwendbare Basis zur Testautomatisierung umsetzbar, die neben Programmierern auch von anderen Stakeholdern schnell verstanden wird. Verschiedene Mechanismen und eine breite Auswahl bereits nutzbarer ?? erlauben zudem das Entgegenwirken der bei bisher evaluierten openSource-Lösungen ausgemachten Problemfeldern, wie im nachfolgenden Abschnitt zusammenfassend dargestellt wird.

4. Fazit

Die auf dem aktuellen Markt von Mobilfunkgeräten herrschende Modell- und Betriebssystemheterogenität, aber auch die immer kürzer werdenden Zyklen von Neuveröffentlichungen und Überarbeitungen machen automatisiertes Testen unabdingbar, um kontinuierlich eine optimale User-Experience liefern zu können. Viele der erwarteten bzw. zur Umsetzung von automatisierten Tests benötigten Funktionen fehlen im Scope von auf dem Markt bereits angebotenen Framework-Lösungen oder sind nicht vollständig ausgereift. Insbesondere ein Mechanismus, die innerhalb des UI eines DUT aufgefundenen Elemente über verschiedene Betriebssystem-Versionen hinweg mit denselben Testfällen zu automatisieren, wird nicht angeboten. Genauso wird hauptsächlich der TDD-Ansatz verfolgt, während verhaltensgetriebenes Testdesign kaum eingesetzt wird. Letzteres leistet jedoch einen erheblichen Beitrag zum Verständnis von Testfällen über Entwicklergrenzen hinweg, weshalb die Deutsche Telekom AG die verhaltensgetriebene Testentwicklung mit *MarcGyver* zukünftig unterstützen möchte. Der Erfolgsgrad des Frameworks wurde daher auf die bei anderen Lösungen fehlenden Aspekte überprüft.

Dabei zeigte sich, dass *MarcGyver* die Realisierung von den unterschiedlichsten Testfällen entlang des fundamentalen Testprozesses ganzheitlich erlaubte. Bei einigen Anwendungsfällen waren zum Zeitpunkt der Umsetzung dieser Arbeit jedoch noch Einschränkungen hinzunehmen, da sich *MarcGyver* aktuell noch im Entwicklungsstadium befindet. Beispielsweise konnte die Automatisierung der Browser-Anwendung zwar in Form der Navigation zu einer URL umgesetzt werden, eine tiefergehende, automatisierte Ansteuerung von Webseitenelementen war allerdings noch nicht möglich. Ein Mitschnitt von Testschritten war im Fall von Android auf den Geräte-Logger beschränkt.

Im Rahmen der Umsetzung der Master-Thesis erwies sich als besonderes Potential der Testautomatisierung, dass durch den Behavior-Driven-Development-Ansatz nicht mehr nur Entwickler, sondern auch andere Stakeholder, wie Manager oder sogar Endnutzer selbst, an der Definition von Testfällen mitarbeiten können. *MarcGyver* unterstützt diesen Ansatz. Testfälle können in natürlicher Sprache definiert und dann automatisiert zur Ausführung gebracht werden, wodurch ein besonders hoher Automatisierungsgrad angeboten wird. Ebenfalls erlaubt dieser Ansatz eine generische Gestaltung von Testschritten, weshalb bereits im Rahmen der Umsetzung der dieser Arbeit zugrundeliegenden Anwendungsfälle eine mächtige Basis an mit *MarcGyver* automatisierten Schritten geschaffen werden konnte, die durch ihren hohen Grad der Wiederverwendbarkeit auch für die Umsetzung weiterer Anwendungsfälle geeignet sind. Alle implementierten Testschritte sind miteinander kombinierbar, wodurch beispielsweise ein Wechsel in das LTE-Netz vor Absetzen eines Anrufs ausgelöst werden kann, um VoLTE-Telefonie zu testen. Die Problematik, dass zwei Kommunikationsparteien z.B. im Rahmen einer Anruf-Automatisierung unterschiedlich angesprochen werden und unterschiedlich reagieren müssen, kann mit *MarcGyver* ohne Weiteres gelöst werden, während andere openSource-Frameworks sich eher auf die Automatisierung einzelner Anwendungen beschränken und dadurch eine solche, sich unterscheidende Gerätereaktion nicht realisierbar ist. Dadurch bringt *MarcGyver* mit dieser Option ein Alleinstellungsmerkmal gegenüber anderen Frameworks mit. Das Optimalziel, implementierte Testfälle auf jedem DUT ohne großen Anpassungsaufwand ausführen zu können, stellt insgesamt die größte Herausforderung im Rahmen der Testautomatisierung von Mobilfunkgeräten dar. Mit dem Anlegen von Elementpositionen und dem Abgleich von vorgegebenen Bildausschnitten bietet *MarcGyver* hierfür gleich zwei Lösungsalternativen an, mithilfe welcher die Adaptierbarkeit von Testfällen grundsätzlich erhöht werden kann. Dafür entsteht allerdings auch ein höherer, initialer Vorbereitungsaufwand, da jedes in einem Testfall angesteuerte UI-Element mit seinen Koordinaten in der Manager-Datenbasis hinterlegt werden muss, genauso wie vorgegebene Bildausschnitte, nach denen das UI eines DUT abgesucht werden soll. Dennoch ist ein grundlegender Vorteil dabei, dass diese Anpassungen an zentraler Stelle erfolgen und Testfälle selbst unangetastet bleiben können, wodurch die Fehler aufgrund von Änderungen in Testfällen reduziert werden. Einmal in der Datenbasis hinterlegt, sind diese Elementpositionen und Bilder immer wieder verwendbar und können so auch in neue Testfälle einfach integriert werden.

Dementsprechend lässt sich nach abschließender Bewertung der Automatisierung von vorab festgelegten Anwendungsfällen festhalten, dass zwar nach wie vor einige Grenzen im Umfeld der Testautomatisierung bestehen, diesen aber zumindest von der Deutschen Telekom AG mit *MarcGyver* bereits erfolgreich entgegengewirkt wird. Zwar verbleiben für einige, aktuell realisierte Automatisierungsfunktionen durchaus noch Verbesserungs- und Überarbeitungspotentiale, dennoch konnte aufgezeigt werden, dass eine automatisierte Testumgebung durch die schnelle Definition neuer Gherkin- und Ruby-Teststeps mit MarcGyver unkompliziert erweitert werden kann. Ein Beispiel dafür ist die Integration eines Sniffers zur Aufzeichnung von während einer Testausführung entstandenem Netzwerkverkehr, die im Rahmen dieser Arbeit ebenfalls umgesetzt wurde.

MarcGyver und insbesondere der verhaltensgetriebene Ansatz zum Testdesign eignen sich aktuell als alleinstehende Werkzeuglösung für die Automatisierung und Remote-Steuerung von Mobilfunkgeräten, insbesondere im Android-Umfeld. Zukünftig sollen mit *MarcGyver* auch iOS-Geräte automatisiert getestet werden können, wodurch auch bzgl. Multi-Plattform-Unterstützung ein Mehrwert geschaffen werden kann. Dass die Deutsche Telekom AG mit *MarcGyver* insbesondere auf den Ansatz der verhaltensgetriebenen Entwicklung setzt, lässt zudem die Schlussfolgerung zu, dass zukünftig nicht mehr nur Entwickler und Systemdesigner mit Programmierkenntnissen Teil der Testentwicklung sein werden. Auch die Tatsache, dass Tests bei *MarcGyver* in der leicht erlernbaren Sprache Ruby und nicht in Java entwickelt werden, ist ein Hinweis darauf, dass aktuell eine Verschiebung von der „Testprogrammierung" hin zum „Testmanagement und Testdesign" stattfindet. Die Deutsche Telekom AG ergreift mit *MarcGyver* dabei die Chance, nicht nur bzgl. dieser Entwicklung, sondern im gesamten Umfeld der Testautomatisierung für Mobilfunkgeräte auch zukünftig erfolgreich bestehen zu können.

5. Literaturverzeichnis

[GTB16-ol]   German Testing Board: *Glossar ISTQB*, http://glossar.german-testing-board.info/#r, zuletzt abgerufen am 19.04.2016

[oV15-ol]   o.V.: *Manuelles vs. automatisiertes Testen*, 2015, http://www.softwaretesting.ro/Deutsch/Files/ManualVsAutomation/Software%20Testing%20Manual%20vs%20Automated.html, zuletzt abgerufen am 23.07.2016

[oV16-ol]   o.V.: *„Behavior Driven Development"*, 2016, https://de.wikipedia.org/wiki/Behavior_Driven_Development, zuletzt abgerufen am 24.06.2016

[oV16a-ol]   o.V.: *„Prognose zu den Marktanteilen der Betriebssysteme am Absatz von Smartphones weltweit in den Jahren 2016 und 2020"*, 2016, http://de.statista.com/statistik/daten/studie/182363/umfrage/prognostizierte-marktanteile-bei-smartphone-betriebssystemen/, zuletzt abgerufen am 23.07.2016

[oV16b-ol]   o.V.: *„Fakten zum Thema: Smartphones"*, 2016,
http://de.statista.com/themen/581/smartphones/, zuletzt abgerufen am
23.07.2016

[oV16c-ol]   o.V.: *„List of iOS devices"*, 2016,
https://en.wikipedia.org/wiki/List_of_iOS_devices, zuletzt abgerufen am
02.03.2016

[oV16d-ol]   o.V.: *"Testgetriebene Entwicklung mit Unit-Tests"*, 2016,
https://de.wikipedia.org/wiki/Testgetriebene_Entwicklung#Testgetriebene_Ent
wicklung_mit_Unit-Tests, zuletzt abgerufen am 08.02.2016

[oV16e-ol]   o.V.: *„AndroidDebugBridge.java"*, 2016,
https://android.googlesource.com/platform/tools/base/+/master/ddmlib/src/mai
n/java/com/android/ddmlib/AndroidDebugBridge.java, zuletzt abgerufen am
07.06.2016

[OS15-ol]   Open Signal: *„Android Fragmentation 2015"*, 08.2015,
http://opensignal.com/reports/2015/08/android-fragmentation/, zuletzt abgerufen am 02.03.2016

Entwicklung und Evaluierung eines Vorgehensmodells zur Einführung eines Knowledge Gardenings in kleinen und mittelständischen Beratungsunternehmen[*]

Development and evaluation of a process model introducing a Knowledge Gardening in small and medium-sized consulting companies

Tobias Pelzer

pelzer87@gmail.com

Kurzfassung: Das Wissensmanagement hat bereits einen langen Entwicklungsprozess hinter sich. Dennoch scheitern Projekte zur Einführung in der Praxis häufig, da sie eine wichtige Komponente vernachlässigen: Den Menschen. Humanorientierte Aspekte sollten in einem ganzheitlichen Ansatz zum Wissensmanagement neben der Unterstützung durch technische Systeme eine Schlüsselrolle einnehmen. Denn das implizite Wissen setzt sich zusammen aus Erfahrungen und dessen Einordnung in den individuellen Kontext, wodurch es an die einzelne Person gebunden ist. Branchen, in denen Erfahrungswissen besonders gefragt ist, sind daher prädestiniert für diesen Ansatz. Das Knowledge Gardening bietet dazu eine interessante neue Sichtweise auf das Wissensmanagement. Auf dieser Grundlage und der Anforderung speziell auf kleine und mittelständische Beratungsunternehmen ausgerichtet zu sein, wurde ein Vorgehensmodell entwickelt, um ein Knowledge Gardening einzuführen.

Abstract: Knowledge management has already gone through a long development process. Nevertheless, implementation projects often fail in practice because they neglect an important component: people. Human-oriented aspects should play a key role in a holistic approach to knowledge management in addition to the support provided by technical systems. The implicit knowledge consists of experience and its embedment into the individual context, hence it is tied to the individual person. Branches in which experience is particularly in demand are therefore predestined for this approach. Knowledge Gardening offers an interesting new view on knowledge management. On this basis and the requirement to be specifically targeted at small and medium-sized consulting companies, a process model was developed to introduce a Knowledge Gardening.

---

[*] Verkürzte Version einer Masterarbeit unter Betreuung von Prof. Dr. Achim Schmidtmann und Prof. Dr. Gabriele Kunau.

1 Einleitung

Die propagierte Wissensgesellschaft, in der wir uns bereits befinden, stellt die Weiterentwicklung der Industriegesellschaft dar und lässt bereits erahnen, auf welche Reise wir uns begeben. Insbesondere in den westlichen Nationen wandeln sich die Gesellschaften und damit auch die Arbeitsmärkte. Die produzierenden Unternehmen verlagern die Produktionsstätten zunehmend ins Ausland, während die Dienstleistungsbranche stets wächst. Für die Unternehmen im Dienstleistungssektor nehmen das Wissen und die Kompetenzen der Mitarbeiter einen immer wichtigeren Stellenwert ein. Denn letztendlich verkaufen diese Unternehmen einen Teil ihres Wissens. Daher wird das Wissen auch als neue Ressource betrachtet, mit dessen zielgerichtetem Einsatz eine Wertschöpfung entsteht. Die Aufmerksamkeit, die diesem Thema beigemessen wird, ist daher kein Zufall. In den nächsten Dekaden wird es sich voraussichtlich verstärkt als Bestandteil der Unternehmensstrategien etablieren.

Die Masterthesis ist aus einer Problemstellung heraus entstanden, die sich innerhalb eines mittelständischen Beratungsunternehmens ergeben hat. In den letzten Jahren ist das Unternehmen stark gewachsen und beschäftigt mittlerweile über 120 Mitarbeiter an 4 Standorten. Durch die zunehmende Verlagerung der Tätigkeitsfelder in den weltweiten Markt ergeben sich neue Herausforderungen und Chancen. Herausforderungen sind u.a. eine steigende Fluktuation, Änderungen in der Aufbau- und Ablauforganisation, die geographische Trennung durch mehrere Standorte und damit verbunden der eingeschränkte persönliche Austausch zwischen den Mitarbeitern.

Diesen Herausforderungen kann zumindest zum Teil entgegengetreten werden, indem das Wissen im Unternehmen bewahrt, geteilt und neues Wissen geschaffen wird. Aus diesem Grund soll ein Wissensmanagement eingeführt werden, um die Wissensaktivitäten gezielt einzusetzen. Denn für ein Beratungsunternehmen stellt das Wissen der Mitarbeiter einen Großteil des Firmenkapitals dar. Anders als in produzierenden Unternehmen, deren Materialien und Produkte unmittelbar als bilanzfähige Werte gelten, lässt sich das Wissen der Mitarbeiter nicht so einfach beziffern. Und dennoch ist das Wissen der Mitarbeiter der Faktor, der dem Unternehmen die Erfüllung seiner Kernaufgabe, die Abwicklung der Beratungsprojekte, ermöglicht.

Zu Anfang dieses Jahrhunderts haben sich Theoretiker sowie Praktiker intensiv mit dem Wissensmanagement befasst, was einige hundert verschiedene Modelle zum Ergebnis hatte. Denn bereits 2005 wurden 160 Modelle zum Wissensmanagement gezählt [Kate11, S.116]. Eine mögliche Erklärung für die hohe Anzahl der Modelle ist daher, dass es das einzig richtige Modell für die verschiedensten Unternehmen nicht gibt. Ein weiterer denkbarer Grund ist, dass es bis heute keine einheitliche Definition für den Wissensbegriff und damit einhergehend für das Wissensmanagement gibt. Es muss also auf die individuellen Bedürfnisse und Anforderungen der Unternehmen Rücksicht genommen werden, um ein effektives Wissensmanagement konstituieren zu können. Zudem zeigt die Praxis, dass viele Wissensmanagement-Projekte in der Vergangenheit gescheitert sind [Seve03, S.144 f.].

Als eine Ursache dafür wird die Betrachtung des Wissens als uneingeschränkt teilbar und losgelöst vom Individuum angenommen. Dadurch können zwar konventionelle Managementmethoden wie das Planen, Steuern und Kontrollieren angesetzt werden. Der implizite Anteil des Wissens, das Erfahrungswissen des Einzelnen wird dabei jedoch ausgeblendet. Daher umfasste die Zielsetzung die Darstellung einer alternativen Sichtweise auf das Wissensmanagement. Das Knowledge Gardening bietet dazu einen entsprechenden Ansatz. Dieser geht davon aus, dass sich das Wissen nicht unmittelbar als eine neue Ressource mit den Methoden des Managements beherrschen lässt. Jedoch lassen sich die Bedingungen und das Umfeld derart anpassen, dass die richtigen Voraussetzungen für die Wissensarbeit geschaffen werden.

Weiterhin diente dazu eine Analyse von ausgewählten etablierten Modellen und die Einschätzung für einen Einsatz in kleinen und mittelständischen Beratungsunternehmen. Ausgehend von diesem Ansatz war das Ziel, ein eigenes Vorgehensmodell zu entwickeln, das die Einführung eines Wissensmanagements unter Berücksichtigung der besonderen Anforderungen ermöglicht. Ein weiteres Ziel war schließlich eine Evaluierung des entwickelten Vorgehensmodells durchzuführen, um den Weg in die Praxis zu bereiten und eine Indikation über die Akzeptanz für eine mögliche Einführung zu erschließen.

2   Vorgehensweise und Schlussfolgerungen

Zu Anfang der Abschlussarbeit wurden die grundlegenden Begrifflichkeiten rund um das Wissensmanagement erläutert, die für das Verständnis der Arbeit nötig sind. Durch die definierte Betrachtungsweise des Wissens ergab sich auch eine entsprechende Betrachtungsweise auf das Wissensmanagement. Das Wissen wird betrachtet als Zusammensetzung aus dem stillen, impliziten und expliziten Wissen. Dabei stellt das explizite das bewusste Wissen dar, das versprachlicht werden kann. Das stille Wissen stellt den Teil dar, der zwar nicht bewusst ist, jedoch durch ein reflektiertes Überdenken versprachlicht werden kann. Und das implizite Wissen, das das Handlungs- und Erfahrungswissen darstellt, kann nicht versprachlicht werden. Sondern durch Beobachtung, Imitation und Übung kann es weitergegeben werden. [Pola85]

Zudem wurde aufgezeigt, welches Wissen speziell in kleinen und mittelständischen Beratungsunternehmen benötigt wird. Dabei handelt es sich vorwiegend um implizites Wissen, da expliziertes Wissen durch die ständige Kontextänderung eine geringere Halbwertszeit hat. Dadurch sollte auch der Fokus des Wissensmanagementkonzeptes auf dem impliziten Wissen liegen. Durch diese komplexe Betrachtungsweise auf das Wissen entzieht es sich jedoch dem konventionellen Management vom Planen, Steuern und Kontrollieren. Mit diesen Erkenntnissen wurden namhafte Wissensmanagementmodelle auf einen möglichen Einsatz für ein mittelständisches Beratungsunternehmen untersucht. Die Betrachtung zeigte, dass keines dieser Modelle den Fokus auf das implizite Wissen legt und gleichzeitig auf ein konventionelles Management verzichtet. Das Ergebnis war demnach, dass eine andere Sichtweise für ein Wissensmanagement herangezogen werden muss. Nicht zuletzt, da viele praktische Einführungen mit dem Fokus auf dem expliziten Wissen in der Vergangenheit gescheitert sind.

Das erste Ziel dieser Arbeit war, diese alternative Sichtweise zu erläutern und ihre Notwendigkeit zu begründen. Diese Sichtweise auf das Wissensmanagement stellt nicht nur das implizite Wissen in den Vordergrund. Auch der Mensch soll in den Mittelpunkt gerückt werden, dessen Arbeit durch die technischen Komponenten des Wissensmanagements lediglich unterstützt und nicht dominiert werden soll. In diesem Zuge wird auch Abstand von einem herkömmlichen Management für das Wissen genommen. Vielmehr soll ein Wissensmanagement geeignete Rahmenbedingungen gestalten, die einer guten Wissensarbeit zuträglich sind.

3 Notwendigkeit einer anderen Sichtweise

Einige der untersuchten Modelle sind sehr theoretisch und in der Praxis schlecht umsetzbar. "Abhandlungen über das Wissensmanagement in der Literatur sind [...] oft überaus theoretisch und vernachlässigen praktische Aspekte." [Zaun05, S.5] Zudem lassen einige Modelle das implizite Wissen außen vor. Eine Studie zeigt jedoch, dass die vielversprechendsten Ansätze im Wissensmanagement interdisziplinär sind und sich nicht auf eine Perspektive beschränken. "Our result confirms the conclusions from a Delphi study conducted in 2001/2002 about the future of KM that 'the most promising theoretical approaches are interdisciplinary and multi-disciplinary approaches [...]'" [BH14, S.157].

Jedoch wird bei diesen Modellen versucht, auch das implizite Wissen mit den herkömmlichen Methoden zu managen. Das verinnerlichte Wissen eines Individuums kann jedoch nicht gesteuert werden. Daher kann auch nicht direkt kontrolliert oder gemessen werden, welches verinnerlichte Wissen jemand erlernt hat, wenn der Mitarbeiter das implizite Wissen selbst nicht versprachlichen kann. Die Mitarbeiter bzw. Wissensarbeiter verfügen demnach ganz allein und exklusiv über ihr eigenes Wissen. Daher ist es für andere nicht greifbar. Das ist der entscheidende Punkt "[...] warum sich Wissen dem direkten Zugriff des Managements entzieht: Das Management-Ideal der Planbarkeit, Steuerbarkeit und Kontrollierbarkeit versagt." [Seve03, S.143] Daher wird die Meinung vertreten, dass für das „Management" des Wissens, also des expliziten und impliziten Wissens, andere als die bisher eingesetzten tayloristischen Methoden in Betracht gezogen werden müssen.

Für die Generierung und das Teilen von implizitem Wissen ist also kein umfangreiches Management im klassischen Sinne notwendig, sondern die Verbindung und Kommunikation der Mitarbeiter. "Gemeinsam geteiltes Wissen ist in Interaktionen zu realisieren, nicht über Strukturen von Organisationen." [Kate11, S.96] Eine weitere Annahme für das Scheitern von Wissensmanagementprojekten ist, dass sich viele dieser Projekte auf die Kodifizierungsstrategie, also überwiegend dem Einsatz technischer Lösungen, fokussieren. In einer Studie aus dem Jahre 2007 wurden Strategie- und IT-Unternehmensberatungen nach ihrem aktuellen Stand im Hinblick auf das Wissensmanagement befragt. Mit 53 Antworten zu der Frage, welche Wissensstrategie verfolgt wird, setzten lediglich 24% der IT-Beratungen den Fokus auf die Personalisierungsstrategie, also den Austausch von Erfahrungen und Wissen in persönlichen Gesprächen. Die Frage nach einer bestehenden strategischen Wissensplanung bejahten nur 16% der IT-

Beratungen [Niss07-ol, S.10]. Es zeigt sich, dass die Personalisierungsstrategie und damit auch die Konzentration auf das implizite Wissen vernachlässigt wurden.

Das explizite Wissen hat jedoch, gerade in schnelllebigen Unternehmensberatungen, eine begrenzte Halbwertszeit. "Einmal entwickeltes und expliziertes Wissen findet in zukünftigen Projekten immer weniger Anwendungsmöglichkeiten, da sich die Rahmenbedingungen für jede neue Herausforderung grundlegend ändern." [SS15, S.VIII] Deshalb muss ein Umdenken stattfinden. "Nach der Überbetonung der expliziten Methoden (z.B. Datenbanken, kognitive Strukturen, deklaratives Wissen, Kodifizierung, vgl. [Huys04]) zeichnet sich ein verstärktes Interesse am impliziten Wissen ab." [Kate11, S.181]

Neben dem impliziten Wissen muss der Fokus auch vermehrt auf den Menschen gerichtet werden. In einer Studie aus dem Jahre 2014 wurden die zukünftigen Forschungsgebiete innerhalb des Wissensmanagements von Theoretikern und ebenso von Praktikern erfragt. An zweiter (65%) und dritter (57%) Stelle wurde genannt, dass sich das Wissensmanagement insbesondere mehr mit menschlichen und sozialen Faktoren als auch mit den organisationalen Potenzialen beschäftigen muss [BH14, S.160]. Da das Wissen nämlich zu einem Teil an jeden Einzelnen gebunden ist, muss der Mensch eine Hauptrolle im Wissensmanagement einnehmen. Denn "nahezu jede menschliche Tätigkeit ist wissensbasiert in dem Sinne, dass Erfahrung und Wissen eine Rolle spielen." [Will98, S.161]

Es steckt also neben explizitem Wissen ein unglaubliches Potential an implizitem Wissen in jedem Einzelnen. Aber natürlich kann die stärkere Einbindung des Menschen auch vermehrt zu Problemen und Barrieren führen. Daher muss ein Wissensmanagement auch in der Lage sein, Vorurteile und Ängste gezielt abzubauen. "Wird der Mensch in der Wissensmanagementstrategie eines Unternehmens zu wenig berücksichtigt, […] [können diese Barrieren] Ausmaße annehmen, die die Wissensmanagementprozesse erheblich behindern oder vollkommen hemmen." [SS15, S.29] Daher ist es nötig, dass ein generelles Umdenken stattfindet.

Ein Wissensmanagement muss auch bottom-up von den Mitarbeitern ausgehen, die aus ihrer Motivation heraus gewillt sind, gemeinsam Wissen auszutauschen und weiteres Wissen zu generieren. Ein gutes Wissensmanagement muss daher zeigen, dass es die Mitarbeiter nicht enteignen will, sondern das Wissen jedes Einzelnen mehren will. "Wissensmanagement hat aus Sicht der Experten die Aufgabe, ihre Kooperation zu ermöglichen – und nicht die Aufgabe, ihnen ihr Wissen zu entziehen, um sie entbehrlich zu machen." [Seve03, S.148]

4   Knowledge Gardening

Anschließend wurde ein Ansatz zum Wissensmanagement vorgestellt, dem diese Argumentation zugrunde liegt. Das so genannte Knowledge Gardening stellt dabei eine Analogie zum Gärtnern her, durch das optimale Rahmenbedingungen geschaffen werden, so dass die Pflanzen optimal gedeihen können. Das Ziel war es, diesen Ansatz zu adaptieren und mit den eigenen Erkenntnissen aus der Wissensmanagementmodellanalyse in einem eigenentwickelten Vorgehensmodell zu integrieren.

4.1 Ansatz und Metapher

Vollmar betrachtet beide Arten der Wissensdefinition. Einerseits Wissen als feste und greifbare Ressource. Anderseits Wissen als Prozess, bei dem Wissen nur subjektiv konstruiert werden kann. Dennoch werden beide Definitionen zugelassen, indem darauf verwiesen wird, immer die Betrachtungsperspektive mit einzubeziehen [Voll97, S.11 ff.]. Damit stimmt sie mit anderen Worten mit den Ausführungen von Nonaka und Takeuchi überein, da Wissen "[…] nicht einfach 'da ist', sondern […] eine subjektive, veränderliche und verändernde, kontextabhängige Konstruktion ist." [Voll97, S.13] Die Definition des Wissens und die damit einhergehende Definition des Wissensmanagements bis hin zur Konzeption von Modellen hat großen Einfluss auf die Sichtweise dieses Themas. Daher ist es sehr wichtig, dass diese Betrachtungsweisen mit denen in der Arbeit festgelegten Betrachtungsweisen übereinstimmen.

Weiterhin sieht Vollmar drei Hauptaufgaben für den Umgang mit Wissen in Unternehmen. Diese werden aus den verschiedenen Wissensformen hergeleitet, dem impliziten stillen Wissen und dem expliziten Wissen. Das Daten- und Informationsmanagement bemüht sich um das explizite Wissen, wohingegen das stille Wissen durch Wissensdokumentation noch in explizites Wissen transformiert werden muss. Die Aufgabe der Wissenskommunikation unterstützt letztendlich den Austausch von implizitem Wissen [Voll97, S.16]. Legt man den Fokus im Wissensmanagement überwiegend auf das implizite Wissen, wird ersichtlich, dass "[…] Wissensarbeit daher in entscheidendem Maße immer auch Kommunikationsarbeit [ist]." [Voll97, S.25]

Denn auch in diesem Ansatz wird die These vertreten, dass das bisherige Vorgehen im Wissensmanagement an seine Grenzen geraten ist. "Tayloristisch-mechanische Organisationen sind angelegt, die Arbeit von Industriearbeitern produktiv zu gestalten, ihre Maßnahmen der Produktivitätssteigerung sind jedoch der Unterstützung von Wissensarbeit nicht angemessen." [Voll97, S.43] Die Gründe für eine alternative Sichtweise gleichen sich also mit den beschriebenen Aspekten, die aufgrund der Bewertung der vorgestellten Modelle vertreten werden.

Basierend auf diesen Gesichtspunkten hat Vollmar eine anschauliche Metapher geliefert. Man müsse das Wissen nicht managen im klassischen Sinn, sondern die Wissensarbeit als Gärtnern betrachten. Sie sieht den Manager als Gärtner, der durch Intuition, Fantasie und Kreativität führt. Zuviel Management durch Planung und Kontrolle schadet eher, da sich komplexe Systeme nicht steuern lassen, sondern nur durch Impulse zu einem bestimmten Handeln geführt werden können. Es können nur die Rahmenbedingungen entsprechend gestaltet werden, um die Wissensarbeit zu unterstützen. Die Wissensarbeit selbst lässt sich nicht mit einer tayloristischen Herangehensweise managen.

Dieses Verständnis eignet sich auch insbesondere für kleine und mittelständische Beratungsunternehmen. Denn gerade in diesen kommunikationsintensiven Unternehmen ist ein striktes Management eher selten, da auch der bürokratische Aufwand nicht angemessen wäre. "Vor allem in kleinen und mittelständischen Unternehmen überwiegt die informell geprägte Kommunikationskultur, in der häufig „auf Zuruf" die gemeinsame Arbeit koordiniert wird." [Fink09, S.101] Den Boden für gute Wissensarbeit zu ebnen ist daher einem ausgeprägten Management vorzuziehen. Dennoch kann mit gezielten Impulsen für die richtige Richtung gesorgt werden. "Der Schlüssel für die erfolgreiche Umsetzung des Wissensmanagement-Gedankens in KMU liegt in der Regel nicht in revolutionären Veränderungsprozessen, sondern es sind häufig eher kleine Veränderungen, die den Umgang mit Wissen verbessern." [Nort11, S.212]

4.2   Das entwickelte Vorgehensmodell

In diesem Kapitel wird das Vorgehensmodell vorgestellt, dass zur Einführung eines Knowledge Gardenings in kleinen und mittelständischen Unternehmen entwickelt wurde:

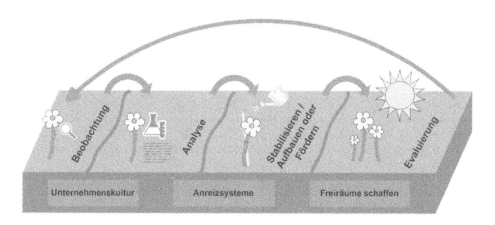

Abbildung 1: Phasenmodell zur Einführung eines Knowledge Gardenings

Das Phasenmodell teilt sich in die vier Phasen Beobachtung, Analyse und Auswertung, Stabilisieren, Aufbauen oder Fördern sowie Evaluierung. Die Phasen orientieren sich bezüglich ihrer Ausführung gemäß der Metapher am Gärtnern. Zum Verständnis dient ein Beispiel, in dem ein Gärtner eine Pflanze züchten soll. Das bedeutet, dass im ersten Schritt eine Beobachtung stattfindet. Denn Pflanzen wachsen auch in freier Natur ohne äußere menschliche Interventionen. Der Gärtner muss die Pflanze also beobachten und sammelt Informationen. Dazu gehören beispielsweise Informationen über die Beschaffenheit der Pflanze, den Wasserbedarf, Auswirkungen äußerer Einflüsse etc. Die gesammelten Informationen und Erkenntnisse gilt es in einem nächsten Schritt zu analysieren. Die Analyse dient im Gegensatz zur Beobachtung nicht dazu die Äußerlichkeiten der Pflanze zu betrachten, sondern ihre Zusammensetzung, inneren Prozesse zum Wachstum, ihren Nährstoffbedarf etc. zu untersuchen. Mit diesem Wissen über die Funktionsweise und dem Zustand der Pflanze kann der Gärtner nun die nächste Phase ausführen. Die natürlich gewachsene Pflanze kann durch die neuen Erkenntnisse positiv beeinflusst werden. Wenn die Pflanze bereits sehr gut gedeiht, kann dieser Zustand bei-spielsweise stabilisiert werden, damit sich die Pflanze auch weiterhin gut entwickelt. Ansonsten kann die Pflanze durch die gewonnenen Erkenntnisse durch äußere Einfluss-nahme gezielt zu mehr Wachstum gebracht werden. Dazu können verschiedene Metho-den angewandt werden, um die gewünschten Ergebnisse zu erzielen. Im folgenden Schritt kann der Gärtner dann eine Beurteilung über den Zustand der Pflanzen vorneh-men. Auch kann er durch die Betrachtung die Auswirkungen der durchgeführten Maß-nahmen bewerten.

Damit ist jedoch das Wissensmanagement nicht final eingeführt. Eine Etablierung des Knowledge Gardenings kann nur erfolgen, wenn das Ende dieses Ablaufes vorne bei der ersten Phase wieder anknüpft. Das heißt, dass nach der Evaluierung erneut geschaut wird wie die Pflanzen sich entwickeln. Sie müssen also wieder beobachtet werden, um da-raufhin eine Analyse durchzuführen, die es dem Gärtner ermöglicht das Pflanzenwachs-tum zu optimieren. Es handelt sich daher um einen kontinuierlich laufenden Prozess, einen Kreislauf. Dieser Kreislauf dient auch zur Überprüfung, ob die Rahmenbedingun-gen angepasst werden müssen. Denn ohne fruchtbaren Boden wachsen keine Pflanzen.

4.2.1 Rahmenbedingungen

Die Rahmenbedingungen bilden also den fruchtbaren Boden oder die grundlegende Umwelt, um den Erwerb, die Entwicklung und das Teilen von Wissen überhaupt zu ermöglichen. Eines der größten Probleme von Wissensmanagement ist, dass die Men-schen ihr Wissen nicht teilen wollen oder auch nicht in ausreichendem Maße können. Um Barrieren wie diese gar nicht erst aufkommen zu lassen, wurden bereits einige wich-tige Punkte identifiziert. Der Mensch muss in den Mittelpunkt gestellt werden und das muss er spüren. Die Umwelt der Mitarbeiter muss so angepasst werden, dass diese sich wohl fühlen und von sich aus bereit sind, ihr Wissen zu teilen.

Anerkennung, das Gefühl von Mitsprache und realem Einfluss, die aktive und geschätzte Partizipation an der Unternehmung sind Elemente, die sich direkt auf die intrinsische Motivation der Mitarbeiter auswirken. Die Generierung neuen Wissens, die Entwicklung und das Teilen von Wissen sind jedoch Aktivitäten, die durch Barrieren gehemmt wer-den können. Mit diesem Vorgehensmodell soll diesen Entwicklungen entgegengewirkt werden, indem die folgenden Rahmenbedingungen umgesetzt werden. Der erste Punkt ist die Anpassung der Unternehmenskultur. Aus dem oft leitenden Gedanken „Wissen ist Macht" soll ein „Wissen teilen ist Macht" [Nort11, S.157] entstehen.

Alle Mitglieder im Unternehmen müssen daher für das Wissensmanagement sensibili-siert werden. Wichtig dabei ist, dass die Notwendigkeit für einen gewissenhaften Um-gang mit dem Wissen innerhalb der Organisation vermittelt wird. Ziel soll sein, dass Wissensaktivitäten wie „Wissen teilen", „Wissen entwickeln" etc. Eingang in das Unter-nehmensleitbild finden. Dadurch ist es als Vorgabe für die Handlungsweisen der Mitar-beiter festgeschrieben.

Anreizsysteme haben einen großen Einfluss auf die Motivation der Mitarbeiter. Neben der Unternehmenskultur, die eine Ausgangsbasis für alle Mitarbeiter darstellt, bieten die verschiedenen Instrumente der Anreizsysteme eine Möglichkeit noch individueller auf die einzelnen Mitarbeiter einzugehen und ihre Motivation gezielt zu steigern. Denn "[...] insbesondere nicht-materielle Aspekte nehmen bei der Arbeitsorientierung an Relevanz zu." [Zaun05, S.94] Anders als in Großunternehmen, in denen meist materielle Anreize gesetzt werden, sind in KMU vorwiegend immaterielle Anreize elementar. Zu diesen Basis-Anreizen zählen Informationen, die Kommunikation und das Feedback, die Partizipation sowie die Anerkennung/Auszeichnung. Wobei der letzte Anreiz sowohl immateriell als auch materiell ausgeprägt sein kann. Dieser Kontrast zwischen Großunternehmen und KMU ist auf eine stärkere Motivation durch Selbstentfaltung in KMU zurückzuführen [Zaun05, S.116]. In der Arbeit wurde daher ein Katalog mit unterstützenden Anreizinstrumenten angeboten.

Neben dem Einsatz von Anreizinstrumenten spielen auch Freiräume eine große Rolle. Die Wissensarbeit soll dadurch unterstützt werden, dass man den Mitarbeitern auch explizit Möglichkeiten einräumt, ihr Wissen zu teilen. Damit sind nicht zwangsläufig spezifische Instrumente gemeint, die den Mitarbeitern beispielsweise mehr physische Räumlichkeiten zum Wissensaustausch bieten. Dieser Punkt stellt eine Rahmenbedingung dar, da Freiräume in der Akzeptanz für die Wissensarbeit geschaffen werden müssen. Diese Rahmenbedingungen sollen zusammenwirkend den Nährboden bieten, auf dem die in den nächsten Kapiteln folgenden Phasen durchgeführt werden können.

4.2.2 Beobachtung

Die erwähnten Pflanzen des Gärtners stellen dabei menschliche Netzwerke dar. In der ersten Phase sollen zunächst diese Netzwerke beobachtet werden, um ihre Eigenschaften sowie ihr Verhalten zu studieren. Eine sehr wichtige Aktivität bei dem Teilen von Wissen, insbesondere dem impliziten Wissen, ist die Kommunikation zwischen Individuen. Wie bereits angeführt, kommunizieren die Menschen überwiegend mit den Menschen in ihren Netzwerken und innerhalb der Netzwerke besonders mit denen, denen sie Vertrauen entgegenbringen.

Dabei gibt es verschiedene Arten dieser Netzwerke. Ein Teil der Netzwerke ergibt sich aus der Aufbauorganisation eines Unternehmens. Das bedeutet, dass die ausgeübte Tätigkeit oft schon die Zugehörigkeit zu einem Netzwerk bestimmt, beispielsweise ein Netzwerk von Beratern innerhalb einer Organisation. Weiterhin entscheidet die Position darüber, in welchen Netzwerken kommuniziert wird, wie z.B. die Abstimmung bestimmter Themen unter den Teamleitern. Weiterhin zählen auch weniger starre Netzwerke dazu, die oft nur temporären Bestand haben, wie beispielsweise Netzwerke durch Projektteams. Diese Netzwerke bilden die Basis für die Kommunikation zwischen den Mitarbeitern, die zur Durchführung der täglichen Arbeit benötigt wird.

Neben diesen Netzwerken, denen die Mitarbeiter durch die Aufbauorganisation zugeordnet sind, lassen sich jedoch viele weitere Netzwerke in einem Unternehmen identifizieren. Diese können sich aus Freundschaften, gemeinsamen Freizeitaktivitäten, gemeinsamen Ansichten, Werten und Normen etc. zusammensetzen. Informelle Netzwerke nehmen speziell in KMU einen höheren Stellenwert im Gegensatz zu Großunternehmen ein. Sie können dabei Wissenslücken schließen, die sich aus der formellen Organisation ergeben. Die gute Vernetzung der Mitarbeiter untereinander führt zu einer Beschleunigung von Problemlösungen [Fink09, S.101].

Das bedeutet, dass all diese Netzwerke die Basis für die Kommunikation zwischen den Mitarbeitern darstellen, sei es arbeitsbedingt oder im privaten Bereich. In diesen Netzwerken wird demnach Wissen ausgetauscht, neues Wissen geschaffen und auch Wissen bewahrt. Reduziert man diese Netzwerke nur auf die genannten Wissensaktivitäten, so wird deutlich, dass diese auch als Wissensnetzwerke oder Wissensgemeinschaften gesehen werden können. Diese Wissensgemeinschaften, auch Communities of Practice (CoP) genannt, sind im Wissensmanagement als ein Instrument oder Werkzeug bekannt. Das bedeutet, dass diese Netzwerke auch gezielt, also manuell geschaffen werden können. Durch die vorherigen Erläuterungen ist jedoch auch ersichtlich, dass sich diese Wissensnetzwerke auch aus der „Natur des Menschen" bilden.

"Wir definieren Wissensgemeinschaften als über einen längeren Zeitraum bestehende Personengruppen, die Interesse an einem gemeinsamen Thema haben und Wissen gemeinsam aufbauen und austauschen wollen. Die Teilnahme ist freiwillig und persönlich." [Nort11, S.163] In Wissensgemeinschaften sammeln sich Mitglieder, die ein persönliches Interesse an einem Thema haben und gewillt sind, Informationen und Wissen darüber zu teilen. Die Wissensgemeinschaften bieten somit einen Platz zum Austausch und der Verbreitung von Wissen. Der Vorteil besteht darin, dass nicht nur explizites Wissen weitergegeben wird, sondern auch die impliziten Anteile durch die persönliche Kommunikation vermittelt werden können.

Darüber hinaus dienen die Wissensgemeinschaften oder Communities of Practice auch der Erzeugung neuen Wissens. Durch die gleiche „Sprache" und das persönliche Interesse lassen sich Probleme schneller erläutern, sind zügig verstanden und werden durch Wissensgemeinschaften daher effizienter gelöst als von formellen Geschäftseinheiten. Zudem schaffen sich die Mitglieder durch ihre Partizipation eine Identität. Die Mitglieder erkennen schnell das Knowhow der Anderen und würdigen dies entsprechend. Die Communities of Practice sind dadurch zeitlich nicht begrenzt, wie beispielsweise Netzwerke einzelner Projekte im Unternehmen. Sie sind in der Lage neben den formellen Organisationsstrukturen zu bestehen und sich weiter zu entwickeln.

Wissensgemeinschaften benötigen jedoch auch geeignete Rahmenbedingungen, um bestehen zu können. Neben den Rahmenbedingungen für das Knowledge Gardening gehören dazu speziell innerhalb der Communities of Practice "[…] Vertrauen, Offenheit für Neuerungen, Eigenverantwortung, Authentizität (im Sinne des Ich-selbst-sein-Dürfens) und ein so genanntes 'boundary-less behavior', d.h. ein Verhalten, das Zusammenarbeit über Grenzen von Organisationseinheiten fördert." [Nort11, S.106] Sind diese Rahmenbedingungen gegeben, werden die Wissensnetzwerke, bezogen auf die Metapher, von selbst wachsen, Wissen teilen und erzeugen, und sind dadurch weitestgehend autonom. "Unter der Voraussetzung, dass die angebotenen Infrastrukturen benutzerfreundlich gestaltet sind und die Anreizsysteme des Unternehmens zur (Ver-)Teilung von Wissen ermutigen, wird sich die Wissens(ver)teilung in diesem Fall selbsttätig organisieren." [PRR12, S.157]

Zudem wird bei den informellen Netzwerken auf die intrinsische Motivation der Mitglieder gesetzt. Die Mitglieder müssen ein eigenes Interesse am Thema und gemeinsame Ziele verfolgen. Durch nicht-monetäre Anreize wie beispielsweise weitere Schulungen oder freie gewährte Zeit zum Wissensaustausch können auch die formellen Netzwerke zusätzlich gefördert werden [Nort11, S.163 ff.].

Mit diesem Hintergrundwissen können die Netzwerke im Unternehmen nun beobachtet und erfasst werden. Als Hilfestellung dienen folgende Eigenschaften, die für jedes identifizierte Wissensnetzwerk erfasst werden sollen:

- Art des Wissensnetzwerkes (organisatorisch/persönlich)

- Anzahl an Mitgliedern

- Altersstruktur

- Attraktivität (niedrig/mittel/hoch)

- Einfluss (niedrig/mittel/hoch)

Dadurch kann zunächst einmal eine Übersicht über die vorhandenen Netzwerke erstellt werden. Die beschreibenden Eigenschaften sollen dabei helfen, die Netzwerke einzuordnen und zu differenzieren. Dabei soll zu Beginn angegeben werden, ob das Netzwerk aufgrund der Aufbauorganisation besteht oder ob es sich um ein persönliches Netzwerk handelt. Wenn der zweite Aspekt zum Tragen kommt, soll auch eine Einordnung der Gemeinsamkeit dieses Netzwerkes erfasst werden, beispielsweise Freizeitaktivitäten. Die Anzahl der Mitglieder spielt auch eine Rolle bei der ersten Einordnung. Denn umso mehr Mitglieder ein Netzwerk hat, umso mehr kommunikative Relevanz könnte es besitzen.

Weiterhin kann die Beobachtung der Altersstruktur eine erste Einschätzung liefern, ob sie mit der Altersstruktur des Unternehmens korreliert oder bestimmte Altersgruppen nicht erreicht werden. Bei der Attraktivität und dem Einfluss handelt es sich zunächst um grobe subjektive Einschätzungen, daher genügt für diese Eigenschaften auch eine dreistufige Unterteilung. Dabei soll die Attraktivität angegeben werden, die sich aus dem Eindruck der Bekanntheit und/oder der Fluktuation ergibt. Das bedeutet, ob das Netzwerk wächst, schrumpft oder stagniert und wie sich die Frequenz der Zu- und Abgänge entwickelt. Die Bewertung des Einflusses soll Auskunft darüber geben, wie sich das Netzwerk für Außenstehende darstellt und inwiefern es in der Lage ist Stimmungen und Meinungen zu beeinflussen. Die Erfassung sollte elektronisch und übersichtlich erfolgen, um mögliche Änderungen schnell einpflegen zu können. Beispielsweise kann dies mit einer Tabellenkalkulationssoftware oder direkt mit einer Graphenvisualisierungssoftware erfolgen, deren Einsatz auch für die nächste Phase als sinnvoll erachtet wird.

4.2.3 Analyse und Auswertung

Zunächst muss jedoch das Netzwerk ausgewählt werden, auf das die SNA (soziale Netzwerkanalyse) angewendet werden soll. Aus diesem Grunde wurden den Wissensnetzwerken bei der Beobachtung bereits Eigenschaften zugeteilt, die die Relevanz für die Analyse vorgeben. Nach der Auswahl gilt es weitere Grenzen zu betrachten, die Auswirkungen auf den Umfang der Analyse haben. „Mögliche Kriterien zur Abgrenzung können sein:

- Organisations- und Gruppengrenzen (z. B. Abteilung, Team, Cluster)

- Geografische Grenzen (z. B. Standorte regional)

- Bestimmte Arbeitszusammenhänge (z. B. Kunden, Geschäftspartner)

- Merkmale von Akteuren (z. B. täglich Kontakt miteinander)"
  [Fink09, S.105]

Wurden die Grenzen für das Netzwerk bestimmt, sollen die Mitglieder des Netzwerkes zunächst in das weitere Vorgehen eingebunden werden. Denn die Analyse basiert auf einer Befragung der einzelnen Mitglieder, die nicht anonymisiert werden kann, da ansonsten keine gezielten Maßnahmen ergriffen werden können. Daher ist es notwendig, dass die in diesem Modell genannten Rahmenbedingungen im Unternehmen bereits umgesetzt sind und gelebt werden. Die Mitglieder sollen daher vor der Befragung eine Einführung in die Themen Wissen und Wissensmanagement erhalten und es muss erklärt werden, welches Ziel diese Befragung hat. Eine transparente und offene Kommunikation über die Durchführung sowie Verwertung der Ergebnisse muss unbedingt gewährleistet sein, um einem Vertrauensbruch entgegenzuwirken. Die Teilnahme sollte daher auch jedem Mitarbeiter freigestellt sein.

Die Befragung soll mithilfe eines Fragebogens durchgeführt werden, den jeder Mitarbeiter ausfüllt. In der Arbeit wurde ein Fragebogen ausgearbeitet und vorgestellt. Ein entsprechendes Vertrauensverhältnis zu den Mitarbeitern ist Voraussetzung für die ehrliche Beantwortung des Fragebogens. Das bedeutet auch, dass kein Mitarbeiter in irgendeiner Form negative Folgen aufgrund der erhobenen Daten zu befürchten hat, beispielsweise durch zu geringe Kommunikationskontakte in seinen Netzwerken.

Nach der Analyse der einzelnen Netzwerke können diese auch als Gesamtheit betrachtet werden. Das bedeutet, dass beispielsweise die Netzwerke aus der Organisationsstruktur miteinander verbunden analysiert werden können, um die Kommunikation zwischen Teams und Abteilungen zu betrachten. Dazu müssen dann je nach Zielvorgabe die Grenzen und Inhalte für den Fragebogen angepasst werden, so dass auch Mitglieder über die eigenen Teamgrenzen hinaus einbezogen werden. Denkbar wäre hier in einem fortgeschrittenen Prozess auch die Einbeziehung der Mitarbeiter auf der Kundenseite. Dies kann beispielsweise genutzt werden, wenn in einem Projekt wiederholt Kommunikationsprobleme auftauchen.

Weiterhin können die analysierten Netzwerke miteinander verglichen werden. Dies eignet sich z.B. für eine Betrachtung zwischen einem formellen, also aus der Organisationsstruktur heraus entstandenem Netzwerk und einem informellen, einem persönlichen Netzwerk. Dadurch lassen sich viele Rückschlüsse gewinnen, ob ein informelles Netzwerk beispielsweise nur aus bestimmten oder einem einzelnen formellen Netzwerk besteht. Oder auch heruntergebrochen auf einzelne Personen könnte erkannt werden, dass diese sich nur in informellen Netzwerken bewegen, die eine Teilmenge des formellen

Netzwerkes darstellen. Sind die Hintergründe der Unregelmäßigkeiten in den Wissensnetzwerken geklärt, so gilt es diese zu erfassen.

4.2.4   Stabilisieren/Aufbauen oder Fördern

Die Durchführung dieser Phase kann über zwei unterschiedliche Pfade erfolgen. Davon abhängig sind das ausgewählte Netzwerk und die damit einhergehenden Ergebnisse der Analyse und der späteren Evaluierung. Netzwerke, die bereits über ausgeprägte Kommunikationsverbindungen verfügen und durch entsprechende Methoden und Werkzeuge gefördert wurden, sollen weiterhin stabilisiert werden. Netzwerke, die jedoch alleinstehende, schlecht vernetzte oder wenig frequentierte Sub-Netze aufweisen, sollen gefördert werden. Dadurch soll sichergestellt werden, dass für die jeweiligen Netzwerke adäquate Methoden angewandt werden.

Die Durchführung der Phase richtet sich für beide Entwicklungsstufen der Netzwerke dabei nach dem TOM Modell [Kate11, S.195], das für „Technik, Organisation und Mensch" steht. Das bedeutet, dass die Netzwerke jeweils unter den Gesichtspunkten „Technik, Organisation und Mensch" auf mögliche Optimierungen geprüft werden. Ein Ergebnis der SNA kann zudem sein, dass es zu bestimmten Themen wenig oder gar keine Mitarbeiter gibt, die ein entsprechendes Knowhow besitzen. In diesem Fall soll versucht werden neue Communities of Practice zu schaffen.

Aufbauen oder Fördern

Netzwerke, bei denen Defizite im Bereich der Kommunikationsbeziehungen vorherrschen, müssen nicht zwangsläufig auch Defizite in den Wissensaktivitäten Wissensgenerierung, -austausch und -nutzung etc. aufweisen. Jedoch lassen sich die Wissensaktivitäten durch ausgewählte Maßnahmen eventuell verbessern, was auch zu einer angeregteren Kommunikation führen kann. Daher sollen unter dem Punkt „Aufbauen und Fördern" insbesondere Methoden vorgestellt werden, die einen Beitrag dazu leisten, die Wissensaktivitäten innerhalb eines Netzwerkes zu fördern.

In Anlehnung an das TOM Modell sollen einige Fragen beantwortet werden, dessen Antworten Aufschluss über den Zustand der Netzwerke geben. Zusätzlich dienen die Antworten einer Entscheidungsfindung zum Einsatz geeigneter Methoden oder Werkzeuge. Dazu wurde in der Arbeit ein Fragebogen bereitgestellt. Er ermittelt zu den Bereichen Technik, Organisation und Mensch den aktuellen (Ist-) und den zukünftigen (Soll-) Zustand. Zusätzlich wurden nach dem TOM Modell für jeden Bereich ein Katalog an Methoden zusammengestellt, deren Einsatz von der Beantwortung der Fragen abhängt.

Wie bereits angeführt, kann die Bildung von Communities of Practice auch manuell erfolgen. Dies kann z.B. aus dem Grund geschehen, dass es zu bestimmten Themen nicht genügend Knowhow-Träger gibt oder dass neues Wissen über bestimmten Themen erschlossen werden soll. Aber auch, um Lösungen für sehr umfangreiche Probleme zu finden.

Stabilisieren

Wissensnetzwerke, bei denen die Grundvoraussetzungen für die drei Bereiche Technik, Organisation und Mensch bereits geschaffen wurden, sollten weiterhin stabilisiert werden. Das bedeutet, dass die bereits funktionierenden Wissensaktivitäten durch geeignete Methoden und Werkzeuge gefestigt werden sollen. Zu diesem Zweck wurde wieder ein umfangreicher Fragenkatalog bereitgestellt. Die vorgeschlagenen Methoden können auch hier, abhängig von der Beantwortung der Fragen, situationsbezogen und nach Bedarf eingesetzt werden.

Weiterhin sollen die Mitglieder der Netzwerke dazu angehalten werden, ihre Tätigkeiten auch selbst vor dem Hintergrund des Wissensmanagements zu hinterfragen. Das bedeutet, dass jeder Mitarbeiter die eigenen durchgeführten Prozesse auch aus dem Blickwinkel der Wissensaktivitäten betrachtet. Ergeben sich Möglichkeiten, wie Wissen zusätzlich generiert, ausgetauscht oder genutzt werden kann, so sollen diese Vorschläge mit dem Wissensbeauftragten besprochen werden. Denn in der täglichen Arbeit werden viele Prozesse zwar auf ihre Wirtschaftlichkeit hin geprüft, aber kaum darauf, ob diese auch nachhaltig sind, indem beispielsweise bereits expliziertes Wissen einfach nur nicht angemessen abgespeichert wird für eine spätere Wiederverwendung. Dies soll nicht zu einem hohen Mehraufwand innerhalb der Tätigkeiten führen, sondern Missstände durch kleine Interventionen aufheben, die von dem Wissensbeauftragten nur bedingt wahrgenommen werden können. Für die Mitarbeiter ist es jedoch wenig Mehraufwand ihre Tätigkeiten vor dem Hintergrund des Gebrauchs nützlicher Wissensaktivitäten zu reflektieren.

Die Auswahl und die Durchführung der Maßnahmen sollen von dem Wissenbeauftragten in enger Zusammenarbeit mit den Mitgliedern der Netzwerke erfolgen. Das bedeutet, dass in einem ersten Schritt aufgrund der Ergebnisse der SNA überlegt werden soll, welcher Weg und somit welche Auswahl an Fragen und Werkzeugen als sinnvoll erachtet werden. Innerhalb des Durchführungspfades kann dann überlegt werden, welche Maßnahmen ergriffen werden können oder ob der Einsatz von Werkzeugen das Wissensnetzwerk unterstützen kann. Dies ist auch abhängig von den bisherigen Prozessen der Wissensaktivitäten. Den Mitgliedern der Netzwerke sollen daraufhin Angebote gemacht werden, wie die Wissensarbeit effizienter gestaltet werden kann.

4.2.5   Evaluierung

Die Wissensnetzwerke wurden beobachtet, daraufhin analysiert und auf dieser Grundlage wurden entsprechende Maßnahmen ergriffen. In dieser Phase soll überprüft werden, wie sich die einzelnen durchgeführten Interventionen, bestehend aus Methoden oder Werkzeugen, auf die jeweiligen Netzwerke ausgewirkt haben. Jedoch kann man dies nicht konkret beziffern. Das Ziel von Wissensmanagement sollte vornehmlich sein, den Umgang mit dem Wissen im Unternehmen zu verbessern. Auch wenn also der Nutzen der Interventionen nicht konkret messbar ist, so lässt sich wenigstens eine subjektive Einschätzung einholen. Gemeint ist damit, dass die Mitglieder der Netzwerke selbst die durchgeführten Maßnahmen und deren Auswirkungen beurteilen sollen. Aus dem einfachen Grund, dass eben auch diese Mitglieder sich täglich mit den neuen Systemen und Arbeitsanweisungen auseinandersetzen, haben sie die besten Voraussetzungen für eine

Bewertung. Die Ziele der Interventionen können demnach nur übergeordnet definiert werden wie z.B. „Die Einführung der Methode ‚Story Telling' soll den Austausch des impliziten Wissens in Netzwerk X fördern". Das Ziel „Die Einführung der Methode ‚Story Telling' soll den Austausch des impliziten Wissens um 20% erhöhen" ist einfach nicht messbar, da schon das implizite Wissen selbst nicht messbar ist.

Methodisch eignen sich dazu das Einzel-Interview, die Gruppendiskussion oder auch der Fragebogen. Je nachdem ob die Erhebung einzeln oder in der Gruppe oder auch anonym durchgeführt werden soll, kann auf eine dieser Methoden zurückgegriffen werden. Wenn zu erwarten ist, dass Mitglieder in ihrer Meinung durch andere Mitglieder zu sehr beeinflusst werden, bietet sich ein Einzel-Interview aller Mitglieder des Netzwerkes an. In einer Gruppendiskussion können Vor- und Nachteile der durchgeführten Intervention gut erläutert werden und führen zu einem umfangreichen Eindruck. Der Fragebogen eignet sich generell, wenn Anonymität gefordert ist. Ob die Evaluierung anonym oder persönlich durchgeführt werden soll, muss im individuellen Fall entschieden werden. Auch hier wurden einige Fragen in der Arbeit vorgestellt, die darstellen, wie konkret vorgegangen werden kann.

Im Endeffekt dient die Evaluierung auch dem Zweck herauszufinden, ob die durchgeführten Interventionen gut angenommen und angemessen genutzt werden. Ein Ergebnis kann natürlich auch sein, dass ein eingeführtes Werkzeug nach anfänglich guter Nutzung nun selten bis gar nicht mehr genutzt wird. In diesem Fall gilt es gemeinsam mit den Mitgliedern des Netzwerkes eine Entscheidung zu treffen, ob bestimmte Methoden oder Werkzeuge und damit verbundene Arbeitsmaßnahmen zurückgebaut werden.

5 Fazit

Es wird deutlich, dass sich dieses Vorgehensmodell relativ einfach in bestehende Strukturen implementieren lässt. Es fordert weder große Änderungen in der Aufbau-, noch in der Ablauforganisation. Es bindet nicht viele Ressourcen und benötigt kein umfangreiches Projektmanagement. Zudem soll das Modell durchgehend für die einzelnen Netzwerke durchlaufen werden. Dabei hat jedes Netzwerk seine eigene Instanz des Modells, also seinen eigenen Durchlauf. Denn eingeführte Werkzeuge brauchen auch Zeit, um sich zu etablieren. In dieser Zeit kann der Fokus auf anderen Netzwerken liegen, die eventuell gerade analysiert werden. Nach der Erfassung der Netzwerke soll der jeweilige Status inkl. durchgeführter Tätigkeiten, wie die Analyse, Gespräche mit den Mitgliedern, eingeführte Werkzeuge etc., festgehalten werden. Dies bietet eine gute Übersicht über die Netzwerke und die Phasen, in denen sie sich gerade befinden. Aufgrund der genannten Punkte eignet sich das Modell insbesondere für kleine oder mittelständische Beratungsunternehmen.

Das Modell fokussiert sich mehr auf das implizite Wissen, das durch die CoP und entsprechende Maßnahmen deutlich wird. Aber auch das explizite Wissen und der dafür unterstützende Einsatz von Informations- und Kommunikationssystemen werden nicht außer Acht gelassen, sondern gezielt eingesetzt, wenn es die Wissensarbeit innerhalb der Netzwerke gezielt unterstützt. Ein Management von oben herab sowie ein Projektmanagement, das konkrete Zielvorgaben für die Wissensaktivitäten einfordert, wird bewusst abgelehnt. Das Modell setzt auf die Eigenverantwortlichkeit und die intrinsische Motivation der Mitarbeiter. Denn Wissen wird auf natürliche Weise generiert, ausgetauscht, genutzt und gespeichert. Es gilt also diese natürlichen Prozesse zu unterstützen und zu fördern. Unter diesem Aspekt sind auch die Ansätze des Knowledge Gardening maßgeblich in das Modell eingeflossen. Durch die Anwendung dieses Vorgehensmodells kann ein Nährboden für eine gute Wissensarbeit geschaffen werden. Auf dieser Basis beginnen die Wissensnetzwerke durch gezielte Interventionen zu prosperieren und bilden dadurch einen blühenden Wissensgarten im Unternehmen.

6 Literaturverzeichnis

[BH14]   Bolisani, E.; Handzic, M.: Advances in knowledge management: Celebrating twenty years of research and practice. Springer International Publishing; Cham, 2014.

[Fink09]   Finke, I.: Schnittstellen-Workshops und soziale Netzwerkanalyse. In: Mertins, K.; Seidel, H.: Wissensmanagement im Mittelstand: Grundlagen - Lösungen – Praxisbeispiele, S. 101–110, Springer-Verlag, Heidelberg, 2009.

[Huys04]   Huysman, M.: Practices of managing knowledge sharing: towards a second wave of knowledge management, in: Knowledge and Process Management, 11 (2004).

[Kate11]   Katenkamp, O.: Implizites Wissen in Organisationen: Konzepte, Methoden und Ansätze im Wissensmanagement. VS Verlag für Sozialwissenschaften / Springer Fachmedien Wiesbaden GmbH, Wiesbaden, 2011.

[Niss07-ol] Nissen, V.: Wissensmanagement in der Strategischen und IT-orientierten Unternehmensberatung: Ergebnisse eines empirischen Vergleichs. http://www.db-thueringen.de/servlets/DerivateServlet/Derivate-12598/FUB-2007-02.pdf, Abruf 19.03.2016.

[Nort11]   North, K.: Wissensorientierte Unternehmensführung: Wertschöpfung durch Wissen. Gabler Verlag/Springer Fachmedien, Wiesbaden, 2011.

[Pola85]   Polanyi, M.: Implizites Wissen. Suhrkamp, Frankfurt am Main, 1985.

[PRR12]   Probst, G.; Raub, S.; Romhardt, K.: Wissen managen: Wie Unternehmen ihre wertvollste Ressource optimal nutzen. Gabler Verlag; Wiesbaden, 2012.

[Seve03]   Severing, E.: Wissensmanagement – durch Management-Wissen?: Anforderungen an Bildungseinrichtungen. In: Arnold, R.: Personalentwicklung im lernenden Unternehmen, S. 137-156, Schneider-Verlag Hohengehren, Baltmannsweiler, 2003.

[SS15]   Sauter, W.; Scholz, C.: Kompetenzorientiertes Wissensmanagement: Gesteigerte Performance mit dem Erfahrungswissen aller Mitarbeiter. Gabler Verlag; Wiesbaden, 2015.

[Voll07]   Vollmar, G.: Knowledge Gardening – Wissensarbeit in intelligenten Organisationen. Bertelsmann-Verlag, Bielefeld, 2007.

[Will98]   Willke, H.: Organisierte Wissensarbeit, in: Zeitschrift für Soziologie, Vol. 27, Heft 3 (Jun. 1998), S. 161–177.

[Zaun05]   Zaunmüller, H.: Anreizsysteme für das Wissensmanagement in KMU – Gestaltung von Anreizsystemen für die Wissensbereitstellung der Mitarbeiter. Springer Verlag, Dordrecht, 2005.

Die Herausgeber

Prof. Dr. Britta Böckmann ist seit dem 1.3.2006 als Professorin für Medizinische Informatik an der Fachhochschule Dortmund tätig. Ihre Forschungsschwerpunkte sind Telemedizin und Telematik, digitales Prozess-management für integrierte Versorgung, trans-sektorale Behandlungspfade und Informationssysteme im Gesundheitswesen. Vom 1.3.2009 bis 29.2.2012 leitete sie als Dekanin den Fachbereich Informatik mit 33 Professoren und mehr als 2000 Studierenden. Zurzeit ist Britta Böckmann zusätzlich Vorsitzende des wissenschaftlichen Beirats der DGTelemed, Leiterin der AG Telemedizin der GMDS und Leiterin der Arbeitsgruppe med. Informatik am Institut für med. Informatik, Epidemiologie und Biometrie der Universität Duisburg-Essen.

Prof. Dr. Robert Preis ist seit 2011 Professor für Informatik, Theoretische Informatik an der Fachhochschule Dortmund. Vor seiner Berufung war er als Geschäftsführer des Instituts für Industriemathematik an der Universität Paderborn tätig. Seine aktuelle Lehre umfasst grundlegende Bereiche der Informatik wie z.B. Formale Sprachen, Automatentheorie, Algorithmen, Berechenbarkeit und Komplexitätstheorie. In der Forschung beschäftigt er sich mit der Analyse und Behandlung kombinatorischer und algorithmischer Fragestellungen, insbesondere auf dem Gebiet der Graphentheorie und -algorithmen. An der Fachhochschule Dortmund ist er zudem Vorsitzender der Prüfungsausschüsse Informatik und Wirtschaftsinformatik sowie Mitglied des Senats.

Prof. Dr. Achim Schmidtmann ist seit 2006 Professor für Wirtschaftsinformatik an der Fachhochschule Dortmund. Der Fokus seiner Forschungen liegt in der Beschäftigung mit IT-Servicemanagement und IT-Sicherheitsmanagement, dem Configuration Management (CMP, CMDB, CMS), der Simulation von Geschäfts- und Serviceprozessen, Betrieblicher Anwendungssoftware insb. ERP-Systeme (SAP® ERP) und dem Informationsmanagement. Prof. Schmidtmann ist Mitglied des Fachbereichsrates Informatik, Studiengangsleiter des Wirtschaftsinformatik Masters und Alumni-Beauftragter des Fachbereichs Informatik. Seit Februar 2014 ist Achim Schmidtmann außerdem CIO der Fachhochschule Dortmund und verantwortet die hochschulweite IT-Strategie

www.ingramcontent.com/pod-product-compliance
Lightning Source LLC
LaVergne TN
LVHW092333060326
832902LV00008B/614